本书得到天津市哲学社会科学规划项目《犯罪行为决策心理问题研究》（TJSK15-033）和天津市高校"学科领军人才"项目（RC180109）资助。

| 国 | 研 | 文 | 库 |

犯罪决策心理问题研究

李　晖＿＿＿＿＿著

光明日报出版社

图书在版编目（CIP）数据

犯罪决策心理问题研究 / 李晖著 . -- 北京：光明
日报出版社，2021.4
ISBN 978 - 7 - 5194 - 5974 - 1

Ⅰ . ①犯… Ⅱ . ①李… Ⅲ . ①犯罪心理学 Ⅳ.
①D917.2

中国版本图书馆 CIP 数据核字（2021）第 068761 号

犯罪决策心理问题研究
FANZUI JUECE XINLI WENTI YANJIU

著　　者：李　晖

责任编辑：郭思齐　　　　　　责任校对：兰兆媛
封面设计：中联华文　　　　　　责任印制：曹　净

出版发行：光明日报出版社
地　　址：北京市西城区永安路 106 号，100050
电　　话：010 - 63169890（咨询），010 - 63131930（邮购）
传　　真：010 - 63131930
网　　址：http：//book. gmw. cn
E - mail：guosiqi @ gmw. cn

法律顾问：北京德恒律师事务所龚柳方律师

印　　刷：三河市华东印刷有限公司
装　　订：三河市华东印刷有限公司

本书如有破损、缺页、装订错误，请与本社联系调换，电话：010 - 63131930

开　　本：170mm × 240mm
字　　数：323 千字　　　　　　印　　张：18
版　　次：2021 年 4 月第 1 版　　印　　次：2021 年 4 月第 1 次印刷
书　　号：ISBN 978 - 7 - 5194 - 5974 - 1

定　　价：95.00 元

目　录
CONTENTS

引　言

　　犯罪现象早已存在于人类社会之中，至今仍是一个世界性的严重社会问题。众多学科、学者对犯罪给予高度关注和广泛而深入的研究。社会学主要运用功能理论、互动理论和冲突理论分析犯罪行为，阐述了一定社会制度条件下的犯罪结构因素、主客体关系、环境因素及其相互影响，在对犯罪行为的宏观分析方面发挥了很好的作用。心理学（特别是社会心理学、犯罪心理学）以归因理论、模仿理论、社会动机理论、犯罪心理动因理论等研究犯罪心理和犯罪行为，从微观上为我们揭示犯罪、犯罪过程和犯罪结构，预测、预防犯罪和进行罪犯心理矫治提供了理论依据。

　　贝克尔创立的犯罪经济学，采取经济分析的方法，研究犯罪行为和犯罪行为决策，确定了犯罪行为与经济的联系，在一定程度上揭示了潜在犯罪人作为"理性人"，是在权衡犯罪成本与收益的情况下，做出是否犯罪的理性决策。然而，现实中违背理性，或者失去理性而盲目做出犯罪行为决策的大有人在；甚至极富理性的人也会做出极不理性的犯罪行为决策。两位心理学家西蒙和卡尼曼将心理学与经济学结合，提出决策的"有限理性"和"非理性"理论。其他学者纷纷从社会人、道德人、政治人、生态人的角度，补充了原有决策理论。这些都有助于我们更好地理解、分析犯罪行为决策。

　　既然犯罪行为是要受到惩罚的，犯罪人做出的犯罪行为决策本身就是一种风险决策。为什么明知有风险，还会犯罪？而且犯罪行为屡禁不止？作者尝试将犯罪心理学、刑法学、犯罪行为学、行为经济学等学科的理论与方法整合在一起，运用风险决策理论，从多学科的角度对犯罪行为决策进行分析，提出自己的观点。

　　第一，犯罪行为是风险行为，犯罪行为决策是风险决策，但比一般风险、风险决策具有更显著的潜在性、不确定性、并协性（损益并存）和双重性（主客观），其诱惑效应、约束效应、风险效应平衡点更明显和突出。犯罪行为风险决策的根本性质是复杂性（犯罪行为风险决策问题既是困难的，更是复杂的）和不确定性。犯罪行为决策者与一般行为决策者的风险态度、直觉判断及其影响因素不同；不同犯罪类型的犯罪行为决策者的风险态度、直觉判断及其影响因素也不同。犯罪行为决策者预见到和感受到的风险大大低于实际的风险。许多人的违法犯罪不是"铤而走险"，而是未意识到风险或风险的严重程度，或自信可以规避被发现、被处罚的风险。

第二，犯罪行为决策是客观情景因素、主体认知因素、情绪因素、人格因素交互影响的结果。

第三，犯罪行为受法律和道德双重制裁，犯罪行为决策中的道德冲突、道德与法律的冲突是客观存在的。道德人的特性同样适用于多数犯罪人，通过道德启发、自我控制，可在一定程度上防控犯罪行为的发生，可用心理学的理论和方法预防、矫治犯罪行为。

第四，唯有将多学科的理论和方法整合在一起，方可揭示犯罪行为决策的风险特征、决策过程特征和规律，继而提出有效的犯罪防控措施。

第一章

风险·犯罪行为风险

相传远古时期①，渔民在出海前都会祈祷，求神灵保佑自己风平浪静，满载而归。长期的海上生活，让这些以捕鱼为生的人深深感受到"风"的危险，以及这些危险的不确定性。"风"就意味着"险"，于是有了"风险"（risk）一词。

现实生活中风险出现的频率越来越高。人们在享受变革和社会经济、科学技术发展带来的安全、舒适和便利的同时，不得不面对越来越频繁的问题、竞争和危机的极大冲击。从"克隆技术"的出现到SARS病毒、2019－nCoV的肆虐，从"金融风暴"到"恐怖主义危机"，从有毒化工品、食品不断涌现到国际政治风云变幻……人类正遭受着来自多方面、全方位"社会风险"的重大威胁和挑战，人们深切感受到风险无时不在、无处不在，是社会发展进程中必然产生的不稳定因素。风险问题受到世界各国学者的广泛重视，成为一个涉及哲学、经济学、社会学、统计学等多学科、跨学科的研究领域，并产生一系列有价值的研究成果。

心理学视角下的风险研究，客观方面主要采取科学的手段和方法对风险做出分析和预测，探讨风险发生的客观规律、风险发生的原因以及各种风险的特点等，实现对风险的测量、控制、利用和防范。主观方面主要研究人们对风险的主观认识，即风险认知（risk perception）。了解风险认知的生理、心理基础，掌握正确的风险认知策略，是提高风险决策有效性的重要前提，也是探求犯罪行为风险决策、惩罚和预防犯罪的基础。

---

① 远古时期一般指距今300万年（考古学家和古人类学家在非洲发现人类化石，距今有300余万年）到公元前21世纪的历史时期。

第一节　风险及风险研究

表面上看，风险意味着损失，人们在风险面前的明智选择便是最大限度地避免风险。然而，现实中有的人为了获得更大的利益或者面对金钱的诱惑不惜铤而走险。那么，风险是什么？风险对我们究竟意味着什么？

一、风险概念的界定

风险和风险管理思想的雏形可以追溯到古埃及的互助组织。古埃及石匠成立了互助基金会，向成员收取一定的会费，用来支付死亡后的丧葬费。古罗马军队中的士兵互助组织成员也会缴纳一定的费用，以免自己死无葬身之地，以及阵亡后给家人经济补偿。这便是最初的"风险管理"，也是保险业的起源。

古典管理理论的主要代表人之一、法国著名的"经营管理之父"法约尔（Henry Fayol，1841—1925）把管理与经验区分开来，并将风险管理（risk manage）列为企业管理的重要职能。然而，真正运用科学的方法对风险的特性及其大小等问题进行深入探讨是近代的事情。德国著名社会学家贝克（Ulrich Beck，1944—2015）在 1986 年出版的德文版《风险社会》一书中，提出风险社会理论并首次以"风险社会"描述当代社会。①

随着人类社会的发展和演进，人们对风险概念的认知发生了两个方面的变化。一是逐渐从最初对地理空间的探索转移到对时间的探索。这种以时间序列为依据做出估计的风险是指：在一定条件下某种自然现象、生理现象或社会现象是否发生，及其对人类的社会财富和生命安全是否造成损失和损失程度的客观不确定性（吉登斯，2000）。二是由倾向于研究实际情景中的某些因素，到逐渐揭示风险概念的内涵。如周菲（1999）认为，风险是"人们对损失可能性大小的分析与判断"。

目前学界对风险的各种释义，反映了不同学者从不同角度对风险的认识程度和研究成果，其中最具代表性的是风险要素理论（risk essential theory），如西特金和巴勃罗（Sitkin & Pablo，1992）提出风险是一个多维度概念，包含结果

---

① 几乎与《风险社会》的出版同时，1986 年 4 月 26 日，苏联切尔诺贝利核电站第 4 号机组发生爆炸，酿成世纪性大灾难，成为贝克风险社会理论的有力佐证。接着，疯牛病的爆发与蔓延，使风险社会理论备受关注。

的不确定性（outcome uncertainty）、结果的预期（outcome expectations）和结果的可能性（outcome potential）。另一种理论从行为科学、心理科学的角度界定风险，认为风险是某一事件产生我们所不希望的后果的可能性，包括不幸事件发生的可能性及其所产生后果的大小两个方面。现实中，一类损失对应一类风险，总风险等于各类风险之和。以公式表示：

$$R = F (P, C)$$

式中 R——风险程度，P——事件发生的概率，C——事件发生的后果。即风险是"事件发生的概率及其后果的函数"。

综合学者的观点，对风险的理解可概括为四个方面：第一，风险是某种不利的结果；第二，风险具有"损失"和"收益"两种可能性结果；第三，风险是未来结果的不确定性；第四，风险是所有可能结果的平均值或平均值的偏差。

（一）风险是未来结果的不确定性

人类生活的这个世界充满不确定性。风险的不确定性有诸多表现（Sitkin & Weingart，1995）：第一，风险行为不确定。如在自己管辖的范围内，比别人多吃点、多占点会被追究责任吗？第二，损失类别不确定，即该风险行为将面临怎样的损失无法得知。如腐败行为、收受贿赂，是被革职？退还不当得利？追究法律责任？还是只给个党内警告或严重警告处分？不同当事人对这些损失最有可能发生的感知也是不确定的。第三，风险程度不确定。如被发现和受刑罚的可能性是90%以上？90%？80%？还是50%？30%？甚至更低？如果被发现的可能性很小，或被发现后受到刑罚的可能性很小，或被惩罚的程度很小（大事化小，小事化了；或风声大、雨点小），犯罪行为人就可能肆无忌惮、为所欲为。

既然风险是未来结果的不确定性，时间就成为导致风险的主要因素。对决策者而言，过去的世界没有风险，未来的世界却是一个充满风险的世界（李伯聪，2000）。

（二）风险是某种不利的结果

早期人们认为风险对决策者不利，如生理上的疾病、伤残、死亡等事件；社会经济方面，各种回报得不到保证，某种行为给决策者带来损失；等等。日常生活中，大多数人把风险看作是损失、危害、不安全。风险是某种不利结果的观点，考虑的是"最坏的结果"，而不是最可能的结果，容易夸大潜在的风险，使决策者"贻误战机"。而且，如果仅仅意味着"不利"，谁还会甘愿冒险呢？无人冒险，风险便无存在的必要和可能。

风险并不等同于危险。危险（danger）是只可能受到损失不可能产生收益的风险，也称"纯粹性风险"（pure risk）。多数风险既可能受到损失也可能产生收益，也称"投机风险"（speculative risk）。决策者所面临的大多是关于投机风险的决策问题。因此，风险是某种不利结果的观点具有明显的片面性。

（三）风险具有"损失"和"收益"两种可能

风险能同时造成正向及负向的结果。如日本的火山爆发，在给人们带来灾难的同时，也使得日本成为世界知名的温泉之乡、令人心旷神怡的疗养胜地。

任何一种风险都包括一定成分的"机会"（chance），至少存在一种避免损失的机会（Yates & Stones，1992）。正是风险情景中损失与收益并存，才导致个体对风险的接近与回避并存的心理特征（谢晓非、郑蕊，2003）。这一特点在经济领域尤其突出。例如，股市有风险（损失），同时存在高额回报的可能性；犯罪可能受到刑罚，但首先看到想到的是有较大的收益，于是人们趋之若鹜，该收手时不收手，"明知山有虎，偏向虎山行"。当然，风险偏好者绝不是喜欢和追求对他们有害的结果，而是满怀可能实现美好未来的希望，或者寻求风险之后对冒险者个人的"奖励"，如金钱、刺激等。犯罪行为风险决策亦如此。

所以，风险的性质是在"消极"（损失）与"积极"（收益）之间连续变化，个体对风险的认识，是在回避与接近的连续变化中寻求平衡。

（四）风险是所有可能结果的平均值或平均值的偏差

"风险是平均值偏差"的观点既考虑了未来可能结果的平均，也考虑了对平均的偏离程度。典型例子是投资组合理论中关于风险的理解。这种理解是对偏离程度的平均，限制了人们对某些不同风险，或风险的不同结果的区别，如按照正态分布的风险和按照胖尾分布（fat tail distribution）的风险。保险行业通常把风险看成"所有可能结果的平均值"。根据大数定律（law of large numbers），如果投保达到足够的数量，保险公司承担的风险就是各种可能结果的平均值。然而如果只考虑可能结果的均值，不考虑最坏结果，一旦最坏的结果发生，可能会超出人们对风险的承受范围。

显然，无论把风险看成是所有可能结果的平均值，还是平均值的偏差的观点都有失偏颇。

由此看来，各种关于风险概念的界定都不尽完善，都有一定的适用范围。谢晓非、王晓田（2004）提出，应强调风险结果的双重可能性，特别是风险中所暗含的、潜在的正性结果（收益），从而较全面地探讨个体对风险两种可能性的知觉特点，即考察决策者如何在存在损失可能性的前提下寻求风险所带来利益的心理状态。同时特别强调在具体研究中采用更具体的概念，比如，风险情景（risk scenario）、风险倾向（risk propensity）、风险偏好（risk preference）等。

二、风险的种类

（一）风险产生的来源

自然界风险　自然界风险是人类最早遇到的风险，比如，暴雨带来的洪涝灾害、干燥形成的森林火险、雪崩使交通阻断，还有地震、雷电、台风、海啸造成的损失等。比如，我国 2008 年春季的冰雪灾害，5 月波及多个地区的汶川大地震的重大损失。近年来，放射能、地球气温变暖等新的自然风险不断困扰着人类。对于这类风险，虽然很难准确预测，但人们把它当作"非人为因素"予以接受，并且千方百计将损失降到最低。

人为风险　由人类自身原因造成的风险分为三类：第一，人类科学技术，特别是新技术的应用带来的风险。如工业化带来环境污染和生态恶化，现代社会的"大量生产、大量消费、大量废弃"带给人类的产业废弃物、生活垃圾、食物中毒等事件；各种盗版、假货泛滥；衣物、食品中添加剂的滥用、三聚氰胺奶制品、瘦肉精喂大的猪；还有现代化的城市生活几乎每天都面临"交通战争"、就业竞争的威胁；等等。这些都是已经释放的风险，而克隆技术和转基因技术可能对人类和人类生活的影响是未知的。这类风险是新事物，没有应对的经验，其发展结果对人类影响巨大，且目前不受人类自身认识的影响。第二，受人类思维影响产生的风险，如证券市场内的风险和经济系统的风险。典型的人为风险是大量不良债权导致银行和企业破产并造成大量的失业，席卷全球的华尔街风暴、金融危机对经济和生活的影响。在这类风险的处理过程中，人类对系统的认知和对未来的估计直接影响到系统的风险。第三，因政治等原因不断发生的各种争斗和战争，这类风险越来越可能给人类带来毁灭性灾害。

（二）风险研究的应用领域和处理方式

技术风险　目前研究较多的是技术故障导致的风险。这类风险的处理通常采用事故树的方法，分析产生事故的各种原因并分析其发生的概率来估计事故的最终风险。

企业经营风险　企业经营风险是指企业未实现预期盈利或亏损的风险。这类风险的处理通常先分析企业环境的几种可能状态，然后分析企业在这些状态中的预期收益，最后通过比较各个方案的数学期望来评价风险。

保险业风险 保险业一般处理的是可重复发生的事件，他们通过大数定律来估计风险。

金融市场风险 金融市场风险指金融产品价格的波动性，一般用期望收益和方差衡量予以解释和解决。

经济管理风险 经济管理风险一般指经济动荡的可能性造成的风险。这类风险影响因素众多、因果关系复杂，而且人类的认识对风险又有反作用，处理起来非常困难。这类风险可能是目前人类处理的最为复杂的风险。

（三）人类对系统发展的预知情况

无风险 无风险的事物一般比较简单，一目了然，应用确定性方法可以准确预知系统的未来发展。比如，季节的更替、潮汐的预测、气象预报等。

已知可能的结果及相应概率的风险 人类对风险的研究起源于掷硬币和掷骰子的研究，如同无法预知下一次投掷的结果，这种风险一般只能用可能出现的结果和相应的概率表示。

只知道可能结果，不知道其相应概率的风险 有些问题人们可以根据推理预测事情发生的所有可能结果，并将其一一列举，但由于经验的缺乏和数据的不完全，可能无法推测每种结果发生的概率，这类风险处理起来比较困难。

不知道可能结果的风险 这类风险是完全的不确定性，既不知道可能的结果，更不知道概率分布，这类问题的处理更难。

（四）风险可否测量

可测量风险 工作、生产过程中的损耗是必然的，也是可以测量的。通过对风险的预测可将损耗精确地记入成本。例如，为了防止或杜绝各种安全隐患，可用储备金方式来应对可能出现的事故。商品房在销售时买卖双方各拿出一笔资金，用于可预见的房屋维修等费用。

不可测量风险 抛出的硬币是正面还是反面？新产品上市销路究竟如何？收受他人好处，被发现的可能性有多大？这类风险发生的概率往往是未知的、不可预测的，是真正意义上的不确定状态。

（五）风险的性质

灾难性风险 像火灾、水灾、旱灾、地震、爆炸、交通事故等只能给人类带来损失而不能给人类带来收益的风险称为灾难性风险，即纯粹性风险。这种风险在许多时候无法主动设防，但通过投保等方式可减少其可能的损失。

投机性风险 经营、投资、市场、财务、权力寻租或其他权力腐败行为等既可能给决策者带来损失又可能给决策者带来收益的风险称为投机性风险。这种风险可以依靠人们的风险决策策略和风险处理技巧提高决策质量或加以防范。当然，这是一种复杂多变、十分棘手的问题解决情境，常常使决策者在机会与风险并存的情况下进退维谷，欲罢不能。

（六）风险的维度

国外学者习惯于从不同维度的两极归纳风险的性质，如按照风险的性质将风险分为14种类型：（1）灾害性的／有益的；（2）可控的／不可控的；（3）直接的／间接的；（4）公正的／不公正的；（5）期待的／不希望的；（6）熟悉的／陌生的；（7）致命的／非致命的；（8）一般的／特殊的；（9）相关的／独立的；（10）内部的／外部的；（11）瞬间的／渐进的；（12）可逆的／不可逆的；（13）暂时的／永久的；（14）自愿的／被迫的。

以上几种划分风险类型的标准均有其科学依据，并适合各自特定的研究领域。

三、风险构成要素及其相互关系

二因素说 认为风险由不利事件（损失）的发生、该类事件发生的概率两个因素构成。如果不利事件不发生，风险也就不存在。这两个因素是客观的、实际存在的，但人们对特定事件损失的发生及其发生概率的主观判断可能与客观现实相符，也可能与之相去甚远。

多因素说 其中的一种观点提出，风险由风险因素、风险事件和损失三因素构成。三者的关系表现为：风险因素（risk factor）引起或增加风险事件；风险事件（risk event）可能造成损失；损失（loss）是风险的结果，没有损失，也就不存在风险因素和风险事件。耶茨（Fulanke Yates）等人（1992）通过分析风险在不同情景下的具体表现方式，指出风险由损失、损失的重要性、损失的不确定性三要素组成：第一，"损失"是一种情景特征，包括财政、效绩、安全、心理、社会地位、时间等多个方面的损失，具有多样性的特点；第二，"损失的重要性"指损失对于个体的重要程度，即对于个体而言，结果越重要，它所对应的风险也越大；第三，"损失的不确定性"主要表现在风险行为的不确定性、损失类别的不确定性、损失程度的不确定性，以及对于发生某类损失感知的不确定性等。

第二节　犯罪行为风险

一、犯罪、犯罪行为的界定

（一）犯罪

犯罪（crime）首先是一个法律概念，是指引起刑事诉讼的法律过错行为（legal wrong），并可能导致刑罚。《中华人民共和国刑法》（2017 年修正）第 13 条规定："一切危害国家主权、领土完整和安全，分裂国家，颠覆人民民主专政的政权和推翻社会主义制度，破坏社会秩序和经济秩序，侵犯国有财产或者劳动群众集体所有的财产，侵犯公民私人所有的财产，侵犯公民的人身权利、民主权利和其他权利，以及其他危害社会的行为，依照法律应当受刑罚处罚的，都是犯罪，但是情节显著轻微危害不大的，不认为是犯罪。"从这一概念可归纳出犯罪的三个基本特征：社会危害性（本质特征），刑事违法性（法律标志），应受刑罚惩罚性（必然后果）。因此，刑法学的犯罪是指危害社会与他人、触犯刑事法律，应当受到刑罚的行为。这是一个完整而科学的犯罪概念。

其他研究犯罪的学科对犯罪概念有不同表述。犯罪学（criminology）认为犯罪概念是动态的，具有开放性。储槐植、许章润（1997）从犯罪学学科性质和任务出发，提出犯罪是"严重危害社会的应受制裁的行为"。这一概念显然比刑法定义的犯罪概念更为宽泛，但有一点与刑法、刑法学一致，即都确认犯罪的社会危害性。犯罪社会学（criminal sociology）等学科把犯罪当作一种社会现象，认为犯罪的实质是行为主体与社会互动过程中实现的一种以非法获益为目的又因其社会危害性、违法性而受到社会制裁的严重反社会行为。犯罪行为学（criminal behavior）以犯罪行为本身为出发点，研究单个的、具体的、动态的、事实状态的犯罪行为，因而与犯罪学、刑法学研究的犯罪有所不同。犯罪心理学（criminal psychology）对犯罪的界定是：犯罪是行为人在特定的主观心理状态支配下实施的反社会的危害性行为，是为社会成员共同谴责的行为。实施了犯罪行为的人被法律标定为犯罪人（criminal）。[1]

心理学家很早就对犯罪和法律中的心理学问题产生了浓厚兴趣。霍尔（G. Stanley Hall，1844—1924）[2] 在《青少年：它的心理学及其生理学、人类学、社会学、性、犯罪、宗教和教育的关系》（1904）一书中，详尽描述了青少年犯罪问题；1908 年，闵斯腾伯格（Hugu Münsterberg，1863—1916）[3] 在《在证人席上》一书中，高度赞扬心理学对法庭行为的实验研究。20 世纪初，临床心理学的先驱、心理学家威特默（Lightner Witmer，1867—1956）在宾夕法尼亚大学开设犯罪行为（心理）课程。国内心理学界对犯罪概念的理解有两种截然不同的观点，即"刑法说"和"不局限刑法说"（罗大华，1994）。前者认为犯罪心理学中的"犯罪"概念应与刑法学的犯罪概念保持一致，这是由犯罪心理学在刑事法学学科体系中的地位决定的；后者认为犯罪心理学中的"犯罪"概念的外延应当更大，泛指违法犯罪行为，这与犯罪心理学研究的目的一致。

"刑事科学一体化"[4] 使研究犯罪的各个学科的理论和基本观点殊途同归。

（二）犯罪行为

犯罪行为（criminal behavior）是犯罪人在一定的犯罪心理影响和支配下所实施的危害社会与他人、触犯刑事法律的、应当受到刑罚的各种行为的总称（罗大华，2002）。犯罪行为的后果可能不是行为主体所期待的，因而是一种风

---

① 不同学科对犯罪人的界定各有不同。刑法学意义上的犯罪人是指实施了犯罪行为的人以及受过刑事处罚的人。犯罪心理学研究犯罪人，既包括犯罪嫌疑人、罪犯（已判刑的人）、虞犯（有可能犯罪的人）、刑满释放人员，也包括不满 14 周岁的未成年犯罪人、精神病犯罪人，等等。尽管这些人由于年龄太小或者严重的精神错乱不负刑事责任，而被排除在刑事法律意义上的犯罪人之外，但犯罪心理学从对这些极端情况的研究中发现犯罪心理发展变化的规律。（参见：罗大华，何为民．犯罪心理学［M］．杭州：浙江教育出版社，2002：3－4）

② 美国心理学家、教育家，冯特的第一个美国弟子，美国第一位心理学哲学博士，美国心理学会的创始人。

③ 德国出生的美国心理学家，工业心理学的先驱。他在犯罪心理学研究中的突出贡献在于将荣格的语词联想测验引进司法领域作为确定犯罪的手段，提出"测谎"的概念，论述了证人证言的虚假，暗示对证人、法官的影响等。

④ 刑事一体化包括三部分：刑事科学一体化、刑事立法一体化、刑事司法一体化。刑事科学包括刑事规范学（刑法学、刑事诉讼法学）、犯罪（原因）学（犯罪人论和犯罪现象论。前者包括犯罪人类学、犯罪生物学、犯罪心理学、犯罪精神病理学，后者包括犯罪社会学、犯罪社会心理学、犯罪地理学、犯罪统计学）、刑事司法学（刑事侦查学、侦查心理学、刑事检察学、刑事审判学、刑事司法心理学、法医学）、犯罪预防学（刑事政策学、刑罚学、监狱学—罪犯矫治学、罪犯心理矫治、保安处分理论、刑事被害人学、被害人心理学）等。

险行为（risk-taking）。犯罪行为是犯罪心理的外显现象，与犯罪心理、犯罪心理形成的环境因素、犯罪心理发生发展的控制因素和运作结果构成犯罪行为机制（criminal behavior mechanisms），是犯罪行为发生运行的机制，是一个反映犯罪行为诸要素及其与之紧密相关、不可或缺的其他要素之间有机联系的整体概念。

犯罪行为不仅涉及种种复杂的社会关系，而且还存在一定的利益得失和资源配置问题。犯罪行为人通过犯罪能够取得一定的收益，同时又因具有社会危害性而要付出接受惩罚的代价。作为一个理性的犯罪人，会做收支比较，力求以较小的代价获得较大的收益。

二、犯罪的起源及其观点

犯罪并非人类一开始就有的必然现象，而是人类社会发展到一定历史阶段的产物。原始社会没有产生犯罪的客观物质条件和主观思想条件，人类意识中没有犯罪的观念，自然也没有犯罪现象。史料证实，犯罪起源于野蛮时代向文明时代的过渡①，起源于婚姻形式、家庭结构变化和生产力发展引起的人类观念的变化（宋浩波，2006）。

（一）犯罪的生物学理论

犯罪生物学理论（theory of criminal biology）源于人类学研究。在这个领域最具影响力的是"天生犯罪人"理论的创始人龙勃罗梭（Cesare Lombroso，1836—1909）②。他认为，犯罪人是出生在文明时代的野蛮人，他们"天生"就有原始野蛮人的心理与行为特征，必然与文明社会中的传统、习惯和社会规范相悖，必定构成犯罪。

继龙勃罗梭之后，格林（Charles Backman Goring，1870—1919）③ 进行了第

---

① 恩格斯在《家庭、私有制和国家的起源》一书中，将人类历史时期划分为三个阶段：蒙昧时代（顺其自然，如钻木取火）、野蛮时代（原始氏族社会，农耕、冶炼）、文明时代（奴隶制，真正的工业和艺术产生）。

② 意大利犯罪学家、精神病学家，刑事人类学派的创始人。曾任军医、精神病院院长、都灵等大学教授。重视对犯罪人的病理解剖研究，运用人类学的测定法研究精神病人和犯罪人的关系，开辟了犯罪研究的新起点。因卓越的成就被誉为犯罪学之父、实证犯罪学之父、古典犯罪心理学派的奠基人。龙勃罗梭认为，天生犯罪人在身体特征、感觉和功能特征、心理特征和智慧等方面，都有别于正常人。

③ 查尔斯·B. 格林是英国精神病学家和犯罪学家，长期在监狱中担任医生。他对 3000 名男性累犯的 37 种生理特征和 6 种心理特征进行了测定，与非犯罪人的各项特征对比分析，其研究结果《英国犯罪人：统计学研究》于 1913 年出版。

一项重要的犯罪人类学研究。他发现，犯罪人与正常人没有本质上的不同。之所以犯罪，在一定程度上取决于个人的素质和环境的影响。格林假设，每个人都可能存在"犯罪素质"（criminal diathesis），犯罪素质倾向强而有力的人更有可能犯罪。格林还用年龄等因素解释犯罪行为。

现代犯罪生物学理论产生于 20 世纪初，是有关犯罪人生物学特征与犯罪关系理论学说的统称。主要从事体质生物学（constitution biology）研究和遗传生物学（genetic biology）研究。前者强调身体结构的表征、体形、内分泌、营养成分不均衡、中枢神经机能异常等因素与犯罪的关系；后者则从遗传生物学领域，探讨单氨氧化酶含量过低、性染色体异常、心理退化、遗传基因等对犯罪的影响。

（二）心理强制说

德国刑事古典学派代表费尔巴哈（L. A. Feuerbach，1804—1872）提出的心理强制说（mandatory psychological theory）以人天生具有追求快乐、逃避痛苦的本能为前提，认为人们会为了追求犯罪时获得快乐的感性冲动去犯罪。预防犯罪的一项重要措施，就是防止、抑制人的这种感性冲动。

（三）犯罪社会学理论

犯罪社会学（criminal sociology）理论是指在运用社会学的理论和方法研究犯罪问题中提出的理论和观点的总称。现代社会学认为，犯罪行为人是心理上正常的人，他们有违法的动机，而这些动机是由各种犯因性条件（criminological conditions）① 造成的。主要有以下理论。

社会失控理论（theory of social runaway）的观点：犯罪心理与犯罪行为产生的根本原因是不合理的社会结构和不良文化整合所导致的社会秩序失控。犯罪人多是承受着因社会秩序失控产生的严重心理压力或者是游离于社会之外的人。

文化违规理论（theory of cultural transgression）的观点：个体遵循与法律相冲突的亚文化观念及其衍生的行为规范，就意味着对其他亚文化规范，乃至整个社会文化的违反和亵渎。这时，他的行为就可能是犯罪。

这两种理论把某一方面社会化的作用绝对化，否认人类自然属性的存在，不能科学解释人的犯罪行为。后来的"混合性理论模式"（mixed theory model）既承认犯罪心理与犯罪行为的发生与社会失控状态以及主体的心理紧张状态有关，也承认亚群体文化在主体内化过程中会直接影响主体的犯罪心理与犯罪行

---

① 指能诱发犯罪心理、犯罪行为的产生并推动、助长其发展的所有因素。

为的形成。

文化冲突理论（culture conflict theory）是美国犯罪学家塞林（Thorsten Sellin, 1938）在《文化冲突与犯罪》（*Cultural Conflict and Crime*）一书中提出的。该理论的核心是：犯罪是文化冲突的结果。文化冲突表现为不同时期的文化冲突、同一时期两种对立文化的冲突。文化冲突通常会在两种文化地区接壤处，移民到另一种文化群体中去的人，以及在一种文化行为准则和法律规范扩展到另一种文化区域中发生。

（四）犯罪的精神分析学说

弗洛伊德（Sigmund Freud, 1856—1939）① 在阐述无意识理论和人格结构的过程中，表明了自己的犯罪观。认为严厉的超我（harsh superego）、薄弱的超我（weak superego）和越轨的超我（superego）都可能导致犯罪。例如，神经症性犯罪行为人体验着对被压抑的童年愿望的极端的无意识罪恶感，犯罪行为可能是其无意识愿望的显露，目的就是追求法律的惩罚。而薄弱超我的人，表现出没有受到超我改变的原始本能需要，其行为在发生危机时会朝越轨方向发展。有的违法犯罪的青少年，他们的超我标准发展正常，但超我标准的内容却反映了对越轨的认同。当犯罪的父亲与儿子关系良好，儿子摄取了父亲的犯罪特性时，就会产生这种情况。这些人会不顾后果地做出犯罪行为决策并付诸实施，且毫无悔改之意。

精神分析学派的另一个重要人物阿德勒（Alfred Adler, 1870—1937）② 反对弗洛伊德的本能犯罪理论，提出犯罪既不由先天的遗传本能决定，也不由后天的环境决定，而是取决于人的克服自卑感和补偿欲望这个基本欲求。认为自卑感源于幼年时的无能。可能因生理上的缺陷，社会经济地位的低下等原因加重自卑和不适，于是对环境采取"敌对态度"。对抗自卑感的主要方法就是"补偿"。有的人为了追求优越而采取了过度的补偿方式——犯罪。

---

① 西格蒙德·弗洛伊德是奥地利精神病医生，英国皇家学会会员。《梦的解析》标志着"精神分析心理学"的正式形成。他是潜意识研究的开创者，现代医学模式的奠基人之一。其突出贡献在于其精神分析方法激发了众人对精神病理学、变态心理学、临床心理学、心理诊断与治疗等领域的研究。他开创的精神分析学说也成为与"行为主义心理学""人本主义心理学"比肩的重要理论。

② 阿德勒是奥地利的精神病学家和"个体心理学"的创始人。著有《自卑与超越》《人性的研究》《个体心理学的理论与实践》《自卑与生活》等。他的主要成就：在个体心理学中提出"整体方法论原则"，强调社会文化因素在人格形成中的作用。他乐观的人性观、对咨访关系的重视和对教育的重视，对人本主义心理学、自我心理学、家庭教育和家庭治疗等领域的研究与应用都有重要启发。

（五）犯罪行为的"社会—心理"理论

行为主义心理学家斯金纳（B. F. Skinner，1904—1990）的操作（强化）学习理论（operant learning theory）、犯罪社会学家萨瑟兰（E. H. Sutherland，1883—1950）的差别交往理论（different association theory），以及社会心理学家班杜拉（A. Bandura，1925—　）的观察学习理论（observational learning theory），都强调犯罪行为是后天习得的，受观察学习与直接经验的影响。"犯罪的心理因素分析"（analysis of psychological factors of crime）更看重人格倾向与价值观、成就意识、人格特征、心理异常等因素的作用；犯罪心理形成的"综合动因论"（the comprehensive motivation theory）则从犯罪心理机制方面论述犯罪心理的成因，认为犯罪心理的内化机制（internalization mechanism）以对外界消极因素的学习和模仿为开端，随着不健全人格的形成和对不良行为的尝试，该行为习惯和态度趋于定型，进而萌生犯罪意向（criminal intent）。犯罪心理的外化机制（externalization mechanism）以主体具有犯罪心理作为内因，在刺激和情境的诱发下，产生犯罪动机，确定犯罪目的，进入犯罪决意（criminal intent）阶段——就实施犯罪行为做出决策。

综上所述，犯罪是一个复杂的社会问题，需要多学科共同研究。社会犯罪现象、个体犯罪行为的产生，有社会原因，也有个体原因。个体之间有其物质的、生物学意义上的差异，但这些方面的异常并不必然导致犯罪，只是不排除它们对人的社会与心理属性的影响。而人的社会适应不良，则影响人的社会认知和人格，可能出现越轨行为和犯罪行为。

第三节　犯罪行为风险的特性及其效应

一、犯罪行为风险的特性

第一，潜在性（potential）。所有风险都是指向未来的，已经发生的事实不再是风险，而被称作事件、事故等。根据系统论（systematology）观点，未来存在无限多的可能性与不确定性。通向未来的所有的路径都可能有岔道、有路障，受许多无法预测的突发和偶然事件的影响。在事件发生之前，有潜在的或成功或失败的可能性。

第二，不确定性（uncertainty）。风险有两种情况：一是决策者可预测所有可能后果以及每种后果出现的可能性，只是无法确定最终会发生其中的哪一种后果。例如，每次投掷硬币正面朝上或者反面朝上出现的概率都是 50%。二是决策者事先知道所有可能的后果，却不知道各种可能后果出现的可能性，或者后果和可能性均不知道，只能对两者做出大致的评估与判断。如犯罪行为的后果可能受到刑罚，失去所有，也可能侥幸逃脱道德的谴责和法律的制裁并得到想要的一切。

　　不确定性本身就是一种最难以准确估量的风险。比如，股市一路飘红，但各只股票却有涨有跌，但究竟哪种股票可能上涨、哪种股票可能下跌？上涨或下跌的可能性多大？是否持续上涨或下跌？股民作为投资决策者对于各种股票可能达到的回报率及其出现的可能性事先都不知道，或者说，在情况发生前谁也无法准确知道。房价越来越高，贷款利息越来越高，买房还是租房？如果买房，什么时候买合适？把买房当作投资有多大风险？没人说得清楚。

　　无论是哪一种情况，决策后果的种类、数量和发生的概率的不确定性都是造成风险的主要原因。不确定性是风险的基本特征，是形成风险的核心要素，风险、犯罪行为风险的产生正是基于这种不确定性。

　　第三，并协性（coexistence）。并协性是量子物理的一个概念，说的是在对一种事物进行描述时，使用两种相互排斥又相互依存的概念或者理论。风险的并协性，是指可能的收益和可能的损失并存，而收益的获得是以承受可能的损失为前提的。因此，犯罪作为一种风险，既包括可能的损失，又包括可能的收益。

　　第四，双重性（dual）。风险、犯罪行为风险的双重性表现为：首先，风险既具有客观性，也具有主观性。风险的客观性是指风险是对事物未来发展变化状态空间及其可能性的一种客观描述，它不以人的主观意志的变化而变化；风险的主观性是决策者对客观风险的认识。对于决策者而言，风险既有客观现实性又有决策者主观性的双重属性。就事物本身而言，不确定性是客观的，不以人的意志为转移；但这种不确定性又是人们对它的感知，所以它同时也是主观的。某些客观现实中的风险，如果未被决策者感知，那它就只是一种客观的风险。其次，风险、犯罪行为风险是一种"机会与陷阱并存"状态，这种表述更能表达风险的双重属性。最后，风险、犯罪行为风险既是困难的，也是复杂的。所谓困难，一般指超出自己的能力范围，或超出现有的技术水平，这类问题更多的是一个技术层面的问题。所谓复杂，则指按照现有的能力和资源有可能解决，但因牵扯的线索、变量变数太多，无法一次性解决，必须逐步拆解。这类问题变化多端，充满不确定性，线索杂乱信息模糊，很难马上解决。好比下棋，下一步怎么走，不仅取决于上一步，还与对手怎么走有关。这更多的是一个管理层面的问题。犯罪行为风险面临的问题既需要具备一定的能力，掌握一定的技术、方法，更需要精心设计、步步为营。

二、犯罪行为风险效应

风险效应（risk effect）是风险事件本身的特征和内在机制所产生的效果，主要表现为诱惑效应、约束效应和风险效应平衡点（尹贻林等，1999）。

（一）诱惑效应

风险诱惑效应（risk temptation effect）是指犯罪行为风险收益作为一种外部刺激使人们萌发了某种犯罪动机，进而做出某种选择并导致犯罪行为的发生。犯罪行为风险收益是一种综合性的、指向未来的、可能的收益，只能在犯罪行为风险结果出现后才能知道是否真正获得预期收益。犯罪行为风险以其不确定性、双重性及潜在性，让人看得见而未到手的收益对人们具有不同程度的诱惑力。风险越大，意味着潜在的利润越高。在潜在的巨大利益的诱惑下，犯罪行为决策者甘愿承受可能的较大损失，甚至灭顶之灾的风险。

犯罪行为风险诱惑效应程度的大小（简称风险诱惑度）取决于四个诱惑因素：（1）犯罪行为风险事件带来的潜在赢利或发展机会；（2）犯罪行为风险成本与风险收益的比较；（3）犯罪行为风险被发现和识别的难度与程度；（4）犯罪行为风险事件激发决策者的潜能，创造性和成功欲望的程度。其中前两个因素主要与犯罪行为风险事件本身有关，后两个因素主要取决于决策者个人。因此犯罪行为风险诱惑度的大小，是一系列因素的复合函数。这些诱惑因素的强弱程度和不同的组合方式，决定了犯罪行为风险诱惑度的性质和大小。如果犯罪行为风险事件带来的潜在赢利或发展机会大，成本明显小于收益，决策者能及时、准确和全面地发现和识别犯罪行为风险的难度与程度，该事件大大激发了决策者成功的欲望，则犯罪行为风险诱惑度趋向于最大；反之，如果犯罪行为风险事件带来的潜在赢利或发展机会小，风险成本明显大于风险收益，决策者很难发现和识别风险的难度与程度，风险事件不能甚至降低了决策者的潜能创造性和成功的欲望，则风险诱惑度趋向于最小。

（二）约束效应

风险约束效应（risk binding effect）的含义是人们在风险事件可能的损失或危险信号的刺激下做出的各种回避或抵抗损失行为的现象。风险约束效应的威慑、抑制、阻碍作用，有的来自外部，如天灾人祸、生老病死的自然规律，国际政治经济形势的变化、国内社会经济政策的变化、市场竞争程度的加剧等等，称外部约束；有的来自主体内部，如情绪波动、态度改变、决策失误等人为因素，称内部约束。

犯罪行为风险约束效应度的大小主要取决于：（1）犯罪行为风险事件负偏离出现的概率或频率；（2）犯罪行为风险结果造成的损害程度；（3）犯罪行为风险分析与管理的投入成本大小及其变动幅度；（4）犯罪行为风险事件负偏离结果的多样性。

上述几种因素的表现程度、大小及其产生的不同组合方式，决定了犯罪行为风险约束度的大小。如果犯罪行为风险事件负偏离出现的概率大、频率高，犯罪行为风险结果造成的损害程度大，犯罪行为风险分析与管理的投入成本大、变动幅度无常，犯罪行为风险事件负偏离结果复杂多样，则风险约束效应程度趋向于最大，反之亦然。

正确认识风险约束效应可以避免决策的盲目性。决策过程中充分考虑犯罪行为风险可能带来的损失和负面影响，降低或打消其做出犯罪行为决策，达到预防和减少犯罪的目的。

（三）风险效应平衡点

风险具有诱惑力，驱使人们为了获得潜在的风险利益而做出某种风险选择；风险又具有约束力，对人们的选择和行为产生某种威慑和抑制作用。现实中，这两种效应并存，又相互冲突、相互抵消，两种效应之间的交叉点就称为风险效应平衡点（risk effect balance）。

同一风险事件对不同的决策者有不同的诱惑效应和约束效应。因此，犯罪行为风险效应平衡点对于不同的决策者的位置也是不同的。犯罪行为决策者往往根据自己的经验，对诱惑与约束两种效应进行比较、权衡，对风险损失和收益进行"模拟平衡"。

风险效应平衡点实际上是决策者所能接受的最大风险状态。在此状态基础上，任何可以减小或控制风险因素的措施都可以增加风险诱惑度，减小风险约束度，提高决策者接受风险的信心。事实上，风险效应平衡是动态的、相对的，不同的风险事件会有不同的平衡点；不同的管理者对于同一风险事件其平衡点也是不相同的。

第二章

决策·犯罪行为风险决策

决策是人类的主要活动，也是诸多学科共同关注的焦点。决策科学的发展，经历了一个从"理性决策者"假设到"非理性决策者"假设的过程。在这个过程中，该学科的理论日臻成熟，应用前景更加广阔。西蒙因对经济组织内决策程序的研究和提出个体"有限理性"的假设，斩获 1978 年的诺贝尔经济学奖；卡尼曼以在心理学和实验经济学研究方面做出的开创性工作，于 2002 年与史密斯分享诺贝尔经济学奖；2017 年诺贝尔经济学奖颁发给萨勒的理由是：把心理学的现实假设纳入经济决策分析中，提出有限理性、对公平的认知和缺乏自我控制三种心理特征，让经济学"更人性化"。在相隔不长的时间在同一领域数度获得诺贝尔经济学奖，这不仅是对这些心理学家、行为经济学家多年研究的肯定，更反映出人们对决策科学领域的关注。

第一节 决策的意义

一、决策的科学内涵

决策（decision-making）的通俗解释是"做决定"。中国古代思想家把决策看成是一个"谋"与"断"有机结合的过程，即在谋划的基础上做出决断。现代人对决策的认识基于不同学科、不同视角的研究。或强调决策的目的性，把决策定义为"为了获得一个令人满意的结果而采取的行动"（Yates，1992）；或强调决策的过程，认为决策是"人们为了达到一定的目标而设计多种方法与手段，然后对各种手段和方法做出评价与选择的过程"（Simon. *the new science of management decision*，1960）；或提出决策是理性的选择与判断过程，是寻找能够证明某一备选方案比其他备选方案更好的理由的过程（Shafir，1993）。

　　诸多学者把决策视为一个认知（思考、思想等）过程。如决策包含导致某种选择的所有思想和考虑过程，是从许多可能达成预定目标或解决问题的各种可行方案中选择其一的思考过程。美国决策研究专家黑斯蒂（Hastie，2001）的观点极具概括性："判断与决策是根据自己的愿望（效用、个人价值、目标、结果等）和信念（预期、知识、手段等）选择行动的过程。"

　　决策是人们从认识到实践的一个中间环节。决策是一个过程，是一个发现问题和寻求解决问题方案的过程；一个寻找能够证明某一备选方案优于其他备选方案的理由的过程。决策也是一门科学，一门采取科学有效的方法，解决人们决策过程中的有关问题，并实现对这些问题的描述、解释、预测和控制的科学，具有客观性、验证性和系统性的特征。决策还是一项技术，是依据风险条件下决策问题所面临的状态参变量，运用适当的决策准则和方法，分析比较各个决策方案的期望值，据此做出最终决定的技术。决策又是一门艺术，同一情景、同一方法，不同的人做出的决策不同、同一决策的效果也不同。对事物的运动规律、现实条件以及发展趋势把握得越完全、越准确，决策的正确性也越大。

　　心理学强调决策是一种动态的运行过程。作为主观过程的决策，要在考虑各种正面或负面的后果和成功的可能性等因素的基础上，运用自己的感知觉、记忆、思维等认知能力，对情境做出判断和抉择。

　　综上所述，决策是决策者为了实现预定目标，收集信息，提出实现目标的各种可行性行动方案；对每个方案在实施过程中可能面临的客观状态进行分析比较后，从中选出最优的或者较满意的方案并加以实施的过程。从广义上看，决策包括判断和决策两个方面。狭义的决策仅指"选择、确定策略"。

二、决策的类型

（一）组织活动的经常性：常规型决策和非常规型决策

　　常规型决策（regular decision-making）指对经常的、大量的、反复出现的问题所做的决策，也称程序性问题（procedural problem）决策、结构良好问题（well-structured problem）决策。这类问题有明确的初始状态和目标状态，较直观、熟悉和容易界定，只要运用已有经验，遵循例行程序，采用常规途径和方法便可做出决策，解决问题。虽然常规型决策问题并不都是完全相同的，也需要随机应变，但万变不离其宗，稍加调整，老办法仍行之有效。

　　非常规型决策（unconventional decision-making）是对从未发生过的或偶然出

现的非经常性问题所做的决策，也称非程序性问题（non-procedural problem）决策、结构不良问题（ill-structured problem）决策。非常规型决策面对的是新情况、新问题，没有明确的初始状态和目标状态，信息模糊或不全面，没有现成经验可以借鉴和利用，不能按照常规和已有程序处理，也没有统一、固定的答案，其结果和结论"见仁见智"。这就需要确定可能实现的目标，尽可能多地收集各种信息，探索各种可行的解决问题的途径和方式，从众多方案中选出最好的或最适合的方案。非常规型决策由于是前所未有的，谁都没有完全成功的把握，因此风险性更大。

（二）决策中各因素的确定性：确定型决策和不确定型决策

确定型决策（certainty decision-making）是指决策者在对未来可能发生的情况十分清楚和完全确定的条件下做出的决策。这类决策中的问题可采用最优化、动态规划等方法解决。一般需要满足四个条件：（1）决策者有明确的和希望达到的目标；（2）只存在一个确定的自然状态；（3）存在可供决策者选择的两个或两个以上的备选方案；（4）被选方案的效用值可精确计算。例如，行为 a 的代价为 200，收益为 400；行为 b 的代价为 300，收益为 800。决策者可以根据自己的情况和需要做出最终选择（拉索等，1998）。

不确定型决策（uncertainty decision-making）是指决策的自然状态、各种自然状态可能发生的概率都是不确定的。它可分为"纯不确定型决策"和"风险型决策"。（1）纯不确定型决策（pure uncertainty decision-making）是决策者无法预测未来事件各种自然状态发生的概率时做出的决策。决策过程中决策者的主观意志和经验判断居于主导地位。同一个问题有完全不同的选择方法：①极端准则决策（extreme rule decision）：包括乐观准则决策（大中最大）、悲观准则决策（小中取大或坏中求好）；②折中准则决策（compromise rule decision）：既不悲观保守也不过于乐观，对每一方案加权平均，求得折中的收益值；③等可能性准则决策（equal possibility criterion decision）：一视同仁，不偏不倚地对待所有可能发生的状态；④后悔准则决策（regret rule decision），即最小机会损失。（2）风险型决策（risk-based decision-making）因某些不可控因素的存在可能出现几种不同的结果，只能根据经验估计各种结果呈现的可能性（概率），因此实现目标要冒一定风险。风险型决策的决策者有较明确的决策目标、清楚明确的问题自然状态和客观条件，但在决策过程中不能完全确定掌握所面临的决策环境和决策后果。当所期望的结果较不确定、决策目标更难达成、可能的结果包含有极端的后果时，决策的风险性更大。

（三）决策过程中选择的次数：静态型决策和动态型决策

静态型决策（static decision-making）是在一系列备选方案中，只选择其中一项符合其决策目标的方案。在整个决策过程当中，决策者不接收任何成功或失败的反馈信息，只是在决策结束后才能体会到决策结果的价值。

动态型决策（dynamic decision-making）包含两次或两次以上的决策。现实生活中决策任务大多属于这一类。因大量决策任务的信息并非一次性出现，决策者需要及时地将依次来到的信息进行加工，并根据新的信息，不断修正原先决策结果的主观概率。

（四）决策问题的特点：一般问题决策和博弈问题决策

一般问题决策（decision making on general issues）是没有互动的决策。例如，出门时晴空万里，但天气瞬息万变，要不要带雨具？带了雨具，不下雨便成了累赘，不带雨具，一旦下雨就会被淋成落汤鸡。这种天气的不确定性，以及由此带来的风险是由客观的自然因素变化的不确定性引起的。

博弈问题决策（game problem decision-making）是互动问题决策，决策者的决策取决于对方做出的决策。例如，是合作还是竞争，要看对方采取何种方式。对方的行为是不确定的，因此决策也面临风险。例如，《三国演义》中，如果决策者是司马昭而不是司马懿，则"空城计"一定不可用。诸葛亮出于无奈，"算出"是司马懿领兵，才走一招"险棋"。

此外，还可以根据决策主体的人数分为个体决策、多人决策和群体决策；根据决策者事先是否知道所有的被选方案分为封闭型决策和开放型决策；根据决策的重要程度分为战略型决策和战术型决策；根据决策风格分为行为决策、概念决策、命令决策和分析决策；根据决策的方法分为理性决策、有限理性决策和直觉决策；等等。

三、风险决策的神经生理机制

认知神经科学研究发现，在风险决策过程中处理感知觉和情感信息时，起中介调节作用的有皮层（cortex）、边缘系统（limbic system），以及广泛的神经调节系统。[①] 例如，腹侧纹状体（ventral striatum）接收来自杏仁核（amygda-la）、海马（hippocampal formation）和前额叶皮质（prefrontal cortex）以及中脑

---

① 高利苹，李纾，时勘. 从对框架效应的分析看风险决策的神经基础 [J]. 心理科学进展，2006，14（6）：859-865.

（mesencephalon）的多巴胺能（dopaminergic）的信号输入，对收益和损失两种结果都进行编码。杏仁核和腹内侧前额皮质（ventromedial prefrontal cortex）的损伤会明显降低对风险的规避（Trepel, et al., 2005）。贝哈拉（Bechara）等人（1996）推测，背外侧前额皮质（dorsolateral prefrontal cortex）受损，使人失去运用策略和规则控制行为的能力而出现紊乱的行为方式；腹内侧前额皮质受损，无法发展起对有正面期望价值的选择偏好，所以继续做出冒险选择。

借助磁共振成像（fMRI）技术发现，大脑中心区域的伏隔核（nucleus accumbens）与赌博、炒股等风险行为有关；前脑岛（anterior insula）则参与买保险一类的安全投资行为。德尔加多（Delgado）等人（2003）研究发现，尾状核（caudate nucleus）激活程度与奖赏的数量和效价相一致，尾状核对大的奖赏反应最大，对大的惩罚反应最小。恩斯特（Ernst）等人（2004）发现，选项选择和奖赏期待两个阶段涉及的脑区各有不同。选择阶段主要涉及空间视觉注意（枕—顶通路或 where 通路）、冲突（前扣带回 anterior cingulate）、量的操作（顶叶皮质 parietal cortex）、行动准备（运动前区 premotorarea）等脑区；奖赏期待阶段主要包括与奖赏过程相关的区域（腹侧纹状体）。"高奖赏/高风险"事件与"低奖赏/低风险"事件对神经活动的影响在不同阶段也是不同的。如在高奖赏/高风险情境下，腹侧纹状体在选择阶段更会有较强烈的神经反应，但在预期阶段无此反应。

有学者（Yeung, 2004）研究指出，神经系统是独立表征价值数量（magnitude）和效价（valance）的，最具特色的 P300 事件相关电位反应敏感的是对奖赏的数量，而不是效价。

有证据表明，去甲肾上腺素（noradrenaline, NA）可能与损失规避有关。罗杰斯（Rogers）等人（2004）以药物注射方式考察阻塞 NA 对决策的影响。发现在收益、损失混合的赌博中，损失的可能性高时，被试对于可能损失的数量的敏感性降低，但不影响对可能获得的数量的敏感性。在单纯收益的赌博中与控制组的被试表现出同等的风险规避，在单纯受损的赌博中表现出同等的风险寻求。

然而，风险决策行为是复杂的，其神经机制必然也很复杂。来自动物的神经科学数据为探究人类风险决策心理过程中的基本神经机制提供了有利视角，但还需要借助相关学科的研究成果、技术和方法，深入开展脑神经机制的实验研究，探明脑的不同部位、不同区域对决策的影响，用神经机制水平数据解答风险决策过程究竟是理性的还是非理性的，或者哪些脑区参与理性决策或非理性决策。进一步明确认知过程和情感过程在决策中的作用、作用的大小，以及如何影响决策过程等问题是今后研究工作的重要内容之一。

四、风险决策的研究范式

风险决策的研究范式与风险决策的理论相辅相成，主要包括标准化范式、描述性范式和进化范式。

标准化范式也称规范化范式（normative paradigm）、传统范式。采用古典决策理论、效用理论、期望效用理论，坚持"理性人"假设，把决策者看作是完全理性的人，根据效用最大化原则分析判断。决策目标是"经济利益最大"和"最优解"。该研究范式的基础是数学、数理统计和运筹学，以数理逻辑分析为主，追求对静态决策研究中的客观性和量化。

描述性范式（descriptive paradigm）遵循"有限理性"，追求"满意解"。这种研究范式的理论基础是心理学、行为经济学，是预期效用理论、前景理论、行为决策理论。采用定量和定性结合的方法，运用直觉，描述真实的有限理性的人。

进化范式（evolutionary paradigm）遵循"复杂人"假设，注重人对环境的适应，环境对人的心理和行为的影响，坚持基于进化论的生态理性研究。其理论基础是进化心理学，当代决策理论。进化论范式强调决策行为对环境结构的拟合和适应，重视情绪在这种拟合和适应过程中的媒介作用。

第二节　犯罪风险决策

一、风险决策研究

风险决策问题研究涉及数学、统计学、经济学、管理学、心理学、教育学、人类学、法学等学科，主要有经济学决策论、统计学决策论和心理学决策论等。不同学科、不同研究领域的不同研究者对风险决策的理解和界定不尽相同，至今仍没有一个公认的定义。

经济学家认为，风险决策行为是一种经济行为，人们做出决策的原则是在经济上获得最大收益和达到最大效用。由于收益和损失是相对的，收益最大意味着损失最小。

统计学家常常按照统计理论和样本信息进行统计推断做出决策。或利用自然界，或进行社会观测得到的抽样信息进行决策，称传统统计决策（traditional statistical decision）；或既利用抽样信息，也利用先验信息进行决策，称贝叶斯统计决策（bayesian statistical decision）。统计决策通常以风险函数和常用损失矩阵描述风险损失。

　　心理学家强调决策受决策者心理与行为规律的影响和制约，如决策者的认知能力、情绪情感、成就动机、价值取向、才智品德等，因而决策的过程不可能是纯理性的。从统计学、经济学角度得出的最优方案，不一定是决策者认可的最满意的方案，因为决策方案选择的关键取决于决策者。不同决策者在相同情境下和不同情境下的心理机制不同，这从根本上决定决策者如何把握风险决策过程，如何做出科学、有效的选择。

　　总体上看，我国学者对风险决策的研究还不够多，主要借鉴国外成型的研究理论与先进的研究思想，开展"本土化"研究。理论方面，侧重于深入研究风险认知与决策的关系、决策认知结构、群体决策等，为我国决策科学的创立和发展奠定基础。对风险决策的理解和对"风险决策"概念的界定，一种观点认为，风险决策是一种行为，是在风险评价的基础上，根据风险的发生频率、损失程度等方面特征，选择具体的风险管理方案的行为（胡海滨，2007）。另一种观点认为，风险决策是一个过程；是决策者在面临两个以上不确定的决策后果，尤其是在面对伴有负面结果的可能性时所产生的复杂心理过程（谢晓非、郑蕊，2003）；是一种不完全信息下的决策，即根据风险管理的目标，在风险识别和风险衡量的基础上，对各种风险管理方法进行合理选择和组合，并制定出风险管理的具体方案的过程（夏敏轶、张焱，2006）。总之，风险决策无论是一种行为，还是一个过程，都需要识别风险问题，做出风险估计，提出若干可行性风险处理方案，并对各个方案可能导致的风险后果进行分析、计算后由决策者根据对各种方案后果的分析、评价做出决策，即决定采取哪一种处理风险的对策和方案。风险决策的实质是对损失和机会的权衡。

　　应用性课题的研究主要集中在：（1）对个体组织决策状况的探察。马剑虹、王重鸣（1996）等学者从我国企业经营决策的现状出发，探讨组织内部管理层次，以及组织外部有关机构对企业经营决策的影响，并对中英两国组织决策影响力分布特征的差异进行比较。（2）人事判断与决策。王益宝、王重鸣（1995）等探讨人事决策信息利用和效能预测的特点，人事决策者的特点对人事决策过程的影响等，对招聘者在现实生活中的人事决策具有很好的指导意义。（3）新产品开发中的决策问题。郑全全（1994）等从宏观工效学的理论出发，综合探讨在新产品开发过程中微观、中观、宏观水平的各种不确定因素，并揭示宏观因素形式变化的主要维度。（4）投资决策风险的评估和管理研究。王重鸣、陈学军（2002）采用多特征效用理论与方法在理论上对投资决策风险及其特征进行重新界定，并对影响投资决策风险的诸多因素进行更为深入的解释，从而减少或避免了以往国外研究大多从数量经济学的角度出发，重宏观轻微观，忽视情景因素和决策特征在风险投资决策中的作用等偏差。这些研究使风险决策研究逐渐形成有中国特色的研究方法和研究手段。

专门研究犯罪行为决策问题的学者不多，但成就突出。宋胜尊、傅小兰（2005）重点分析犯罪理性模型、犯罪期望效用模型和犯罪前景理论模型，阐释了犯罪行为决策的主要研究方法——心理物理法、过程追踪法、访谈法、投射测验法和犯罪统计法等。

马皑（2006）认为，犯罪是行为人的选择性行为。由于犯罪由法律从外在标定，与主体的需要、人格等变量不存在必然性联系，任何犯罪在特定情境中都存在偶然性。犯罪者人格与犯罪行为的关系只体现在倾向性和选择性方面，情境的随机性使犯罪者人格在跨情境状态下表现为理性、非理性或相对理性等多个层面（明知自己的行为是犯罪，为追求利益仍实施这一行为，可视为理性，是一种自觉、主动的犯罪选择；反之，不认为是犯罪，或意识不到将受到刑罚则是非理性）。采取何种方法满足需要、实现目的的手法选择，决定了行为的法律性质。因心态失衡导致的与社会规范和主流文化相背离的态势，从而引发的各类越轨行为（deviance），都是非理性的。

赵永军（2003）提出"理性犯罪决策"假设，认为犯罪决策过程是一个深思熟虑的过程。犯罪决策的做出不是"刺激—反应"的被动行为，而是"踌躇—选择"的主导操作性的动机行为。采用自编《犯罪决策问卷》对服刑人员施测发现，影响犯罪决策的因素分为不良心理因素、犯罪决策的心理评价因素、外部控制因素和犯罪决策的非理性因素。根据研究结果提出犯罪防控的具体建议。

二、犯罪行为风险决策及其研究意义

犯罪行为决策（criminal decision-making）是指潜在犯罪行为人通过对某种犯罪行为（活动）的犯罪效益和犯罪成本进行对比分析，从而做出是否实施该种犯罪行为的决定（汪明亮、顾婷，2005）。

犯罪行为决策大多属于不确定条件下的决策。犯罪行为决策者可以预测未来出现的可能状态及其发生的可能性，却无法确定未来究竟会出现何种客观情况。例如，犯罪过程中被害人可能出现的反应、犯罪面临的刑罚程度、作案准备程度、作案时的环境条件、作案后的损失和收益等对犯罪人而言都具有一定的不确定性。因此在一定条件下做出的犯罪行为决策要冒一定的风险。从这个意义上说，犯罪行为决策是一种"风险决策"。

如果说，一般领域的风险决策研究是为了更好地了解决策的过程，使人及时、准确地做出决策的话，犯罪行为风险决策的研究则是提高犯罪行为决策者的风险意识，制止他们做出危害社会、危害他人和自己的犯罪行为风险决策。"犯罪行为风险决策的研究旨在通过运用认知心理学的有关原理，说明犯罪行为实施之前的行为决策过程及影响因素，其成果不仅具有很强的理论意义，更具有重要的应用价值，能为国家制定刑事政策与犯罪预防政策等提供理论依据。"（宋胜尊、傅小兰，2005）

三、犯罪行为风险决策的性质

（一）复杂性

现实中人们更多遇到的或者是困难性问题，或者是复杂性问题。犯罪行为风险决策面对的既是困难性问题，也是复杂性问题，而且主要是复杂性问题。不可能仅仅通过提高与犯罪行为有关的能力，掌握相应的技术就能够解决。因此，犯罪行为风险决策过程中需要抽丝剥茧，理清头绪，一点点解决。就像走迷宫，岔路多、不确定性大，而且只有走到一个岔口，才能知道上一步走得对不对、这一步该怎么走。比如，犯罪行为人事先经过收集信息、踩点，摸清情况后确定作案时间、地点。正准备撬门扭锁，发现房间灯是亮着的，门也虚掩着。什么情况？主人在家？早就被发现，被"请君入瓮"？不得而知。如果情况确定，可以按照事先方案进行，但在不确定情况下，究竟如何决策和行动？不能贸然行动，但又不能放弃。只有先进去，才能知道真实情况，才能确定下一步怎么办。这样的问题难吗？不难！行动的每一步都在能力的范围之内，而且也有技术和手段的支持。但它涉及的方面、牵扯的步骤太多，充满不确定性，使人产生失控感（误以为很难，超出自己的能力范围，看不到边界而恐慌）、存量干扰（个体在上一步行动中所有的存量无论是负向情绪，还是成功的经验，都可能成为下一步行为的干扰）和协作困境（成员间因想法不同步而无法紧密协作）。

决策中对这类问题的解决，一般采用三个原则：第一，"三英尺"原则，即把自己的注意力主要放在自己可控制的范围——找到离自己最近的威胁，采取有效方法，先解决这个威胁，从而摆脱"失控感"。第二，"清零"原则，即一个行动之后，通过对该环节的反思，总结经验教训，过滤和放弃所有可能对下一步行动产生干扰的因素，避免存量干扰。第三，"思维一致"原则，即群体（包括犯罪团伙）在形成（组建）过程中，要求成员的思维方式、价值追求高度一致，成员间彼此相互信任，可以为"朋友"两肋插刀，这个原则可解除协作困境。然而，理想很美好，现实很"残酷"。任何人都无法通过任何方式消除各种困扰，清除各种障碍，做出准确完善的犯罪行为决策，并保证犯罪行为的顺利实施和犯罪目的的实现。一旦被捉，所有的努力功亏一篑，一切收益化为乌有；相反，还要为自己的行为付出代价。

（二）不确定性

犯罪行为风险决策的不确定性，首先取决于风险的不确定性。客观世界的不确定性是本质的、常态的、绝对的。也就是说，这个世界唯一可以确定的就是不确定性。作为具有风险决策特征的犯罪行为决策，必然带有不确定性。不确定性越大，犯罪行为决策的风险性越大。

从属性上划分，不确定性有三种情况：随机不确定性、模糊不确定性和灰色不确定性。随机不确定性（random uncertainty）是因果律的亏缺，如一因多果、多因多果等。模糊不确定性（indistinct uncertainty）和灰色不确定性（grey uncertainty）则是由于人的认知能力有限或信息不完备使主体对客观事物认识不足造成的。

事物存在两类不确定性：表层不确定性（surface uncertainty）和深层不确定性（deep uncertainty）。前者是指决策者已知一系列关于决策后果的假设，但不知道哪一项假设在做出抉择之后被证明是正确的，决策者无须自己提出假设，只需在已知的假设中做出选择即可；后者指决策者对于问题性质的各种状况一无所知，必须对有关决策后果的各种状态做出种种假设，然后再一一证明各种假设的正确性。

之所以有这样那样的不确定性的存在，主要源于信息的不完全性、思维的局限性、预测的不准确性等因素。

信息的不完全性　信息是决策的前提。决策者全面准确地掌握有关的信息是正确决策的保障，信息越充分，决策环境的不确定性越小，风险也就越小。但是，由于现实中大量不确定因素的存在、决策者本身知识能力的限制、统计信息的不充分、搜集信息的手段和时间的限制、事件的发展变化和信息不断地修正等，决策者往往无法掌握与决策有关的所有信息，不得不在信息不完全的情况下做出决策，从而使得主观的决策结果和客观事实或目标之间出现偏差。如果想等到完全掌握信息后再做决策，就有可能错过有利时机。即使此时把握了全部信息，也不可能有充足的时间和能力对所用信息进行认真筛选。例如，犯罪行为人不可能收集和知晓与犯罪"收益—成本"相关的所有信息，对侦查程序、技术不可能熟悉，难免在犯罪现场留下某些痕迹还不自知。

另外，信息的获得需要一定的投入，要耗费必要的时间、人力、物力、财力，即信息成本。有时不得不考虑为获取信息而花费的代价，所以首先需要权衡确定花费大量信息成本是否值得和可行。

思维的局限性　任何一项决策都是决策者在一事物与他事物的错综复杂的联系之中，尽可能全面而详尽地考察，抓住主线、突出重点、统筹安排、去伪存真，然后精挑细选，找到和选择最佳方案。可是，在分析、综合、比较、抽象、概括中的思维过程中，难免顾此失彼、挂一漏万，而且不排除"抓了芝麻，丢了西瓜"的可能。犯罪行为决策者大多不可能对犯罪行为和犯罪过程进行多方面的精确分析，往往采用"思维捷径"①，依靠某个单一理由就做决策。在多重目标冲突中，大多不是追求整体效用的最大化，而是追求当前效用的最大化。

预测的不准确性　决策总是在过去经验的基础上做出对未来的预测。既然是预测，就不可避免地受到诸多不可预见因素的影响。即便目前可以预见的因素，也可能在发展过程中变得不可预测；事物未来的状态不仅取决于现在的各种相关条件，而且还取决于将来才产生的条件，对现在来说还未曾出现的各种情况，就更不可能先验地把握了。因此，越是长远的预测，其准确性越是不好把握。关于未来的各种假定，是以现有的理论和所掌握的事实材料为依据做出的推测，其本身就可能不可靠。何况任何决策都是依靠人来实行的，每个决策者的认知、情感、意志、人格特征不同，看问题的角度、思维的方式、对事物的理解、利益关系不同，对事物的预测会因人而异。

基于以上几方面的原因，不确定性是普遍存在的，因而犯罪行为决策的风险难以避免。犯罪行为风险决策的不确定性有以下特征：决策问题初始状态的信息不充分；超出决策者的工作记忆容量；目标状态是变化着的；由于因素之间的相互作用而使决策问题处于不断的动态变化之中。

第三节　犯罪行为风险决策分析

决策分析（decision analysis）是对自然状态这个随机事件发生概率的计算和

---

①　见本书第五章第二节，"三、启发式策略与系统性偏差"。

估计。通过决策分析，才能做出最佳决策。决策分析着重研究决策者如何在有风险和不确定因素的环境下，分析问题并做出合理的抉择。在决策分析过程中，对决策者本身的价值结构等主观因素进行定量描述，与对决策问题中客观存在的各种不确定因素进行定量描述和分析同样重要。

一、犯罪行为风险决策的构成

（一）犯罪行为风险决策的维度

犯罪行为风险决策是一个多维度的结构，包括：（1）不确定性，即对所有潜在的结果及其发生的概率或可能受影响的程度的知觉程度。（2）潜在的收益/损失，即与风险决策相联系的结果及其数量。如果可能的损失较大，就必然有相对较大的收益与之相抵消从而达到平衡。如果可能的损失较小，则关于风险的知觉较弱。（3）框架（frame），即对情境的理解。如果将情境知觉为积极（强调收益），那么决策者倾向于回避风险；相反，如果将情境知觉为消极（强调损失），那么决策者倾向于冒险。（4）个人卷入度，即决策者在多大程度上相信风险决策的结果将与个人责任有关系。这四个维度影响决策者关于决策情境的知觉、对各种选择的评价和所做的选择，以及面对风险时将采取的行动。

（二）犯罪行为风险决策的条件

犯罪行为风险决策应具备五个条件：（1）决策者希望达到的目标（效益最大或者损失最小）；（2）两个及其以上供选择的方案，最终仅择其一；（3）两个或两个以上的不以决策者主观意志为转移的自然状态；（4）可预测不同行动方案在自然状态下的益损值；（5）在几种自然状态下，未来究竟出现哪种自然状态，决策者不能确定，但可预测各种自然状态出现的概率。

（三）犯罪行为风险决策的构成要素

研究者（陈伟刚，2002）指出，任何一个决策问题，都是由行动集 D、状态集 S 和后果指标 r（d，s）三个要素组成。这三个要素是人们在决策过程中最关心的，犯罪行为风险决策也不例外。

第一，备选方案。决策者应明确有哪些行动方案可供选择。一般用 d 表示一个行动方案，所有备选方案称"决策集"，记作 D＝{d}。决策者要从 D 中选取一个特定的 d。例如，犯罪后逃避惩罚有多种方案供选择：出逃（d_1）、寻找"替罪羊"（d_2）、寻求"保护伞"的庇护（d_3）等。对于犯罪行为决策者而言，事先选择其中的哪个方案由他自己决定，因而，被选方案是可控的，尽管可能有些行为的备选方案难以穷尽。

第二，自然状态（事件或现象的客观状态及过程）。一般以 s 表示某一自然状态，其全体记为 S＝{s}。当决策者决定采用某种犯罪行动的方案后，在实施过程中可能面临一些不同的自然条件，一般有三种自然状态：一是顺利实施成功逃避惩罚；二是方案失败受到惩罚；三是介于二者之间，千方百计、东躲西藏、提心吊胆，不知命运如何。三种自然状态只有一种会出现，究竟是哪一种？犯罪行为决策者事先难以预料，因而这一要素是三要素中唯一不可控的。

第三，后果指标。当决策者选择了某一个行动方案 d，某一种自然状态 s 出现后，会得到一定的回报。这个回报可以用一个量化指标来表示，称为后果指标。最常用的后果指标是收益值，以 r（d，s）表示。这是采用行动方案 d 而自然状态 s 发生带来的收益值。

二、犯罪行为决策分析的基本准则

犯罪行为风险决策分析通常遵循三个基本准则：最大期望收益准则、最大可能准则和灵敏度分析。

（一）最大期望收益准则

把每个备选方案都看成一个随机变量。选择任何一个方案时，确定它在各种自然状态下相对应的收益值，将每个方案的期望收益值求出来之后加以比较，并选取期望收益值最大的方案作为最优决策，这就是最大期望收益准则（maximum expected return criterion）。任何人的行为都是为了实现利益的最大化，犯罪行为尤甚。

例如，节假日商家搞促销，地点可以放在商场，也可以在露天吸引更多的消费者前来购买。可是遇到风雨天则可能受损。根据气象预报，这一天降雨的概率是40%，商场应该选择哪种促销方式？

方案1：在商场内搞促销活动，获利2万元；

方案2：在露天搞促销活动，60%的概率获利10万元，40%的概率损失4万元。

显然，总体上分析，方案2的收益高出方案1 [$10 \times 0.6 + (-4) \times 0.4 = 4.4$ 万元]。在此，决策者做出"露天促销"决策，虽然不能保证一定会取得最好效益（天气的好坏是一个不确定的因素，可能造成损失），但可使效益的期望值达到最高。

（二）最大可能准则

犯罪行为的风险性使得对其收益难以做出精确的预测。犯罪行为决策者无法确定自己的行为是否达到最大化，或者知道最大化难以实现时，决策者退而求其次，遵循损失最小和不利事件发生概率最小的原则，或者说，转向对最大可能的追求。

某一事件的概率越大，发生的可能性也越大。人们在决策问题中选择概率最大的自然状态进行决策，这就是最大可能准则（maximum possible criteria）。该准则在决策实践中应用非常广泛。虽然有的方案获益最大，但实现的可能性很小，甚至几乎为零，再好的方案也没有意义。特别是在一组备选方案中，各个自然状态的收益值或损失值差别不大，而某一个状态出现的概率明显大于其他状态时，这种准则的效果较理想。但是，任何一个状态发生的概率都很小，而且相互接近时，采用这种决策准则的效果较差，甚至可能引起错误。

（三）灵敏度分析

决策分析中自然状态概率变动，损益值或效益值也随之发生变化，它对决策的影响相当重要，这便是灵敏度分析（sensitivity analysis）。

例如，某企业想走出困境，发展生产需要一大笔资金。资金来自何处？可供选择的方案有企业内部集资，社会融资，银行贷款，变卖部分资产，用这些资金做投机生意。

企业主管通过市场调查的情况分析发现，职工早已"捉襟见肘"，不可能拿出钱来，第一方案被否；企业效益差、声誉不好，融资困难重重，第二方案也不行；原有的贷款还未还清，银行贷款的路根本走不通。剩下的只有第四种方案了。

但是如果决策者心术不正，或者以非法的方式集资、融资，甚至骗贷等，那就可能做出犯罪风险决策。

第四节　犯罪行为风险决策过程

一、犯罪行为风险决策的前提

制约犯罪行为决策的因素很多，如组织目标、有限的环境因素、有限的技术因素、时间和成本的制约、非完全信息、有关竞争对手或合作对手信息的有限性、人的能力、行动方案的可接受性等。这些是犯罪行为风险决策的前提。

犯罪行为决策，还有赖于个体犯罪原因系统的形成。这个系统包括两大部分：犯罪心理形成因素和犯罪行为发生因素。

犯罪心理形成因素：犯罪心理结构已经形成，具备作案的知识和技能，作案方式和时机已定，作案工具和大部分物质条件齐备，身体条件具备。

犯罪行为发生因素：侵害对象的存在，没有第三者的威胁，有利的作案现场条件和氛围。例如，绑架犯罪从蓄谋到实施，必备的犯罪条件有绑架发生的原因、绑架持续过程的主客观因素。其中包括作案人与被害人的行为反应关系，相应的变量：人质（绑架犯罪的首要施害目标，是实施绑架犯罪行为的主要条件之一）、赎金（绑架犯罪的最重要目的和条件变量）、犯罪方式、认知关系（指犯罪行为人与人质的关系，分相识、陌生两种）、心理承受力、报案和侦查介入（可及时止损、解救人质，但也可能因勒索不能而撕票，加大人质被害风险）等。以上各项是犯罪行为决策的前提和基础，但并非具备这些就一定会做出犯罪行为决策。

二、犯罪行为风险决策具体过程

犯罪行为决策过程是依照既定的决策目标做出决策，实施决策、达到预期目标的过程。犯罪行为决策全过程伴随着感知、注意、思维、情感、个性各元素间的调整、补充，以及决策前后可能产生的认知失调和相应的心理调节。

（一）收集相关信息，确定犯罪行为决策目标

任何一项决策都有其目的和目标。做出犯罪行为风险决策的第一步是认清事情的全过程，确定决策目标。犯罪调查的统计结果显示，80%以上的犯罪人在犯罪前都经过精心策划，严密实施，且具有很强的反侦查和逃避惩罚的意识。说明绝大多数犯罪人是在"理智"的情况下实施犯罪的。

大量犯罪事实证明，犯罪行为人具有较强的目的性和计划性特征。从犯罪行为人作案目标的调查中发现，犯罪行为决策者的理性程度有越来越高的趋势。90%的犯罪人是在作案目标已确定的情况下实施犯罪的，他们在作案前能够明确自己的行为目的和具体指向（王焱，2002）。

确定犯罪行为风险决策目标的基础是广泛、全面而准确的信息。犯罪行为风险决策信息的来源有两个：一是内部信息。主要是个人（或团伙）的知识经验、犯罪技能和犯罪行为习惯，惯犯、累犯主要依赖于此。二是外部信息。分为两类：大众传媒和他人信息。前者范围较广，如电影电视，报纸杂志，各种宣传、广告等，特点是量大面广。后者主要指来自"自己人"的信息，如家人、

亲友、熟人、同伙。这些信息是最有效的，有极高的信任度。

目标本身具有明确性、具体性。目标的难易程度、结构化程度直接影响决策的有效性。根据时间和发挥作用的情况，犯罪行为风险决策目标可分为长久目标和短暂目标。如即将进行或正在进行的偷窃、走私等犯罪是短期的、具体的目标；充分酝酿、等待时机的各种犯罪行为，以满足自己需要（精神的、物质的）是长期目标。长期目标的被害人、时间、地点、行为方案等都可能不确定、不具体。

（二）拟订犯罪行动方案，评价每种方案可能产生的结果

此阶段仍属于犯罪的预备，主要任务是根据目标拟订备选的犯罪行动方案。备选方案是决策的基本成分和重要条件。提出的决策方案越多，选择的余地越大，但方案太多，反而容易造成选择时间成本增加或选择困难。

为了进行风险评价，犯罪行为决策者会根据决策的目标和目标结构，为每种决策方案的结果赋值，即主观效用值（主观价值）。风险决策的目标不同，犯罪行为风险决策结果的效用值也不同。一般而言，犯罪行为风险决策的目的是获得经济利益（但不排除报复、泄愤、戏谑等），那么，哪种方案最有可能获利，或者获利最大，这个方案的效用也最大。这个过程既是对备选方案和整体决策情境的知觉与评价，也是对备选方案优劣的判断。例如，抢劫犯罪，无论是初犯还是再犯，大多会在行抢前结成团伙。团伙的形成或熟人介绍，或陌生人之间因相同背景在偶然机会下促成。目前由于网络沟通便利，在网上相识，逐渐由陌生人到为了共同目标"臭味相投""一拍即合"而形成犯罪团伙。同伙内部相互沟通，然后决定目标物——银行、超市、行人或便利商店、酒店等。

犯罪行为风险决策过程中要权衡各种利弊得失，要对成本与收益进行分析，要进行条件评估和风险评估。条件评估涉及自身从事某项犯罪活动的相关知识能力等；风险评估主要是对实施犯罪时、犯罪之后被发现和受到刑罚的可能性、刑罚的严厉性等的预期。假如犯罪行为决策者具有较丰富的犯罪经验，法律不完善、实施执行不严格，或者某些权力的拥有者有不受约束的自由裁量权，犯罪行为被发现的概率小、受到惩罚的程度低，其犯罪行为的收益必然较高，成本则相对较低，在心理层面给犯罪行为决策者造成的压力较小。与此同时，也降低了他们对犯罪行为风险感知的水平。

又如，贪污贿赂犯罪行为人一般都出于故意，有预谋、有计划、有理性，对于自己的行为有清楚的认识，很少因一时冲动而犯罪。他们在实施犯罪前往往要进行犯罪的可行性分析和"成本—收益"评估。他们会综合考虑各种因素，

如通过犯罪能获得多少好处，被发现的可能性有多大，如果被发现，将受到什么程度的惩罚，等等。可行性分析和"成本—收益"的评估决定行为的选择，如果犯罪成本很低，而犯罪的收益却很大，即预期犯罪收益大于犯罪成本，就会做出犯罪行为决策并付诸实施，反之则会放弃犯罪。金融犯罪、经济犯罪的期望收益比较直观和明显，对可能的惩罚也在可预见的范围之内。为实现犯罪意图，他们必然处心积虑地寻找和创造实施犯罪的条件，谋划实现犯罪目的的方法途径，力求逃避行政处罚和法律制裁。尽管一旦暴露可能遭受严厉的惩罚，但关键的变量在于被发现的概率。

这个阶段犯罪行为决策者的心理冲突较强烈，如各类经济犯罪，一方面，有强烈的占用财务的欲望，甚至成为某一时期的首要需要，一旦时机成熟便决意实施犯罪；另一方面，又忌惮事情败露后的惩罚。这类犯罪主体往往有一定的权力地位或较高的智商，以及实施犯罪的机会和能力，"投机心理"比其他类型犯罪更甚。他们还会以各种方式、手段掩饰和伪装，如早来晚走，给人以积极工作的假象；在无人或人少时"下手"；"贼喊捉贼"等。

（三）确定犯罪行为方案，做出犯罪行为决策

反复权衡的过程包含了赋予各个可行性方案不同的权重，开始对各个方案进行更系统的分析，预见可能的风险（遇到被害人顽强的抵抗、防备太严等），提出对策，最终选择最有利于达到决策目标、实现收益最大化的行动方案。这个过程中，如果是团伙犯罪，需要给参与者分配任务，确定具体方案和行为方式。如抢劫，谁负责开车？谁来望风？谁实施抢劫行动？谁担任掩护？遇到被害人反抗怎么办？还有，怎样偷车、伪造牌照、规划行动前和行动后逃跑的路线、确定分赃的时间地点等。如果认为时机不成熟、风险太大，或者"良心"发现，会放弃或暂时放弃犯罪行为。

这一阶段犯罪行为决策者往往心存侥幸、盲目自信。一是自己或他人有过类似犯罪行为，一直未被发现。二是有合法身份的掩护，方便犯罪行为的实施和实现犯罪目的。三是有与之相应的、特殊的知识技能，如"黑客"技术等，且手段高明，事发概率小。四是有"关系网"的保护，或者"法不责众"，有事也不会追究到自己头上。即使被发现，也有足够的时间和条件逃脱，或者潜逃出事发地，或者可在事发之前销毁所有证据，或者以各种方式抵赖，或者想方设法减轻惩罚。尤其是贪腐犯罪行为决策者，他们更精明狡诈，更具冒险性，具有唯利是图的习性和双重道德标准，以身试法的可能性较大。

（四）实施犯罪行为方案和行为效果反馈

潜在犯罪行为人在做出犯罪行为风险决策后，接下来就是等待时机、实施

犯罪了。犯罪过程中也可能随时修订原方案、采取第二方案或终止行动。在犯罪行为完成尚未被发现之前，犯罪行为人的心态极其复杂，有成功后的喜悦，也有作案后的恐惧。初犯者的恐惧心理尤甚。知道纸包不住火，天网恢恢疏而不漏，因此惶惶不可终日。如某银行储蓄员贪污数万元，整日提心吊胆，每次储蓄所盘点，都以为是针对自己，最后选择出逃，直至被缉拿归案。有的害怕因此断送前程，几十年的辛苦毁于一旦，还会牵连家人、亲友。有的犯罪行为人更多的是成功后看到自己"成果"的愉悦和满足。

　　作案的成功会强化犯罪行为决策者的犯罪心理。犯罪行为得逞，体验到成功，这些犯罪分子继续作案的可能性很大。例如，商业贿赂犯罪的成功，在自己获得巨大非法利益的同时，也给对方带来了好处，双方在物质方面和精神需求方面都得到了满足。他们不仅不会有"罪恶感"，反而认为很正常，以为自己是按"市场规律"和"行业规则"行事，是一种"双赢"而心安理得。在此种心理背景下，犯罪人为寻求更大利益，进一步强化了其贪婪的犯罪心理，从而又不断出现新的犯罪动机，肆无忌惮进行新的犯罪行为。

　　有时，犯罪行为失败或遇到阻碍不一定使犯罪行为人收手，他们可能"蛰伏"起来，等待时机；也可能丧心病狂，原本的"求财"变成了"谋财害命"。有的明知可能失败，仍一条路走到黑，甚至刑满释放后故技重施、重操旧业，成为职业型犯罪行为人。

　　应该看到，有些犯罪行为人作案后期的行为和目标可能与初衷不符。比如，某些职务犯罪行为人，开始时没有想将公物占为己有，只是"临时"挪用，"借鸡下蛋"，为自己谋点利润（公款买彩票、赌马等）。因失误失利，出现亏空，不得不拆东墙补西墙，结果越陷越深无法自拔。有的最初仅仅是抢劫，遇到反抗则可能变成杀人。

　　事情败露后，犯罪行为人表现最多的有两种心理反应：第一，抗拒心理。认为"抗拒从严、坦白更严"，咬死不说，你奈我何？或者只交代被发现的或不很严重的罪行。那些犯罪经验丰富、具有相当的反侦察能力的犯罪行为人会想方设法掩饰罪行、逃避惩罚。如同伙之间建立攻守同盟（有的犯罪团伙在实施犯罪前便做出对策：失败或个别人被捉后如何应对）。还有在第一时间转移赃物、毁灭证据。有的犯罪行为人的戒备心很强，回答侦查人员的讯问时，小心谨慎，生怕言多有失。闪烁其词、顾左右而言他，以攻为守，试图摸清、探知侦查人员的底细和意图。第二，悔恨心理。这是犯罪行为人被捉后普遍存在的，但其中的"悔"与"恨"却各有不同。有的为自己的行为给他人、社会及自己带来的伤害感到后悔，并因此而自责、愧疚，愿接受惩罚，用余生补救。有的则后悔当初的计划不周密，行为不谨慎；后悔没有趁机多贪点、更狠点；后悔没有"斩草除根"留下后患；后悔找了个"猪队友"……后悔不该违法犯罪的人，能悔过自新，重新做人；而另一种后悔之人成为累犯、惯犯、职业犯的可能性极大，社会危害性极大。

第三章

经济人·犯罪行为风险理性决策

关于犯罪行为风险决策的研究，经历了一个由"非理性"到"理性"，再到"有限理性""生态理性"的过程。20 世纪 60 年代之前，一些国家的主流观点是：犯罪行为决策是"非理性"的，犯罪行为由自身精神疾病或社会压迫造成。犯罪行为人是"弱势群体"，是社会的牺牲品。例如，比利时统计学家凯特勒（Adolphe Quetelet，1796—1874）提出，是社会制造了犯罪，犯罪行为人仅仅是社会制造犯罪的工具。受这种观点的影响，西方社会政策、法律产生重大变化，对"犯罪"给予极大宽容，结果犯罪行为人"有恃无恐"，犯罪率持续上升。20 世纪 60 年代初，美国经济学家贝克尔提出"犯罪是一种理性行为"，是犯罪行为人对犯罪收益与被抓后定罪的风险概率、处罚力度进行评估之后做出的理性选择。他的观点对美国司法政策产生了相当大的影响，由此引发人们以理性和经济学的视角研究犯罪行为的兴趣，并逐渐形成新的学科——犯罪经济学。

第一节　经济人·完全理性

理性决策的经济学模型源于决策的微观经济学经典模型。这种模型基于经济人假设，其基本出发点是：人是理性的，人类受个人利益驱使，对所掌握的信息全面权衡后做出最优抉择。

一、"普遍符号系统"及其意义

300 多年前，德国数学家莱布尼兹（Gottfried Wilhelm Leibniz，1646—1716）希望建立一套人类思维的符号系统，以这个"普遍符号系统"（universal symbol system）表示人类的理性思维。设想当人们的思想观点发生分歧时，无须争辩，只要运用"普遍符号系统"这个运算工具就会泾渭分明、是非清楚。这样一来，复杂的思维活动就可以像其他事物一样，运用数学的方法分析解决了。虽说莱布尼兹把人类理性绝对化的设想十分荒唐，但成就了作为公理而存在的理性"经济人"假设，成为传统经济学理论大厦的基石。

斯密（Adam Smith，1723—1790）是市场经济理论的开创者，并被誉为"古典经济学的鼻祖"。在 1776 年（距莱布尼兹提出"普遍符号系统"大约过去一个世纪）出版的标志性著作《国民财富的性质和原因的研究》（简称《国富论》）中提出，"利己性"是"经济人"的本性，"利己心"是每个从事经济活动的个体最基本的动机。正所谓"天下熙熙，皆为利来；天下攘攘，皆为利往"。在他看来，如果每个人都能自由地追求自己的最大利益，就会实现整个社会的利益。

斯密之后的其他学者将其理论不断明确和深化，逐步形成传统的人性观——经济人假设（economic man hypothesis）。穆勒（John Stuart Mill，1806—1873）①在《论政治经济学的若干未决问题》（1844）中，描绘了一个"会算计、有创造性并能寻求自身利益最大化"的"经济人"形象，以此诠释"经济人"内涵。至今，一些经济学家仍然相信，人的理性是客观的，是可以借助数学进行分析的。

二、"完全理性"：古典经济学的著名公理性假设

"经济人"假设认为人具有"经济理性"（economic rationality），即经济个体是追求预期效用最大化的理性人。这个假设有三层含义：

第一，人是自利的（self-centred）。他们关心和追求的是自己的利益，个体经济行为的根本动机就是趋利避害，力图以最小的经济代价去追逐和获得最大的利益。

第二，人是理性的（rational）②。追求效用的最大化（maximizing）是对人

---

① 约翰·斯图亚特·穆勒，英国著名哲学家、经济学家和心理学家，孔德实证主义哲学的后继者，19 世纪影响力很大的古典自由主义思想家。他的哲学、经济学和心理学思想体现在《逻辑学体系》（1843）、《政治经济学原理：及其在社会哲学上的若干应用》（1848）、《论自由》（1859）、《论代议制政府》（1861）、《效益主义》（1861）等主要著作中。

② "理性"概念源于古希腊的 logos（原意"词、言谈、叙述"等）和 nous（原意"看"）两个概念。赫拉克利特（Heraclitus，C535－C475；朴素辩证法思想的代表人物，是第一个提出认识论的哲学家，尝试将宗教哲学化的先驱）将 Logos 诠释为"理性"，是协调一切人和事物的共同的法则。最早赋予 Nous"理性"之意的阿拉克萨哥拉（Anaxagoras，C500－C428；古希腊自然派哲学家、原子唯物论的思想先驱）认为 Nous 不与万物混存却又无处不在，是决定万物并保持它们秩序的精神性存在。

类天性的抽象和概括，是决策者目标理性的必然要求。人具有认识环境的能力、分辨是非优劣的能力，以及运用这些能力的能力。在各种经济活动中精于判断和计算，不会或很少感情用事。作为"理性人"，能认识自己的行为及行为的后果，并能对自己行为的成本和收益进行比较，尽最大可能以最小的成本换取最大收益。

第三，在良好的法律制度保证下，经济人追求个人利益最大化将无意识但有成效地增进社会的公共利益（方霏，2005）。从经济的角度讲，每个人从利己心出发，努力地为自己所支配的资本找到最有利的用途，而这"最有利用途的地方"正是社会最需要投资的地方，靠一只"看不见的手"的调节，促进了整个社会利益。这便是对"完全理性"（completely rationality）的解释，也使"完全理性"成为古典经济学著名的公理性假设。

以"理性经济人"假设为基础的古典经济学对决策问题进行规范性研究，形成一系列理性决策理论，如博弈论、贝叶斯理论、期望效用理论等。

（一）博弈论

决策、决策心理的研究起源于博弈。博弈论也称对策论（game theory），是运用数学的方法研究在特定条件下如何根据他人的选择做出自己的决策。好比下棋，下一步怎样走取决于对手这一步怎样走。其核心思想是：假设你的对手在研究你的策略并追求自己最大利益行动的时候，你如何选择最有效的策略。

博弈论把所有可能出现的对策一组一组排列出来进行分析。博弈分析至少满足以下前提条件：第一，博弈的目的就是获取最大利益；第二，博弈双方都具有充分的理性；第三，博弈双方都具有充分的选择自由；第四，博弈的规则是平等的，以保证合理预期的实现；等等。

图克（Albert Tucker，1950）提出的"囚徒困境"（prison dilemma）是博弈论中的一个经典案例，虽然简单，却准确地反映了博弈问题的根本特征，成为人们现实生活中解释各种经济现象、研究经济效率问题的有效范式。

囚徒困境博弈的基本模型：警察抓住了两个合伙犯罪的罪犯，但缺乏足够的指证他们所犯罪行的证据。只要其中一人供认犯罪，则罪名成立。为了得到所需要的口供，警察将两名罪犯分别关押、隔离审讯，以防止他们串供或结成攻守同盟，而且给他们同样的选择机会。如果两人都拒不认罪，他们会被以较轻的"妨碍公务罪"各判1年徒刑；如果他们两人中有一人坦白认罪，则立即释放，另一个人将判刑5年；如果两人同时坦白认罪，他们将各自被判3年监禁。以博弈矩阵（表3-1）表示：

表 3 - 1 囚徒困境图示

	坦白	抵赖
甲	3，3	0，5
乙	5，0	1，1

显然，获最小的惩罚是他们的最佳选择，即都保持沉默。然而能否获罪、将得到怎样的惩罚在很大程度上取决于另一个人的选择。甲意识到同伙可能向警方提供对自己不利的证据，当然，同伙一定也这样设想。所以，理性的选择就是向警方坦白。如果同伙保持沉默或者抵赖，那么自己就会得到宽大；如果同伙也选择老实交代，自己顶多服刑 3 年。可见，无论同伙做出怎样的选择，自己选择坦白都是有利的；假如选择抵赖，无论同伙怎样选择对己都不利。因此理性的犯罪行为人一般会选择说出实情。

为什么两个囚徒不选择表 3 - 1 右下方区域，各自只判 1 年？原因只有一个：每一个囚犯要想获得最大利益不仅取决于自己的策略，同时还取决于对手的策略。所以囚徒困境下的理性选择是保守而不是冒险。

根据理性人假设，每个人都会在确定范围内追求自身效用的最大化，从而在有限的环境资源中努力做出最佳决策。"囚徒困境"说明，在风险决策情景下人们的决策有悖于"期望收益最大"准则。

（二）圣·彼得堡悖论

1713 年，瑞士人尼古拉斯·伯诺利（Nicolaus Bernoulli，1687—1759）提出这样的问题：

掷硬币游戏有两个规则：（1）硬币为正面，可以再掷，直到出现反面（获得报酬）为止。（2）报酬是付给掷硬币者 2^n 美元，n 为掷硬币的次数，即第一次投掷为反面，掷硬币者只获得 2（2^1）美元；第二次投掷为反面为 2^2，得 4 美元；第三次为 2^3，得 8 美元；第 4 次为 2^4，得 16 美元……依此类推。

请问：你愿意付多少赌金参与这一游戏？

结果，愿意付出的赌金几乎没有超过 10 美元的。

该问题按期望值（也称期望货币值，the excepted monetary value，EV）计算，收入为 2，4，8，16…2^n 的概率相应为 1/2、1/4、1/8、1/16…$(1/2)^n$。显然这是一种 n 为无穷大的方案，期望值亦无穷大：

$$EV = 2\ (1/2)\ +4\ (1/4)\ +\cdots 2^n\ (1/2\ )^n$$
$$= 1 + 1 + \cdots \longrightarrow \infty$$

既然如此，人们理应愿意付出很大的赌金参与这一游戏。可是，为什么人们不愿出更多赌金去争取这一无穷大的期望回报呢？这说明，数学期望值方法并不是人们估价风险前景的真实方法。这个发现使期望值理论陷入困境。

这一问题成为一个无法解释的悖论。后来，人们就用最早发表这一问题的杂志《圣·彼得堡》为其命名，称"圣·彼得堡悖论"（saint petersburg paradox）。

圣·彼得堡悖论曾是数学史上一个相当热门的话题，也是决策分析发展史上第一个著名的决策实例。25年后，即1738年，尼古拉斯·伯诺利的堂弟，著名数学家、概率论先驱丹尼尔·伯诺利（Daniel Bernoulli, 1700—1782）受"圣·彼得堡悖论"的启发，提出一个非常重要的概念——精神期望值（moral expected value），亦称效用，才对这一悖论做出解释——人们追求的不是金钱本身，而是金钱带来的效用。

三、风险决策的基础：效用理论

（一）效用与边际效用

效用（utility）是指钱或物在人们心目中的"价值"，或者说是人们由于拥有或使用钱或物而产生的满意、满足和愉悦程度。行为经济学、消费心理学等学科对效用的诠释是：同一笔财富对不同的人具有不同的主观价值。效用表示了决策者对各个备选方案结果值的偏好程度，也反映了不同类型决策者对风险的不同态度。

效用函数（utility function）在经济学上是用来量化一定财富给人带来的满足感的函数。丹尼尔·伯诺利认为，原有财富状况不同，增加同样的财富所感受到的效用值也不同。"同样一枚金币对一个乞丐的意义远远大于对一个富翁的意义。"随着财富的增加，效用值也在增加，但效用的"增长率"是递减的。这便是后来经济学中的一条重要定律——"边际效用递减"（marginal utility declining）的最早表述。

边际效用　一个世纪之后，经济学才对这一定律做了明确阐述：人们从消费某一定量的商品中所得到的总满意度称该商品的总效用（total utility）；商品消费量每增加一个单位所增加的满意程度称边际效用（marginal utility）。总效用随着消费该商品数量的增加而增加，但每增加一个单位的消费量，其满意程度会不断降低，这就是"边际效用递减规律"（law of declining marginal utility）。

表3-2反映了某种商品的总效用与边际效用的关系。

表 3 - 2　某种商品的总效用与边际效用的关系

商品数量	总效用	边际效用
1	30	30
2	50	20
3	65	15
4	75	10
5	83	8
6	89	6
7	93	4
8	96	3
9	98	2
10	99	1

按照这条规律，丹尼尔·伯诺利建议用对数函数表示效用值，这样圣·彼得堡游戏的期望收益便可用期望效用值（the Expected Utility，EU）表示为：

$$EU = lg（W+2）（1/2）+ lg（W+4）（1/4）+\cdots$$

式中 W 为原有财富。和期望货币值不同的是，该式之和是一个有限值，圣·彼得堡游戏的回报却并非无穷大。

有的学者不认可丹尼尔·伯诺利的理论对圣·彼得堡悖论的解释，认为 EU 并没有对人们为什么只肯花 10 美元不到的钱参与游戏做出令人满意的回答[1]。但边际效用递减理论却为后来的选择行为理论奠定了基础，其中最为著名的便是"期望效用理论"。

（二）期望效用理论与主观效用期望模型

期望效用理论　诺尔曼（John Von Neumann，1903—1957）和摩根斯顿[2]

---

[1]　后来，人们引入"风险偏好"的概念来解释这一悖论：游戏的关键在于随着收益的增加，其概率呈几何级数减少，因此获得大额收益的概率非常小。例如，收益超过 10 美元的概率只有1/16（0.0625）。此悖论缘于人们回避风险的倾向性，即对小概率的收益并不看好，因为获利的希望渺茫。

[2]　约翰·诺尔曼是匈牙利裔美国数学家，在过程论和控制论方面有突出贡献。奥斯卡·摩根斯顿是德-美经济学家，普林斯顿大学经济学教授。《博弈论与经济行为》的出版标志着现代系统博弈理论的初步形成。其中包含对策论的纯粹数学形式的阐述以及对于实际应用的详细说明，受到学界称颂，被公认为"20 世纪前半期最伟大的科学贡献之一"，并引起学者对经济行为和某些社会学问题的广泛研究。

（Oskar Morgenstern，1902—1977）试图说明理性决策方式的合理性。他们遵循"理性人"假设，提出人们在不确定条件下进行判断和决策总是理性的，并在一系列严格的公理化假设的基础上，建立了期望效用理论（expected utility theory）。二人合著的《博弈论与经济行为》（*The Theory of Games and Economic Behavior*，1944）中，为期望效用原理建立了严格的逻辑基础，提出预期效用最大化原理（expected utility maximization）。该原理假定每个决策的效用值是决策的可能结果与概率的乘积。如有 A 和 B 两种行为方案供决策者选择，如果方案 A 的可能结果与其发生的可能性的乘积大于方案 B 的可能结果与其发生的可能性的乘积，即可认为 A 方案优于 B 方案，决策者选择 A 而放弃 B。因此决策的过程被简化为一个期望的形成和最大化的过程。假定决策者有能力正确估计相关随机事件发生的概率，并合理选择行为，便可实现效用函数期望值的最大化。

期望效用理论有三个主要的假设原则：第一，相消性（offset）原则认为人们将不同方案中相同部分去掉后进行决策，其结果不受影响。如面对两种获益相同的犯罪行为，行为人在做出决策时不必考虑收益，只比较影响两种犯罪行为的其他因素即可。第二，恒定性（constancy）原则是指对同一问题的不同表述不会影响人们的决策。如最大化收益就是最小化成本，二者无差别。第三，可传递性（transferability）原则认为，如果 A 比 B 好，B 比 C 好，那么人们就会得出 A 比 C 好的结论，从而做出自己的理性选择。

期望效用理论也称经典效用理论（classic utility theory）、线性效用理论（linear utility theory）。该理论并不是要描述人们的实际行为，而是解释在满足一定的理性决策条件下，人们如何将自己的行为表现出来。期望效用理论经其他学者的补充，使之趋于完善，并逐渐成为现代经济学的基础。

然而，预期效用理论受到实验心理学（experimental psychology）、实验经济学（experimental economics）一系列选择实验的挑战，如实验经济学在风险决策领域进行的彩票选择实验（lottery-choice experiments）[①] 等。实验经济学的论证和由此提出的各种"悖论"对预期效用理论形成重大冲击。

主观效用期望模型　萨维奇（L. J. Savage，1954）提出由效用和主观概率来线性规范人们行为选择的"主观期望效用理论"（Subjectively Expected Utility theory，SEU），为统计决策理论建立了严格的公理基础，标志着决策分析的理论

---

① 最早进行彩票选择实验的是诺贝尔经济学奖获得者（1988）、法国经济学家阿莱斯（1953），著名的"阿莱斯悖论"就是这次实验的产物（见本书第四章第一节，"一、阿莱斯悖论：相消性原则的困境"）。

基础初步完备。

风险决策理论伴随人们对概率①的认识发展起来。"客观概率"（objective probability）把概率看作研究对象自身固有的物理属性，任何人都可以通过随机试验的方法，测定某个事件的概率；"主观概率"（subjective probabilities）强调人对决策事件的认识，对客观事物发生可能性的主观估计。以主观概率代替客观概率，对人类决策行为的描述上更为真实，因而成为公认的标准化决策理论。

（三）贝叶斯法则与贝叶斯决策

当你不能准确知悉一个事物的本质时，可依靠与事物特定本质相关事件出现的多少去判断其本质属性的概率。例如，当你看到一个不熟悉的人总是做好事时，就会判断那个人多半是好人。用数学语言表达：支持某项属性的事件发生得越多，则该属性成立的可能性越大。贝叶斯决策（bayesian decision）就是在不完全信息条件下，对部分未知的状态用主观概率估计，然后根据"贝叶斯法则"（bayesian law）②，对发生概率进行修正，最后再利用期望值和修正概率做出最优决策。

行为决策理论之父沃德·爱德华兹（Ward Edwards，1928—2005）的研究（1968）：

> 假设有两个装满数百万张扑克牌的罐子。第一个罐子里的扑克牌，70%是红色，30%是蓝色。第二个罐子70%是蓝色，30%是红色。假设随机选择其中的一个罐子，从中取出12张扑克牌，其中8张红色、4张蓝色。
>
> 你认为从第一个罐子中正确拿出这12张牌的概率有多大？

结果，受"取出的红色扑克牌数目（8张）大于蓝色扑克牌（4张）"的影

---

① 概率表示某个事件或某种状态的不确定性，指某个事件或某种状态在同一条件下发生的可能性大小的量。某事件肯定发生，该事件发生的概率为1；某事件肯定不会发生，该事件发生的概率为0。不确定事件发生的概率介于0和1之间。传统决策理论的效用、概率等概念都与心理机制有关。一些主张采用效用期望值作为决策准则的传统决策论的学者，以心理学的研究来解释其效用变化律的特点。例如，德国著名的物理学家、心理物理学的创始人费希纳（G. T. Fechner，1801—1887）在1860年出版的《心理物理学纲要》中提出的"感觉强度的变化与刺激强度的对数变化成正比"的定律（也称费希纳定律，其公式为 P = KlgI，其中 P 是感觉量，I 是刺激量，K 是常数），成为解释效用递减律的依据。而心理物理学也因这个定律，成为一门新的学科。

② 贝叶斯法则由英国数学大师、统计学家贝叶斯（Thomas Bayes，1701—1763）发明，用来描述两个条件概率之间的关系，是贝叶斯统计学中的基本工具。

响，大多数人无意中把50%（两个罐子是随机选择的）的随机概率提升到70%～80%。然而，根据贝叶斯法则，正确的答案应该是97%（李纾、谢晓非，2007）。可见，绝大多数人对概率改变的估计是保守的。

爱德华兹的这项研究奠定了心理学中判断与决策研究的一个基本范式——首先以规范性决策理论定义理性行为，然后将人们的实际行为与规范性行为进行对比，发现两者之间的偏差，最后指出产生系统偏差的原因。

第二节　犯罪的经济心理学分析

面对持续上升的犯罪率，社会学、法学、生物学等领域的研究感到有些力不从心，现有理论很难准确解释某些现象。美国芝加哥大学教授，著名的经济学家、1992年诺贝尔经济学奖得主贝克尔（Gary Stanley Becker，1930—　）应用经济学方法研究犯罪行为与经济学之间的关联，进一步研究犯罪与惩罚之间的经济行为，以经济学常用的边际分析、均衡分析等理论和方法分析犯罪现象，创立了犯罪经济学（criminal economics）。随着"经济分析"作为一种方法和工具日益渗透到众多的"非经济"领域的人类行为研究中，犯罪经济学日臻成熟。

一、经济学家眼中的犯罪

20世纪60年代的一天，贝克尔教授前往他所任教的哥伦比亚大学参加一位学生的口试，因堵车他迟到了。此时他面临两种选择：把车子放在停车场或者停在街上。前者需缴纳停车费；后者可不缴纳停车费，而且节省时间，但这样做是非法的，有被市政当局罚款的风险。贝克尔先生计算了一下被罚款的可能性及罚款额，并把它同停车场的费用做了一个比较之后，认为冒险停在街上更合算。后来的事实证明贝克尔先生的决定是正确的。

这件事让贝克尔先生意识到，绝大多数犯罪行为人、潜在犯罪行为人与常人一样，都是"理性"经济人，同样具有"追求利益最大化"的本性。做出犯罪决策和实施犯罪行为，正是基于对犯罪成本和犯罪收益的核算。当犯罪与合法的工作相比能获得更高的收益，且被捕、定罪、刑罚的可能性较小，即预期到犯罪效益大于犯罪成本时，他们就可能义无反顾地做出犯罪行为决策。

二、犯罪行为的经济学观点

在经济学家看来，绝大多数潜在犯罪行为人都是正常人，就像19世纪的犯罪学家曾经相信的那样，犯罪只是健全的人对某种动机的反应，是犯罪行为人权衡"成本—收益"之后理性选择的结果。

（一）犯罪是人自由意志的产物

人具有权衡利弊得失的理性能力，对有害于他人和社会的行为做还是不做，具有判断能力和自由选择能力。刑事古典学派基于这样的立论基础，提出"犯罪是人自由意志的产物"，犯罪行为人是在意志自由的情况下选择了犯罪，选择了恶。

实践证明，多数犯罪是有预谋的。实施犯罪之前，通常都有明显的犯罪预备过程，有的长达数月、数年，甚至更长。特别是报复性犯罪，正所谓"君子报仇十年不晚"。雇佣犯罪在犯罪准备阶段便精心策划，如选择好受雇者后，让他们识别被害人；受雇者要准备作案工具、踩点、掌握被害人的生活和工作规律；雇佣者和受雇者还会就行动计划、具体行动方案进行密谋、商议；等等。

功利主义的选择观　刑事古典学派中以贝卡里亚（C. B. Beccaria，1738—1794）、边沁（J. Bentham，1748—1832）等为代表的功利主义选择观（utilitarianism's choice view）认为，出于趋乐避苦的本能，犯罪行为人对犯罪结果、犯罪过程带来的快乐的追求使他选择了犯罪。刑罚可以改变犯罪行为人原有的苦乐观，当对犯罪后刑罚痛苦的畏惧大于犯罪的快乐时，一些犯罪行为人就不会轻易选择犯罪，从而达到预防犯罪的目的。

报应主义的选择观　以康德（Immanuel Kant，1724—1804）和黑格尔（Georg Wilhelm Friedrich Hegel，1770—1831）为代表的报应主义选择观（retributive's choice view）指出，理性的犯罪行为人明知犯罪行为是为主流社会所否定和谴责的行为，应受到刑事处罚，却仍一意孤行，这是对法律的藐视和挑战。他们必须对自己的选择负责。既然犯罪行为人危害社会、伤害他人、报复国家在先，就会得到报应，就要接受国家、法律、社会的惩罚和制裁。犯罪行为人为了避免报应，只能选择不犯罪或改邪归正，戴罪立功。从法律层面看，对犯罪行为人适用刑罚正是尊重他的理性选择的表现。从这个意义上讲，根据犯罪行为人主观恶性的大小对其适用轻重不同的刑罚，是对犯罪行为人意志自由的一种尊敬。

（二）犯罪经济学的假定与犯罪的理性选择

犯罪经济学把自己的理论建立在一系列假定之上。比如，犯罪是犯罪行为人经过理性判断后做出的决策；犯罪必然受到相应的惩罚，受到惩罚的可能性从 0 到 1；罪行越严重，受的惩罚越严重。

根据犯罪经济学的理论，行为人是选择奉公守法、忠实履行职责的道德行为，还是选择违背职责的道德风险行为，甚至犯罪行为，取决于对备选方案预期效用的评价和权衡，即哪种行为方案可实现其预期效用的最大化。在效用主要由收益（包括物质的和精神的收益）决定的情况下，只有当他们遵纪守法、努力工作比违法犯罪行为的预期净收益更大时，理性行为人才会把恪守职责和遵守道德作为自己的最优选择。假如预期恪守职责和遵守道德所得到的预期收益与其努力不相称，甚至得到提拔重用或得到物质精神满足的概率还不及那些投机取巧、为非作歹的犯罪行为人，其诚实守信、辛勤工作的积极性会大大降低，并可能引起连锁反应。当某人的腐败行为所承担的风险小而收益大时，他就有了腐败的动机；当其所承担的风险较小而收益足够大时，他就可能铤而走险；相反，当某人腐败行为所承担的风险大于收益时，他就可能因提心吊胆而收敛，当其所承担的风险远远大于收益时，他就可能悬崖勒马，望"腐"兴叹（郭树合，2003）。因此，腐败风险性越大，收益越小，腐败行为越少，违法犯罪率越低。通过一系列有效措施，增加腐败者需要支付的成本，使腐败行为具有高风险，从而达到预防和遏制腐败的目的。正如威慑理论（deterrence theory）的观点，增加对犯罪者捕获的概率和预期惩罚的不愉快是可以减少犯罪的。

即便激情状态下的犯罪，也并非都是非理性的。比如，刘拴霞案件的当事人，结婚 12 年来，忍受、社区调解、法律救济、要求离婚，都无法改变受虐命运。在又一次凌辱中绝望地做出最后选择——用"毒鼠强"毒死自己的丈夫。她的犯罪选择并非不理性。毒死恶夫，还自己一个平静、安全，给孩子一个健康的成长环境，这就是她所追求的最大的利益！

总之，只要犯罪行为人或潜在犯罪行为人明确自己在做什么，知道自己的行为是犯罪，也知道犯罪的代价：在获得经济的、心理的收益的同时，必须付出机会成本、惩罚成本和物质的、精神的成本。但仍持有犯罪目的、动机和犯罪故意，明知不可为却依然为之，他们的犯罪行为决策便是理性的、自觉的、主动的。潜在犯罪行为人在对犯罪收益和成本之间权衡，自认为有获益和逃避惩罚的把握后做出的犯罪行为决策也视为"理性决策"。

第三节　犯罪的预期收益

犯罪收益（criminal income）是指犯罪行为人通过实施犯罪并顺利完成而得到的非法利益和满足。犯罪收益不仅包括直接物质利益，如金钱、财富的增加，也包括社会地位的变化和心理满足感的提升。前者是有形的，通过犯罪所得到的直接经济利益；后者是无形的，因犯罪满足了个人私欲所带来的生理上、心理上的快乐体验。有些犯罪行为人以追求物质利益为主，有的则追求获取物质的过程，得到某些利益后的自尊心、虚荣心的满足，还有的不为名利，仅仅是生理上的、心理上的宣泄，或为了得到他人的夸赞等。更有"葛朗台"① 式的犯罪行为人，将利用职权获取的非法经济收益搁置于某处而不用，仅仅每每"观赏"这些"成果"，自豪感、安全感便油然而生。成果越丰硕，满足感越强烈。电视剧《人民的名义》中那位国家部委项目处处长受贿上亿人民币，却在一间简陋破败的旧房里吃炸酱面，表面一脸憨厚、衣着朴素的"老干部"形象，谁能想到他是一只"硕鼠"？他经常看着摸着一捆又一捆的美元、人民币，内心无比舒坦。这类腐败犯罪行为人只贪腐不享受，还有一个原因——防止事情暴露。以为把受贿与勒索到的，不放家里，不存银行，不购物品，不动声色，不与人提及，不查藏匿处……自可瞒天过海。总之，犯罪收益是经济收益与心理收益之和，即犯罪收益（b）＝犯罪的经济收益（b_1）＋犯罪的心理收益（b_2）。

一、犯罪的经济收益

现实中绝大多数犯罪都与犯罪行为的经济收益（economy income）有关。贪污、受贿、偷盗、抢劫、诈骗类行为人，雇凶杀人犯罪的受雇者等，都是以获取经济收益为目的的犯罪。例如，雇凶杀人犯罪，雇主与受雇人是一种利益交换关系。雇凶杀人犯罪古今中外十分普遍，近年来，不仅数量增多，方式、手段也有大的变化，如杀手职业化、服务网络化等。再如，有的人无视《野生动物保护法》②，对曾因"病从口入"导致的 2002—2003 年我国多地暴发的"SARS"疫情带来的恐慌、损失，似乎已经忘怀，在经济利益的驱使下，售卖、食用野生动物大有人在。2019 年年末在湖北武汉等地先行暴发的"新型冠状病毒"的传播和流行，"食用野味"至少是致病和传播的原因之一。

毒品犯罪是世界各国公认的一大公害，许多国家打击这类犯罪不可谓不严，但毒品犯罪却日渐猖獗，其根本原因就是巨额利润的驱使。据统计，1949 年我国吸食毒品的人数约 2000 万，制毒、贩毒的 30 余万。③ 20 世纪 50 年代的禁毒

---

① 葛朗台是巴尔扎克小说《欧也妮·葛朗台》中的重要人物，家财万贯却吝啬十足。住着破旧阴暗的房子，将每日必需的食物和日常用度亲自把关，分给家人。对钱财的强烈渴望和变态占有欲，使他常常夜半时分独自一人在密室里一遍遍地观赏，眼里满是贪婪和满足。在他心里，女儿、妻子甚至他自己都不及金钱重要。最终，看着铺在桌上的金币，带着温暖和不舍走完了生命的最后一刻。因此，葛朗台成为吝啬鬼、守财奴的代名词。
② 全称《中华人民共和国野生动物保护法》，1988 年颁布，2016 年二次修正。
③ 杨焕宁. 禁毒知识手册［M］. 北京：中国人民公安大学出版社，1991：26.

运动，基本控制和根绝了毒品犯罪和毒品问题。然而，20 世纪 80 年代以来，毒品犯罪死灰复燃且越燃越烈，已蔓及 27 个省、市、自治区和 630 个县市（仅1983 年至 1990 年，全国各级人民法院受理毒品犯罪案件达到 18457 件），而且此类犯罪案件一直呈上升趋势。①

毒品犯罪是一种故意犯罪，犯罪行为人在进行毒品犯罪之前就做了理性选择。从收益方面看：第一，毒品犯罪利润巨大；第二，因犯罪区域一般是在边陲或与邻国接壤，有利于与境外的毒品犯罪分子勾结，形成强大的犯罪势力，中央和地方政府对日益猖獗的毒品犯罪活动的侦破和打击可能无力；第三，毒品运输和转手方便，便于逃避政府打击和法律制裁。现在毒品犯罪往往是"网络型"的，走私、贩运、买卖一条线，犯罪得逞的机会较大。基于以上三点，毒品犯罪的安全系数较大，机会成本较低，犯罪收益增加。在低成本高收益的诱惑下，一有机会，犯罪分子就可能实施犯罪。

净收益最可观的还是各种职务犯罪，"一本万利"，甚至"空手套白狼"只赚不亏。一个人大权在握，动动嘴挥挥手就可以捞到靠合法收入几辈子都无法获得的钱财。面对几乎可以忽略不计的成本和巨大的收益，某些身居高位要位的人选择了犯罪。如成某②在担任广西壮族自治区主席期间共受贿 4000 多万元。慕马大案③中的"二爷"马某任常务副市长的第一年，收受贿赂人民币 133 万元、美金 14.3 万元、港币 10 万元，1999 年 7 月被"双规"前，仅半年就收受贿赂 90 万人民币、6.3 万美元。慕马大案的头号人物慕某在《我的罪行与反思》中坦白交代，从担任辽宁省建设厅厅长，辞去沈阳市市长职务的六七年间，共收受各类人员送钱、送物折合人民币逾千万元。被称为"贪吃"局长的翟某④在担任山东省广饶县地税局党组书记、局长，市地税局油田分局局长、市地税局党组成员、稽查局局长期间利用职务上的便利，为他人谋取利益，索取、收

① 桑红华. 毒品犯罪［M］. 北京：警官教育出版社，1992：14.
② 2000 年 7 月 31 日，北京市第一中级人民法院宣判，以受贿罪判处成克杰死刑，剥夺政治权利终身，并处没收个人全部财产。
③ 也称"沈阳慕马"案，以慕绥新、马某为首，涉案人员百余。沈阳市原常务副市长马向东犯贪污罪、受贿罪、挪用公款罪、巨额财产来源不明罪，于 2001 年 10 月 10 日被判处死刑，同年 12 月 19 日在江苏省南京市伏法；曾担任辽宁省副省长、省委政法委副书记、中共沈阳市委副书记、沈阳市市长的慕绥新因犯有受贿罪和巨额财产来源不明罪，大连市中级人民法院于 2001 年 10 月 10 日判处其死刑，缓期两年执行，剥夺政治权利终身。
④ 2017 年 7 月，时任山东东营市地方税务局党组成员、稽查局局长的翟宝山，因涉嫌严重违纪，接受组织审查，2018 年 11 月，东营区人民法院一审判决，翟宝山犯受贿罪，判处有期徒刑十年六个月，并处罚金人民币 60 万元，受贿犯罪所得依法予以追缴。

受他人钱款近 500 万元，接受各类礼金、消费卡 300 余万元；另有涉嫌受贿、不能说明来源资金 500 余万元。从近年来查处的贪腐案件看，可谓"长江后浪推前浪"，案件的性质、涉案金额远超上述腐败者。如内蒙古自治区人大常委会原副主任、党组副书记邢某①，收受贿赂 4.49 亿余元；其妹（呼和浩特市人大常委会原副主任，副厅级）收受他人钱财 5125 万元；第十二届全国人大内务司法委员会原副主任委员、中共陕西省委原书记赵某②非法收受单位和个人给予的财物，共计折合人民币 7.17 亿余元。

二、犯罪的心理收益

心理收益（mental income）或精神收益（spiritual income）是犯罪行为人的主观心理状态，很难直接把握。经济学家萨缪尔森（Paul A. Samuelson，1992）认为，效用与幸福（指人的主观幸福感）成正比，当人的欲望一定时，效用越大越幸福；欲望与幸福成反比，当效用既定时，欲望越小越幸福。

某些犯罪行为人以心理收益为主。例如，强奸是以非法满足个人性欲为获益的非物质性犯罪，得逞后获得的是身体和心理上的满足。仇杀一般也是以极端宣泄心中的怨恨为获益的非物质性犯罪。雇凶杀人犯罪的雇主所得到的直接收益主要是非物质性的，如愤恨、恐惧等情绪得以宣泄、升迁路上的障碍被清除、犯罪行为被举报的风险降低或消失等，从而得到身心放松，免除了消极情绪下工作效率下降带来的机会成本加大、被举报而身败名裂、身陷囹圄的风险，甚至"官运亨通"，顺风顺水，继续贪腐、继续享受他人的羡慕和敬仰。有的受雇者除了获得物质利益外，也会追求非物质性收益，如在追杀、绑票过程中释放无法通过正常方式得到满足的多余能量、宣泄对社会的不满、炫耀自己的"绝技"、受到赞赏、满足自己的虚荣心、感受特殊的刺激等。这种心理上的满足，往往因很难在市场交换中得到而成为他们"梦寐以求"的目标。

职务犯罪行为人实施贪污贿赂犯罪的目的同样既有获得物质利益，也有满足对财物的占有欲望，证明自己的实力，显得比他人能干等精神享受，而且大

---

① 2018 年 10 月 25 日，邢云涉嫌严重违纪违法，接受中央纪委国家监委纪律审查和监察调查。2019 年 5 月，最高人民检察院依法对邢云决定逮捕。12 月 3 日，辽宁省大连市中级人民法院公开宣判邢云受贿案，对被告人邢云以受贿罪判处死刑，缓期两年执行，剥夺政治权利终身，并处没收个人全部财产，追缴非法所得。

② 2019 年 1 月，赵正永接受中央纪委国家监委纪律审查和监察调查，2020 年 1 月 8 日批捕，2020 年 5 月 11 日，天津市第一中级人民法院一审公开开庭审理其受贿案案件。

多数贪利型的职务犯罪并非生活贫困，而是为了享乐。一次次地从成功中获得的快乐体验，进一步助长了贪欲，更加不择手段，甚至利用职务之便，主动地、公开地寻找机会，贪污、索贿、受贿。而报复、陷害等擅权性职务犯罪，有的虽没有取得直接的经济收益，但却给犯罪的职务主体带来一定的心理效用。比如，有的犯罪行为人不图名利地位，而是获得某种"安全感"。

有些人的犯罪是追求扭曲的价值观，如某些极端宗教团体、邪教组织等。为了追求这种价值，他们可能采取极端的、残忍的手段从事犯罪活动，而这些活动在他们看来是完全正常的。还有的出于政治目的从事犯罪（政治暗杀、恐怖主义），以各种破坏捣乱引起社会、他人的关注等。

实践证明，预期的犯罪效益主要是由犯罪行为人本身的主观愿望决定的，即想获得多少犯罪收益。外部环境或者条件只能间接地影响犯罪行为人对预期犯罪效益的期望值。

第四节　犯罪预期成本分析

与所有经济行为一样，犯罪必然要有代价，即付出成本。犯罪成本指犯罪行为人为实现犯罪而消耗的资源，是犯罪者实施犯罪行为的全部支出，包括现实的支出和未来可能的支出。此处的"成本"指的是犯罪行为的个人成本，非社会成本。

犯罪成本实际上是预期成本（expected cost），即犯罪行为人在实施犯罪前对个人投入以及可能遭受的惩罚做出的主观判断，包括犯罪的直接成本、犯罪的机会成本和犯罪的惩罚成本。以公式表示：

犯罪成本(C) = 犯罪的直接成本(物质C_1 + 精神C_2) + 犯罪的机会成本(C_3) + 犯罪的惩罚成本(C_4)

一、犯罪的直接成本

犯罪的直接成本（direct cost）是犯罪行为人在犯罪过程中物质和精神方面的直接投入。

（一）犯罪的物质成本

犯罪的物质成本（matter cost）也称实施成本、执行费用（implementation

costs），是犯罪行为决策者为保证犯罪活动的顺利进行所付出的"投资性"成本，包括人力成本和财力成本。人力的投入既包括实际参与实施犯罪活动人员的数量，也包括参与实施犯罪活动的人员在该项活动中所花费的时间和报酬，可通过参与人员的日工作价格和参与时间的乘积来计算。财力的投入主要是指实施犯罪活动所有的经费开支，如实施犯罪活动所使用的工具、仪器设备及各种物品的消耗等。

物质性成本（C_1）对犯罪行为决策意义重大。首先，不同犯罪类型、犯罪方式、犯罪主体所必需的物质成本各不相同。例如，抢劫银行与扒窃钱包的直接成本差别极大（当然，收益也不同）。团伙犯罪、垄断犯罪的直接成本高于个人作案。雇凶杀人犯罪，雇主的直接成本有寻找和雇佣受雇人的花费、调查被害人行踪、创造作案环境、准备作案工具等的花费。受雇人方面的成本包括受雇人提高杀人技术所投入的训练成本，自己准备工具、创造条件所付出的成本，案前踩点、作案后逃离现场的交通等其他成本；职业杀手进行职业训练投入总费用的折旧；等等。其次，物质成本制约犯罪的规模和水平。有组织犯罪作为群体犯罪的高级形态，与临时起意的共同犯罪或人数较少、规模较小的共同犯罪不同，具有较为稳定和严密的组织结构和一定的规模，其社会危害性较大，经济实力较强，不仅有实力从事较高投入的犯罪活动，而且不断扩大组织规模，购买先进的通信和交通工具，甚至枪支弹药，使犯罪手段、方法更高明，获取较大犯罪收益的机会更多。如1994年查获的宜昌李发全犯罪集团，他们每年仅收取的"保护费"就高达40多万元，他们用"保护费"购置了枪支弹药、刀具数百件，设立了铳枪队、大刀队、短枪队，装备了手机、汽车等先进的通信和交通工具（这在1990年代是相当高的配置）。如曾经不可一世的封曼集团，投入成百上千万，以现金、轿车、故意输钱等手段贿赂腐蚀党政公务人员。装修豪华的别墅内，大型室内游泳池、高档洗浴间等吃喝玩乐的设施一应俱全，专供那些有钱有势的人寻欢作乐①。20世纪八九十年代出现的黑社会性质的犯罪，其收益主要是经济方面的。那个时期，他们以合法名义开办各种企业，经营餐饮、娱乐、运输、建筑、商品零售等与地方经济和百姓生活密切相关的领域，投入资金小、技术含量低；以各种方式垄断一方市场，偷工减料、以次充好、制假贩假、偷税漏税；欺行霸市、强买强卖、敲诈勒索，其成本大大低于正当经营者，并且以收取保护费等方式强取豪夺。

---

① 李鹏展，宿秀明. 有组织犯罪的经济分析［J］. 湖南公安高等专科学校学报，2003，15（3）：21–23.

　　腐败犯罪的直接经济成本很低，付出一点就可以得到很多。比如，打个电话、批个条子、做个假账，甚至一个暗示便可获利。虽然有时也可能要付出一些交际、联络的费用，但这些往往都可以"公款"报销。即便偶尔自掏腰包，也是以小换大，损失远远小于收益。

　　从有犯罪动机、做出犯罪决策到犯罪行为的实施和完成，直接的物质成本按时间可分为：

　　第一，犯罪预备成本。主要是制造或购买犯罪工具、寻找或制造犯罪条件的现实支出：搜集相关信息、学习犯罪技术所投入的时间、精力；犯罪的谋划（踩点探路，观察，寻找和确定目标、场所，选择犯罪方式，设置圈套）；寻找同伙、纠合人员，训练犯罪技能成本；制造或购买各种犯罪工具（交通工具、凶器、伪装用具等）；与被害人拉关系或制造矛盾，贿赂有关人员等。

　　第二，犯罪实施成本。犯罪行为主体实施犯罪行为过程中必然有人力、物力、财力的投入和消耗：潜伏蹲守，撬门扭锁，交通、食宿成本，诈骗或抢劫作为"诱饵"的人身、财务支出；应对被害人的防范意识、能力和抵抗的成本。

　　第三，犯罪实施后成本。包括破坏、伪造现场，逃跑、躲避查处，销赃，以及为逃避惩罚付出的交通、藏匿等成本；逃避惩罚时的消费投入以及一旦落网的惩罚预期等。

　　（二）犯罪的直接精神成本

　　犯罪的直接精神成本（direct psychic cost），也称"非物质成本"（non-material cost）、心理成本（psychological costs），是指犯罪行为实施前的心理预谋、策划，犯罪行为人因心理紧张而耗费的心理资源，实施犯罪应付出的道德成本、对可能受法律惩罚的恐惧导致的精神痛苦和心理压力等（C_2）。

　　1. 智力成本

　　智力成本（mental cost）是指行为人在实施犯罪活动中的智力投入。目的取向型犯罪主体往往智商较高，在实施犯罪过程中的智力支出也高，如实施犯罪前的精心策划、对实施犯罪的难易程度的判断、选择犯罪方式方法所付出的心血，为了贪污受贿、骗取公款或他人财物，对材料做"技术性"处理的心理运作过程等。智力成本一般很难用货币单位来衡量，犯罪行为风险决策者接受正规教育的时间越长、越是"未雨绸缪"，付出的智力成本越高。

　　2. 道德成本

　　道德成本（moral cost）主要是指承受来自社会舆论的否定性评价和个人内心的谴责。犯罪行为是一种违反社会道德的行为，社会公众对犯罪行为的道德谴责越强烈，个人内心的自责悔恨感越明显，犯罪行为人所承担的道德风险越高，其犯罪的成本也越高。

3. 心理成本

心理成本主要指对犯罪行为每个阶段所耗费的心理资源。如犯罪前和犯罪中的忧心忡忡、胆战心惊；犯罪后自责悔恨而"惴惴不安"；焦虑、恐慌等心理感受带来的痛苦不堪。

二、犯罪的机会成本

犯罪的机会成本（opportunity cost）是指犯罪行为人在一定时间和空间里，因选择实施某种犯罪活动而减少从事合法活动可能带来的最大收益的机会所产生的成本（C_3）。

一个人的时间和精力是有限的，生命和时间对任何人都是一种宝贵的稀缺资源。合法经济活动能给行为人带来物质上的收益、升迁的机会、群众的好评、亲属朋友的信任及内心的安宁等收益。把一部分时间、精力用于选择和实施犯罪活动，就意味着不得不完全或部分地放弃在这期间从事合法谋利的活动与机会。犯罪机会成本是犯罪成本构成中最复杂的：一是不同的犯罪类型有不同的犯罪机会成本；二是同类型的犯罪有不同的犯罪机会成本。

一般情况下犯罪机会成本与犯罪行为人的合法收入成正比，合法收入越高，实施犯罪而放弃的机会成本越高。而合法收入又与犯罪行为人的受教育程度、工资收入、就业机会和年龄成正比。从这个意义上分析，职务犯罪行为人的机会成本较高，他们利用一定的时间空间从事犯罪行为势必失去从事正当活动所获得的正当收益，包括政治的、社会的、心理的。一旦东窗事发，必将失去现有的机会，如稳定的收入、安宁的生活、行动的自由、人的尊严等。然而，也正是较高的受教育程度、一定的工作年限和待遇，以及相应的社会地位，使其从事犯罪的技能、方法、人脉等可能更有利于其犯罪。由于职务犯罪的特殊性，犯罪行为人可能无须花费太多的时间专门从事犯罪，甚至基本不会因此影响自己正常的工作和正当收入，其机会成本又相对较低。

所谓"拿人钱财替人消灾"而行凶杀人的受雇人，相当一部分是无业游民、刑满释放人员、解除劳教人员、辍学的青少年等。他们或没有正当职业，或从事收入很低的职业，对他们而言，机会成本为零或者很低。职业杀手把杀人当作职业，其机会成本为零，这可能是导致受雇人职业化的一个重要原因。

三、犯罪的惩罚成本

所谓犯罪的惩罚成本（punishment cost）指被司法机关侦破并判处刑罚，对犯罪行为人造成的各种损失（C_4），是犯罪行为人付出的法律、经济、政治等方面的成本。

犯罪的经济成本　犯罪的经济成本（economy cost）是犯罪行为人的薪金损失以及被发现后受到处罚所带来的经济损失，如失去原有的工资、津贴、福利，接受罚金、没收财产等。

犯罪的政治、社会成本　犯罪的政治成本（political cost）通过剥夺、限制犯罪行为人的某些权益来实现，如管制、职业限制、党纪政纪处分直至剥夺政治权利。那些利用职权从事腐败行为的人其犯罪行为一经查出，必将受到党纪、政纪处分，而且会公开处理，加大曝光力度，开除公职，丧失政治名誉及权力，断送其政治前途。此外，还会带来各种不良的社会影响，如社会交往能力与人际关系的恶化、处罚后寻找工作困难等。此现象称"污点效应"（stigma effect），也是他们应付出的社会成本（social cost）。犯罪行为人原先的社会地位越高、社会的宽容度越低，其污点效应越大。污点效应往往是导致累犯的一个重要原因，主要是出狱后的就业、生活来源无着落，家人亲友不接纳等。

犯罪的法律成本　犯罪的法律成本（law cost）主要是犯罪行为人为其不法行为所应承担的法律责任，即通过剥夺他们的人身自由而使其受到损失。法律具有较强的权威性和约束力，法律制裁风险对犯罪行为人构成了威慑力，因此，犯罪的惩罚成本是最重要的成本，是犯罪成本的核心成分。一旦定罪，判处拘役、有期徒刑、无期徒刑，直至剥夺其生命，使其损失达到最大化。

预期刑罚成本是刑罚严厉性、刑罚确定性和刑罚及时性的乘积。

（1）刑罚的严厉性（severity）体现出对犯罪构成的严格程度，并通过法定刑的种类和幅度表现，即对各种犯罪规定应接受何种和怎样的刑罚以及刑罚的大小。刑罚的严厉性是刑罚制裁的本质和首要特征，任何其他制裁手段的严厉性都不及刑罚的制裁。没有刑罚的严厉性，就没有刑罚的惩罚性。当刑罚的确定性为"1"时，刑罚的严厉性起决定作用。

（2）刑罚的确定性（certainty）表现为发现犯罪并对犯罪适用刑罚的概率，反映的是犯罪行为受到制裁的现实可能性。刑罚确定性受一定时期特种案件的侦破率、逮捕率、起诉率、定罪率等因素的制约。

（3）刑罚的及时性（timeliness）表现为适用刑罚与实施犯罪之间的时间间隔。"犯罪和刑罚之间的时间间隔越短，在人们心目中，犯罪与刑罚这两个概念的联系就越突出、越持续，因而，人们就很自然地把犯罪看作起因，把刑罚看作不可缺少的必然结果。"①

此外，犯罪行为还不可避免地付出生命健康成本、人际成本等。

综上所述，犯罪成本由四部分构成：犯罪的物质成本、精神成本、机会成本和惩罚成本。前三项，犯罪行为人可以控制其构成和水平，通过对这些成本的支配，使其最大限度地符合自己的主观愿望，并最有效地为自己实施犯罪服务。对于犯罪的惩罚成本，他们在犯罪前无法确定其成本构成和水平，犯罪后也不可能对这种成本的投入具有选择权和确定权。因此，犯罪行为人在做出犯罪决策之时所考虑的犯罪成本，只能对犯罪的惩罚成本进行主观估计，从而确定他本人认为最有利的选择——实施犯罪或者放弃犯罪。

第五节　犯罪行为风险的理性决策策略

以最小的付出获得最大的利益是每个犯罪行为人所追求的。他们会充分利用自己的优势趋利避害。潜在犯罪行为人在体能、知识、技能、人脉等方面具有的优势越多，供他选择的行动方案、实现目标的途径也越多，他们越倾向于选择犯罪。如何看待和利用自己的优势？怎样才是理性的选择？每个犯罪行为人都有自己考虑问题的角度和选择问题解决的策略。

策略（tactics）是个体对知识和决策信息提取的过程特征。认知与决策策略可以看成是问题明确后，所选择的解决这个问题的适当方法。犯罪行为决策者在进行认知判断时所采用的认知与决策策略将极大地影响他们的认知与决策结果。人们解决问题的策略有两种：算法策略和启发策略。犯罪行为风险决策所面临的问题可能是清楚规定的问题（well-defined problem）或称结构良好问题，也可能是含糊不清的问题（ill-defined problem）或称结构不良问题。清楚规定的问题往往通过"算法"来解决；含糊规定的问题（也包括一部分清楚规定的问题）需要用"启发法"解决。

算法（algorithmic）策略是一种凭借一般规则解决问题的方法，精确地指明解题的步骤，并将问题逐一解决，最终达到目标状态的策略。该策略建立在理性基础之上，具体方法主要有公式法、"手段—目的"分析法、逆推法、类推法、爬山法等。

---

① 贝卡利亚. 论犯罪与刑罚 ［M］. 黄风，译. 北京：中国法制出版社，2005：70.

一、公式法

公式法（formula）是指将解决某类问题的所有方法、步骤进行穷尽一切可能的逐个尝试。教学中往往以公式、定律等形式体现。比如，"银行储蓄月利率为 R，现储蓄 P 元，为期 T 个月，问共得利息（I）多少元？"解决这类问题，借助公式 $I = P \times R \times T$ 即可，这就是运用算法解决问题。

犯罪行为决策者计算犯罪行为的实际收益常采用公式：$R = f(s)$。首先了解社会制度的完备程度（s），给出一个数值后，再进行运算；也可以采用公式 $R = b_1 + b_2$，求出犯罪的精神收益与心理收益之和。计算犯罪的成本，采用公式：$C = C_1 + C_2 + C_3 + C_4$。分别得出 $C_1 [f(a, r, w)]$，$C_2 [f(s, p, m, n, e, t\cdots)]$，$C_3 [f(s, e)$，$C_4 (mp)]$，最后得出犯罪的总成本。

二、"手段—目的"分析法

"手段—目的"分析法（means-purpose analysis）是要先认清问题的初始状态（initia state）和目标状态（goal state）；然后把问题分解成一级一级的次问题，即把总目标分解为一个个的子目标，每个子目标就是一个中间状态（intermediate state）。运用一些技巧和过程达到子目标，最终解决问题。如果某一手段行不通，就退回原来状态，重新选择手段，直至最终达到总目标。西蒙把这种解决问题的策略叫作"目标递归策略"（goal of the progressive strategy）。比如，毒品走私犯罪，毒品走私人员要从北京到中缅边境与毒枭交易。他们要怎么完成这一目标？第一步，选择交通运输工具（飞机、火车、长途客车、租车、偷车、自驾车等）、通信方式（电话、电子邮件、微信、QQ 等）；第二步，确定和实现下面一系列子目标：网上订票、直接去车站买票、私家车出发前的检查和保养；手机、座机、公用电话的准备、网络的选择等。毒品走私人员为了把毒品运送到目的地，必须解决运输问题；为了便于及时沟通，必须解决联系方式问题。交易时的情况更是复杂多变，也需要一级一级地分解目标，逐级地实现一个个的子目标……

三、逆推法

从初始状态出发有多种途径时，用逆推法往往更快捷、有效。比如，一个数学游戏，10 个棋子，两人轮流拿，每次只能拿 1 个、2 个或 3 个，谁拿到最后一个就算他输。这游戏初看起来有很大的偶然性，但若采用逆推法，却发现第一个拿的人稳赢。因为目标状态是留最后一个让对手拿，那么自己在这之前应该面临剩 2 个、3 个或 4 个棋子的状态，而能达到这一状态又必须使对手面临 5 个棋子；同理，要使对手面临 5 个棋子，自己就应面对 6 个、7 个或 8 个棋子，所以首先要使对手一定面临 9 个棋子。这样问题就解决了，你只要头一个先拿走一个棋子，你就胜券在握了。通过逆向推理（backward inference），问题解决得可靠而省时。一些犯罪行为决策也是采取这样的方法。

四、类推法

类推法（analogy）是把不熟悉的问题与人们总能解决的熟悉问题相比较，用熟悉的解题方法"以此类推"来解决新问题。比如，计算运动场这样的不规则图形的面积，可以根据已有知识和方法，先把运动场分为一个矩形和两个半圆形，即将不规则图形分解为几个规则图形，分别计算出每个规则图形的面积，再计算出总面积。掌握了这种方法，在计算其他不规则图形的面积时也可以照此办理。

五、爬山法

所谓爬山法（hill climbing）就是先试探性地走出一步，然后再一步一步地尝试，估计是否离目标近了一些。如果是，那就继续下去。这样就会离目标越来越近，直至到达终点。以"爬山"比喻这种方法非常形象。该方法与试误法不同的是，每走出一步都需要对目标的距离做出估计。

无论是简便的公式，还是穷尽一切可能，一步一步地尝试，算法策略最终总能保证问题的解决。然而，现实中有些问题可能有很多的方法，但是决策者难以掌握所有的方法，而他现有的方法无法解决问题，说明这样的问题可能不适合用算法策略解决；有些问题到目前为止还没有找到一种适合的方法，此时，就需要借助其他方法了。

第四章

满意人·犯罪风险决策的有限理性、非理性

人们在复杂决策问题中的表现无法做到"完全理性"，现有的决策理论也不能解释所有决策现象，于是研究者开始尝试修正决策模型。西蒙"有限理性"假设问世后，越来越多的学者在这一新的思路上进行决策和风险决策研究。卡尼曼的"非理性决策"概念和前景理论，使人们对犯罪行为风险决策及其"非理性"有了更深刻的理解。

第一节　理性，还是非理性：古典经济学面临挑战

"经济人"假设只反映了人利己理性的一面，假定人会合理利用自己收集到的信息，预测未来不同结果的各种可能性，实现预期效用的最大化。然而，当主体不具备这些知识和能力，抑或信息不充分时，又该如何推理和决策呢？实践证明，人并不存在全知全能的理性；对人类的判断和决策的实证研究也表明，真实的人并不符合"完全理性"假设。

例如，一项对出租车司机的调查：你是在生意好时工作时间长，还是在生意不好时工作时间长？他们的回答是，生意不好时工作时间长。因为同样的工作时长，生意不好时赚不到钱，为避免损失，只好加班加点；生意好时则不必如此。为什么人们不在生意好时"多拉快跑"，赚更多的钱？显然，他们的做法有悖于理性假设。再如，股市普遍存在"卖出效应"，即卖出获利股票的意向远远大于卖出亏损股票的意向，显然有悖于"对则持，错则改"的理性原则。

一、阿莱斯悖论：相消性原则的困境

1952 年在巴黎举行的《决策学》讨论会上，巴黎大学著名的经济学家阿莱斯（Maurice Allais，1911—2010）教授提出两组简单的决策问题，请与会的众

多决策理论专家作答。

　　情景1：如何在A与B之间做出选择？
　　A. 100%获得100万美元；
　　B. 10%的可能得250万美元，89%的可能得100万美元，1%的可能什么也得不到。

　　如果人是理性的，就应当精确计算后选择受益最大的方案。该情景中，选项B的期望值为114万美元（250×0.10 + 100×0.89 + 0×0.01），高于选项A。然而，大多数与会者，包括期望效用奠基人之一的萨凡奇教授选择了A，即宁愿稳得100万美元而不愿得到更多而冒险。

　　情景2：如何在C与D之间做出选择？
　　C. 11%的可能获得100万美元，89%的可能什么也得不到；
　　D. 10%的可能获得250万美元，90%的可能什么也得不到。

　　结果大多数人选择了D。因为：（1）10%与11%盈利概率的差别很小，但100万美元和250万美元的差别却很大；（2）选项D的期望值（250万美元的1/10，即25万美元）是选项C的期望值（100万美元的11%仅有11万美元）的两倍以上。这种选择当然没错，问题在于，在第一种情况下选择A的人在第二种情况下应该选择C才。因为情景2是从情景1中演变而来的。①
　　按照期望效用理论的"相消原理"（counteract principle），当两个事物有同有异时，相同点抵消，仅在不同处之间进行比较和取舍即可。如果在A与B之间选A，则应在C与D之间选C，反之亦然。阿莱斯悖论（allais paradox）表明，人们在做出决策时，没有遵从效用理论的独立性公理和相消原理。由此可见，在不同情景下，人们对风险的态度是不一样的。

---

①　各选项的期望效用为：①Eu（A）= u（100）；②Eu（B）= $0.1u$（250）+ $0.89u$（100）+ $0.01u$（0）；③Eu（C）= $0.11u$（100）+ $0.89u$（0）；④Eu（D）= $0.1u$（250）+ $0.9u$（0）。
　　如果A > B，就有Eu（A）> Eu（B），于是，u（100）> $0.1u$（250）+ $0.89u$（100）+ $0.01u$（0）。得到：（1）$0.11u$（100）> $0.1u$（250）。
　　如果C < D，就有Eu（C）< Eu（D），于是，$0.11u$（100）+ $0.89u$（0）< $0.1u$（250）+ $0.9u$（0）。得到：（2）$0.11u$（100）< $0.1u$（250）。显然，（1）和（2）相互矛盾。

阿莱斯悖论所反映的是相同结果的不一致偏好情形，称之为"同结果效应"（same results effect），形成对预期效用理论的挑战。

与同结果效应类似的实验还发现了"同比率效应"（common-ratio effect），即如果对一组彩票中收益概率进行相同比率的变换，也会产生不一致的选择（卡尼曼、特沃斯基，1979）：

$$S_3 = （\$3000, 1.0; \$0, 0）① \qquad R_3 = （\$4000, 0.8; \$0, 0.2）$$
$$S_4 = （\$3000, 0.25; \$0, 0.75） \qquad R_4 = （\$4000, 0.2; \$0, 0.8）$$

实验结果显示，80%的被试在 S_3 与 R_3 的组合中选择 S_3，65%的被试在 S_4 与 R_4 的组合中选择 R_4。前一种结果可以解释为选择概率高（1.0 与 0.8 中选择了 1.0）的选项，体现的是决策主体的风险回避特征，但后一种却选择了概率低的（0.25 与 0.2 中选择 0.2），预期效用理论无法解释这一现象。而第 2 组彩票的收益概率都是第 1 组彩票收益概率的 1/4（S_4 与 S_3：0.25 是 1.0 的 1/4；R_4 与 R_3：0.2 是 0.8 的 1/4）。与同结果效应一样，同比率效应也有悖于预期效用理论。

在阿莱斯的实验和卡尼曼、特沃斯基实验之后，众多学者所进行的大量重复实验的结果也分别发现和验证了同结果效应和同比率效应的存在。

二、埃尔斯伯格悖论：挑战确定性原则

埃尔斯伯格（Daniel Ellsberg，1931—　）1961 年通过两个实例挑战主观期望效用理论。

实例 1：

> 缸Ⅰ和缸Ⅱ均装有 100 个红球＋黑球。已知缸Ⅱ里红球 50 个，但缸Ⅰ里面红球的数目不知道。从缸Ⅰ和缸Ⅱ中分别取出一个红球或者黑球，它们分别被标为红Ⅰ和黑Ⅰ、红Ⅱ和黑Ⅱ。现在从这两个缸中随机取出一个球，要求你在球被取出前猜测球的颜色，如果你的猜测正确，那么你就获得 100 美元；如果猜测错误，则什么都得不到。

为了测定被试的主观偏好次序，要求被试回答下面的问题：

---

① $S_3 = （\$3000, 1.0; \$0, 0）$ 中的 \$3000、\$0 为获益 3000 美元和 0 美元；1.0、0 为概率 100% 和 0。

问题1：你偏爱赌红Ⅰ，还是黑Ⅰ？还是对它们的出现没有偏见？

问题2：你偏爱赌红Ⅱ，还是黑Ⅱ？还是对它们的出现没有偏见？

问题3：你偏爱赌红Ⅰ，还是红Ⅱ？还是对它们的出现没有偏见？

问题4：你偏爱赌黑Ⅰ，还是黑Ⅱ？还是对它们的出现没有偏见？

埃尔斯伯格发现，大多数人对问题1和问题2的回答没有偏见，但对问题3的回答更偏爱于打赌红Ⅱ的出现（认为红Ⅱ的出现比红Ⅰ的出现可能性更大），对问题4的回答则更偏爱于打赌黑Ⅱ的出现（认为黑Ⅱ比黑Ⅰ更可能发生）。

人们往往偏好具体的、清晰的事件，对模糊的事件兴趣不大，且常常出现概率之和小于1的现象，这就是著名的埃尔斯伯格悖论（ellsberg paradox）[1]。该悖论指出，人们的行为选择根本不是在概率的启迪性判断下做出的。因此既违背了"确定性原则"（certainty principle），也否定了关于概率的假设。

实例2：

在一个缸里装有30个红球和60个不知道比例的黑球和黄球。现在从缸中随机取出一个球，要求人们对下面两种情形下的四种行为进行选择。

行为Ⅰ：赌红球，取出红球得100美元，其他颜色的球0美元；

行为Ⅱ：赌黑球，取出黑球得100美元，其他颜色的球0美元；

行为Ⅲ：赌红球或黄球，取出红球或黄球得100美元，黑球0美元；

行为Ⅳ：赌黑球或黄球，取出黑球或黄球得100美元，红球0美元。

根据期望理论，相同情况下人们的选择应该是一样的，即人们在行为Ⅰ和行为Ⅱ之间的选择偏好应该与行为Ⅲ和行为Ⅳ之间的选择偏好一致。

若情形1中选择行为Ⅰ，情形2中应选择行为Ⅲ；

若情形1中选择行为Ⅱ，情形2中应选择行为Ⅳ。

然而，埃尔斯伯格发现，大多数人在情形1中选择了行为Ⅰ（选择红球，以避免黑球、黄球比例的不确定性），在情形2中却选择了行为Ⅳ（表现出偏好在黑、黄球下注，同样是为了避免黑、黄球比例的不确定性，但这恰恰违背了相消原则）。每一种情形中的两种选择，猜对黄球的奖励数额都相同（情形1中行为Ⅰ与行为Ⅱ均为"0"；情形2中行为Ⅲ与行为Ⅳ均为"100"）；两种情形

---

[1]　埃尔斯伯格悖论是埃尔斯伯格的博士学位论文《风险、不确定性和决策》（*Risk, ambiguity and Decision*）的研究成果。该理论被认为是决策论和行为经济学领域的里程碑。

中，变化的是猜对红、黑球的奖励数额（红球由 100 到 0，黑球由 0 到 100）。因此，两种情形中黄球的价值，无论是"0"还是"100"，都不应该影响人们的选择。就好比两辆质量相同的汽车，选择其中的哪一辆，不应该再受质量的影响一样。为了避免黑球比例的不确定性，既然选择了行为 I，就应该选择行为 Ⅲ。同理，两种犯罪行为，其获益等同，决策时只需考虑利益之外的其他因素，如哪一种犯罪行为更容易实施或更不易被发现等。

埃尔斯伯格悖论暗示在风险和不确定情形下的决策应该有所不同。埃尔斯伯格还有一个有趣的发现：当实验者提示萨维奇等人可以重新仔细思考后改变原先的选择时，他们仍坚持自己的错误。这是否说明主观期望效用理论并不具有规范性作用？

三、风险偏好与偏好反转

偏好原本是指消费者对商品的一种选择排序，后引申为影响决策者行为选择的内在根源。决策理论中的偏好（preference）是指决策者在面对几个事件或结果时选择其中某一事件或结果的倾向性。实验结果和现实生活中发现，人的本性是"趋利避害"、厌恶风险。当股票价格稍有上涨时，尽管从概率角度判断这些股票有 75% 的机会继续上涨而有 25% 的机会将下跌，但为了避免这 25% 的损失，宁可少赚也要及时抛掉。实验经济学称该现象为"确定性效用"（deterministic utility），即相对于仅仅可能的结果，决策个体对被认为是确定性的结果给予过度加权。

风险决策中普遍存在一个奇特的现象：在期望值大体相等的一对博弈中，人们往往选择概率高而损益值小的博弈（安全博弈）；但面对损益值大、概率低的博弈（风险博弈）却给出高价。这种损失情景中普遍存在的风险偏爱称之为"偏好反转"（preference reversal）。

当人们处于一般情景中时，可以客观地做出自己的选择，并理性地寻找恰当理由证明自己的选择是正确的。但在赌博（有收益风险）情景中"赢钱"蒙住人们的双眼，难以做出理性的判断和决策。某些犯罪行为人在做出犯罪行为决策时，同样是在进行一场"赌博"，他们的选择有时违背"理性"就不难理解了。

四、赌徒谬论与交换悖论

在统计学意义上，一个随机变量连续两次取值是相互独立的，它们之间的相关系数应该是零。比如，抛硬币，每一次出现正面或反面的可能性都是 50%。

但许多人在连续几次抛硬币的结果都是正面之后，会认为下一次出现反面的可能性极大。现实生活中最典型的例子便是赌博，一次次地输，却一次次不停地下注，相信下一次会赢回来，这就是"赌徒谬论"（gambler fallacy）。某些犯罪行为人以为前几次都栽了，不会次次都这么倒霉，在赌徒心态的驱使下又一次选择犯罪。

奈尔伯夫和迪克西特（Barry J. Nalebuff & Avinash K. Dixit，1993）在《策略思维》（*thinking strategical*）一书中以"别人的信封总是更诱人的"为例，揭示交换悖论（exchange paradox）的存在。

实验：

两个信封，分别装有一定数量的钱。阿里和巴巴各自拿到 1 个信封，他们事先不知道每个信封中的具体数目，只知道其中一个信封中的钱数为另外一个信封中的两倍。打开信封后，他们知道了自己信封中的具体钱数，对对方信封中的钱数只能猜测。

这时，他们得到一个与对方交换的机会，他们是否愿意交换？

假设巴巴信封中有 20 美元，阿里有 40 美元。根据期望理论进行推理，巴巴猜测对方信封中是 10 美元或者 40 美元，并对它们赋予相同的概率，即各有 50% 的可能性。如果交换，期望收益为：$10 \times 50\% + 40 \times 50\% = 25$（美元），显然大于现有的 20 美元。于是巴巴应当交换。

阿里拿到 40 美元，他猜测巴巴信封中是 20 美元或者 80 美元，并赋予它们各 50% 可能性的概率。如果交换，期望收益为：$20 \times 50\% + 80 \times 50\% = 50$。既然交换后所得大于现在拥有的，也应选择交换。

问题来了：上述分析结果，二人均可通过交换获益，但是他们手里钱的总数是一定的，不可能通过交换双方都增加收益。两个结果的相互矛盾就是"交换悖论"。

人的决策究竟是理性，还是非理性？长期以来，传统经济学通过精确量化的数学模型，构筑起完美的理论体系，指导人们应该怎样做。然而人们在比较复杂决策问题中的表现，根本无法满足"完全理性"的要求。

交换悖论的科学解释是：主体将金钱数与效用等同，误以为二者是线性关系。效用函数是非线性的。以"别人的信封更诱人"为例，20 美元到 40 美元的效用增加值大于从 20 美元到 10 美元的效用损失值。在概率相同（50%）情况下，巴巴同意"交换"是明智的选择。

不同的人有不同的效用函数。同一个不确定情境中，每个人的决策后果也不同。阿里和巴巴并不必然选择交换或者不交换，两人都选择同意交换的情况也不是必然的。这样，交换悖论得以消解（杨春瑰，2007）。可见，在不知对方信封里究竟有多少钱的情况（不确定情境）下，还是不要轻易做决定。有犯罪意向者决策过程中更需慎之又慎（何况还可能有其他风险）。

第二节　满意人·有限理性

西蒙（Herbert Alexander Simon，1916—2001）是美国著名科学家，认知心理学和人工智能开创者之一；也是决策理论的奠基人，管理决策学派的创始人之一。在管理学、社会学、组织行为学、心理学、政治学、计算机科学等领域均有较深的造诣，被誉为"社会学科的通才"。代表作《管理行为》《经济学和行为科学中的决策理论》《人工科学》《人们的解决问题》《思维模型》等在社会科学界均有广泛影响。《管理决策新思维》（1960）对决策过程做了深入细致的描述，形成了系统决策过程理论。西蒙是第一位荣获诺贝尔经济学奖（1978）的心理学家，突出贡献是提出"有限理性"学说。

一、有限理性

西蒙（1978）在《理性选择的行为模型》（*Behavioral Model of Rational Choice*）一书中首次使用"有限理性"概念。西蒙指出，研究决策的合理性应考虑人的基本生理限制，以及由此引起的认知限制、动机限制及其相互影响。主张应探讨人的有限理性，而不是全知全能的理性；应考虑人类选择机制的有限理性适应机制，而不是完全理性的最优机制。

西蒙的"有限理性"（bounded rationality）和寻找"满意人"（satisfied person）假说认为，决策者追求令人满意的利润而不是追求最大利润；一个好的决策不一定是最佳选择，但一定是最有效的选择。与完全理性基础上的"最优决策机制"（optimal decision mechanism）比较，以有限理性为基础的"满意决策论"（satisfactory decision theory）承认环境的复杂性和可变性。因此，追求令人满意的利润比追求最大利润更接近于现实，有限理性比完全理性更接近现实。

二、有限理性和"满意人"的表现

第一，决策者寻找到的备选方案是有限的，很难做出"最佳"选择。受情境不确定性、时间的限制和复杂心理机制的影响，往往收集到的信息零碎杂乱，不可能寻找到全部备选方案，更不可能完全预测全部备选方案的后果。所以只能依据已有的知识经验进行预测，从有限方案中寻找到"相对满意"的方案。

第二，决策者的"偏好"导致其思维的有限性，不可能做出"最有效"的选择。犯罪行为决策者对于潜在犯罪成本和现实犯罪成本具有不同的偏好。初犯偏好潜在犯罪成本，作案时更看中是否会被发现和抓获；惯犯则偏好现实犯罪成本，看重被抓获后所受惩罚的严厉程度。

第三，认知的有限性影响决策的科学性、有效性。受自身特点的约束，人脑在单位时间内只能接受有限信息和对有限的事物进行反应。例如，短时记忆（short time memory）的容量只有 7 ± 2 个单位；从短时记忆向长时记忆（long time memory）的"转存"需要 $5 \sim 10$ 秒钟；记忆的组织类似于计算机的有限内存，以及计算机的储存组织形式，存取都需要时间。决策者内在的心理活动和多变的行为特性决定了个体能力的有限性。

第四，知识经验的有限性，导致各种偏见或偏差的可能性。人类在同一时间内接受和处理的信息有限，人类生存的时间和空间有限，只能认同某些目标形成价值偏见，而目标认同和价值偏见反过来又限制了人们的注意广度和知识信息的获得与加工。

此外，决策者的情感、意志、人格等心理因素对其决策也有重要影响，使得决策不可能完全理性。

西蒙对决策，特别是风险决策研究的主要贡献有：一是强调决策过程中的认知因素及认知的有限性；二是在问题解决研究领域率先提出"策略"的使用。然而，西蒙的有限理性假说实际上没有颠覆"最大化原则"，所谓的"满意解"实际上是基于现实约束条件的"最优解"。近年来，越来越多的学者开始关注非理性以及相关因素的研究。

第三节　不确定情景下的非理性

以色列裔美国心理学家，普林斯顿大学心理学教授、行为经济学的倡导人卡尼曼（Daniel Kahneman，1934—　），人称"现代行为经济学大师"。他的突出贡献是"把心理学的前沿研究成果引入经济学研究中，特别侧重于研究人在不确定情况下进行判断和决策的过程"，并因此与经济学家史密斯（Vernon Lomax Smith, 1927)① 分享诺贝尔经济学奖。卡尼曼和他的伙伴特沃斯基（Amos Tversky, 1937—1996)② 一起，通过大量实验研究发现，传统理性假设或期望效用理论无法解释人们在不确定状况下做出判断的现象非常普遍，于是提出"非理性决策"的概念和前景理论，其中最著名的是"框架效应"实验和"心理分账"实验。萨勒（Richard H. Thaler, 1945—　)③ 认为，不可能存在"完全理性"的人，现实生活中，人们不可避免地受到"非理性"的影响。他提出的"禀赋效应"与心理账户理论、沉没成本效应等相得益彰。

一、框架效应：挑战恒定性原则

（一）亚洲疾病实验与框架效应

特沃斯基和卡尼曼（1981）向一组被试呈现下面的问题：

假设预测即将暴发一场异乎寻常的亚洲疾病，这场疾病可能导致 600 人丧生。目前有两种方案供选择：

问题 1（被试 152 人）

方案 A：能够挽救 200 人的性命；

方案 B：1/3 的概率挽救 600 人的性命，2/3 的概率无法挽救任何人。

你支持哪种方案？

结果，选择方案 A 的 72%，选择方案 B 的 28%。

问题 2：（被试 155 人）

方案 C：400 人会死亡；

---

① 弗农·史密斯是加利福尼亚查普曼大学法学院和商学院教授、马萨诸塞大学和亚利桑那大学教授。历任美国科学院院士、经济学会会员、乔治·梅森大学多学科研究中心经济学研究学者、莫卡托斯中心成员、美国西部经济学会会长等，兼任《美国经济评论》《经济行为与组织》《风险与不确定性》等期刊编辑。其突出贡献是"开创了一系列实验法，为通过实验室实验进行可靠的经济学研究确定了标准"，为创立实验经济学研究领域奠定了基础，被誉为"实验经济学之父"，并因此获得诺贝尔经济学奖。

② 阿莫斯·特沃斯基是著名的美国行为科学家，他的研究在心理学领域，以及经济、法律等需要面对不确定性进行决策的领域都有极大影响。1982 年获美国心理学会颁发的杰出科学贡献奖，1985 年当选为国家科学院院士。与丹尼尔·卡尼曼合作多年，二人亲如兄弟。如果不是诺贝尔奖不颁给已去世的人，特沃斯基应与卡尼曼一同站在领奖台上（卡尼曼语）。

③ 理查德·萨勒是芝加哥大学教授，行为经济学和行为金融学领域的重要代表人物，其研究领域还包括决策心理学，是行为经济学的创始人之一，主要研究有限理性行为对金融市场的影响，并做出重要贡献。

方案 D：1/3 的概率没有人死亡，2/3 的概率 600 人全部死亡。

你支持哪种方案？

结果，选择方案 C 的 22%，选择方案 D 的 78%。

分析发现，方案 A 和方案 C 的本质是一样的，二者等值，方案 B 和方案 D 亦如此。只是在第一种情况（问题 1）下把问题描述成"挽救生命"（获益），也称生存框架（survival frame）、正向框架（positive framework），第二种情况（问题 2）下把问题描述成"失去生命"（损失），也称死亡框架（mortality frame）、负向框架（negative framework）。不同情境下人们的选项差异很大。心理学上把这种同样的内容，由于不一样的表达（但在逻辑意义上相似）导致不一样结果的现象称为"框架效应"（framing effects）。在正面框架下，人们在赢利区域进行选择，普遍表现出受益时偏爱规避风险（risk-averse preference for gains）；负面框架下，人们在不同损失之间进行决策，普遍表现出受损时偏爱追求风险（risk-seeking preference for losses）。

特沃斯基和卡尼曼借助"亚洲疾病"问题向人们揭示决策者的风险态度（厌恶还是追求）依赖于问题的表述（语境），从而引发大量关于框架效应的实证研究。然而研究结论并非完全一致，有的证实框架效应的存在涉及对决策的影响，有的研究结论是：在许多情境下框架效应比较微弱或者根本就不存在（Zacks, et al., 2002）。张凤华等学者（2007）的研究结果证实：（1）在生命问题和财产问题中均未发现框架效应的存在。（2）面对财产问题人们更倾向于保守，表现出对风险较敏感，对收益较迟钝；面对生命问题，人们更倾向于冒险，表现出对风险较迟钝，对收益较敏感。（3）在面对生命问题做出选择时，男性表现出了谨慎、理智，女性则表现出更多的冒险和不理智。

（二）"煤矿瓦斯爆炸"决策问题

针对框架效应研究中存在的问题，张银玲等（2006）以中国军校大学生为对象，研究在实验风险情景下人的行为选择。该实验以整群抽样的方式在军事院校选取被试，实验材料把"亚洲疾病"换成"煤矿瓦斯爆炸"决策问题。将被试随机分成三组，分别接受三种不同的信息框架：正面框架组、负面框架组和控制组，请被试就自己面临的情景选择方案。

任务情景：

想象一座大煤矿发生瓦斯爆炸事故，有 600 名矿工被困井下，煤矿领导面临 A 和 B 两个营救方案供选择。经过科学家精确估计，两种方案可能出现下列后果（三组被试分别为）：

第一组（正面框架组，被试 134 人）：

如果采用方案 A，将会有 200 人获救；

如果采用方案 B，将会有 1/3 的机会救活 600 人，但也有 2/3 的机会无人被救活。

第二组（负面框架组，被试 130 人）：

如果采用方案 A，将会有 400 人死亡；

如果采用方案 B，将会有 1/3 的机会无人死亡，但也有 2/3 的机会 600 人全部死亡。

第三组（正、负面框架组，作为控制组评价框架效应，被试 153 人）：

如果采用方案 A，将会有 200 人获救而有 400 人死亡；

如果采用方案 B，将会有 1/3 的机会救活 600 人，而无人死亡，但也有 2/3 的机会无人被救活而 600 人全部死亡。

（1）假如你是煤矿的决策者，会选择哪一种方案？

　　　　　　　A　　　　　B

（2）就你的选择，请标出倾向度：

基本同意　同意　比较同意　非常同意

实验的因变量有两个，一是"二择一反应"，即选 A 或选 B。选 A 意味着保守，选 B 意味着冒险；二是对所选 A 或 B 的倾向度选择，分值越大表明被试对自己的选择越肯定。

结果：正面框架组的被试有 46.3% 选择方案 A，倾向于回避风险，53.7% 选择方案 B，倾向于冒险；负面框架组的被试只有 16.9% 选择方案 A。两组差异显著。

作为基线水平的控制组在正负两种框架下，有 67.3% 的被试喜欢冒险方案。说明在消除信息框架影响的情况下多数人仍然倾向于冒险。研究还发现，男性比女性更倾向于冒险，性别差异显著。

框架效应理论及其应用的研究已经成为热点之一，研究领域涉及消费行为、赌博行为①、健康行为及经济投资决策等领域。现实中几乎所有的人都无法摆脱框架效应的影响，专业人员也不例外，特别在生死攸关的问题上。

（三）顺序不同，选择亦不同

作为理性决策者，被选方案出现的顺序不应该影响自己的选择，但在特定情况下，决策者就可能有意无意地照着前一个问题答案的思路来选择后一个问题的答案。

舒曼和普雷瑟（Howard Schuman & Stanley besse，1981）② 做了一项有关新闻自由态度的调查。他们随机选取一组美国成年人作为实验样本，向他们提出以下两个问题：

1. 你认为一个共产主义国家，比如，苏联，是否应该允许美国的新闻记者进入其境内采访，并将他们所得到的新闻发回美国？

2. 你认为美国是否应该允许其他共产主义国家的新闻记者入境采访，并将他们所得到的新闻发回他们所在的报社？

被试分为人数相等的两组，第 1 组的被试先回答第 1 个问题，再回答第 2 个问题；第 2 组则以相反的顺序回答。结果见表 4-1。

表 4-1　不同回答顺序对选择的影响

	认为美国记者应该被允许 自由进入共产主义国家	认为美国应该允许共产主义国家 的记者自由进入美国采访
第 1 组	82%	75%
第 2 组	64%	55%

---

① 卡尼曼 1984 年做了一个"赌博实验"。决策情景 1（132 名被试）：你愿意接受一个有 10% 的机会赢 95 美元和 90% 的机会损失 5 美元的赌博游戏吗？决策情景 2（132 名被试）：你愿意花 5 美元参加一个有 10% 的机会获 100 美元奖励和 90% 的机会什么也不得的彩票活动吗？显然，上面两个问题的条件完全相同，但被试选择的结果却截然不同。42% 的人采取完全不同的决策态度，其中 32% 的人拒绝参加决策情景 1 的赌博游戏，但接受决策情景 2 的彩票活动，原因是他们把决策情景 1 的 5 美元看成是没有任何补偿的损失，而把决策情景 2 的 5 美元看成是赢得奖金的支付成本。可见，同样的负面结果，分别表征为固定损失和支付成本时，被试的选择会不同。

② 斯科特·普劳斯. 决策与判断［M］. 施俊琦，王星，译. 北京：人民邮电出版社，2004：47 - 48.

先回答第 1 个问题的被试，受其态度的影响，大多认为美国记者可以自由出入共产主义国家采访和发回报道。为了前后的选择保持一致，多数人也赞成让共产主义国家的新闻记者自由进入美国进行新闻报道。而先回答第 2 个问题的被试，认为应该让共产主义国家的新闻记者自由进入美国进行新闻报道的人数刚刚过半（55%），为了避免双重标准，认为应该允许美国记者自由进入共产主义国家的人数明显少于第 1 组。

可见，相同的问题或选项，因呈现的顺序不同，被试的选择亦不同，甚至完全相反。

二、框架效应的机制

心理学不同学派和不同理论对框架效应的解释各有千秋。如认知理论认为，决策者为了节省心理资源而简化了决策问题，用定性的方式处理呈现的信息导致框架的发生。动机理论提出框架效应源自恐惧、希望等心理动机；决策者可能更重视不愉快的感觉。

从生物进化的角度看，人类在演化进程中逐渐形成"趋利避害"的本性，这是造就人类对"损失厌恶"（loss aversion）的必然反应。研究发现，框架通过情绪间接影响决策。人们在做出行为决策的时候，往往过分夸大看得见的损失，对即将失去的，哪怕拥有时不以为然甚至视如草芥的，内心极不舒服，这就是对损失的厌恶。

为揭示框架效应的神经生理机制，学者做了大量实验研究。研究发现，大脑皮层额叶（frontal lobe）、顶叶（parietal lobe）、纹状体（striatum）等部位都可能参与框架效应的形成。"认知努力"定位于大脑皮层的前额叶（Prefrontal lobe）和顶叶（Gonzalez，et al.，2005）；腹侧纹状体参与对金钱"获得—损失"的期望及经验的调节（Breiter，et al.，2001）；背侧纹状体（包括尾状核 caudate nucleus）在加工体验奖赏的数量和效价方面有重要意义（Trepel，et al.，2005），奖赏的数量、效价与背侧纹状体活动直接相关（Delgado，et al.，2003）；风险预期成分所激活的是额内侧回（Fukui，et al.，2005）；等等。从而证明大脑皮层的这个部位在风险决策中有重要作用，同时，神经递质也影响了人的选择（张浩，2008）。

《科学》杂志 2006 年 8 月 4 日刊登的一篇文章指出：马尔蒂诺（Benedetto De Martino）等学者采用功能性核磁共振成像（Functional Magnetic Resonance Imaging，FMRI）技术与一种新颖的财政决策任务，对框架效应的生物学基础展开研究。研究结果显示，那些更容易受框架效应影响的志愿者大脑杏仁体与学习和感情有关的区域表现出更高的活性。研究者通过检测到的大脑腹侧和内侧皮层中增加的活动来预测哪些志愿者最不易受框架效应的影响，即这些人也许是最理性的。由此可见，人类自身受框架效应的影响有其物质基础。

第四节　心理账户

心理账户（psychological account）的概念最早由萨勒（Richard H. Thaler, 1980）① 提出。他认为，除了"钱包"这个实际账户之外，还有一个心理账户的存在。1984 年，特沃斯基和卡尼曼以"mental account"替代"psychological account"，认为前者比后者更贴切。1985 年，萨勒教授正式提出"心理账户"理论。该理论认为，小到个体、家庭，大到集团公司，都有一个或多个或明确或潜在的账户系统（accounting system）。人们心理记账方式与理性的数学、经济学的运算方式存在显著差异，它经常以非预期的方式影响人的决策，使个体决策违背最简单的经济法则而遵循潜在的心理运算规则（Thaler, 1985）。

一、心理账户的实验研究

特沃斯基和卡尼曼（1981）的实验：看演出。

问题 1（183 名调查对象）：

假设你去剧场看戏，门票是 10 美元。来到剧场门口时发现自己丢了 10 美元。请问，你愿意花 10 美元购票看戏吗？

问题 2（200 名调查对象）：

假设你去剧场看戏，并且花了 10 美元购票。来到剧场门口时发现门票丢了。请问，你还会花 10 美元买一张票吗？

两个问题情境，丢一张门票（价值 10 美元）的损失和丢 10 美元的损失从金钱上看应该是一样的。然而结果却是，问题 1 中 88% 的被试愿意花 10 美元看

---

① 理查德·萨勒对行为经济学情有独钟（行为经济学曾被认为是"非主流"，萨勒也长期被视为"学术叛徒"），发现现实中的人往往不像传统经济学假设的那样理性和自利，而且常常靠直觉来解决问题。萨勒的代表作《赢者的诅咒》（1991）、《准理性经济学》（1991）、《助推》（2008）等，在决策领域极有影响力。萨勒以其实证研究和理论观点，以及对经济学的特殊贡献获得诺贝尔经济学奖（2017）。

戏，问题 2 仅 46%。说明问题 1 人们把丢掉的 10 美元和看戏要花的 10 美元分别列入两个账户；问题 2 被试将已购票的钱和再次购票的钱放在同一账户中，因此认为多花一倍的钱看一场戏不值得。

二、心理账户的非替代性

由于心理账户的存在，人们把原本具有替代性的金钱根据其来源、获取时间、消费支出类别的设立、存在的地方、存储和使用的方式等，分门别类地放在不同的账户里，并赋予其不同的功能、价值和用途，有单独的预算和支配规则，彼此间不能随意地替代和转换，这就是心理账户的非替代性（non-fungibility）。

（一）不同财富来源设立的心理账户之间具有"非替代性"

从经济学的角度分析，金钱具有替代性（fungibility）和"通用性"，财富不应该被贴上标签，并且在总量上保持守恒，然而现实中人们却没有这样的"理性"。人们会把不同的收入放入不同的账户之中，并且不会轻易地从一个账户转移到另一个账户。例如，把辛勤工作得到的工资放在"劳动所得"账户，把年终奖、周年庆奖金等额外收入放在"奖励"账户，而买彩票所得等放在"意外之财"账户。人们对不同账户里的财富有不同的心理感受及不同的处理方式。例如，人们对"劳动所得"账户的钱格外珍视，花钱时精打细算，因为这个账户是"养家糊口"的，不能随便动用。"奖励"账户里的钱可用来给自己购买非急需、平时不舍得的物品。额外收入是"天上掉的馅饼"，没有列入日常开支，可以尽情享用，可以"撒欢儿"玩一场，请大伙儿"撮一顿"，即便这个人平时很节俭，甚至有些"吝啬"。这似乎可以解释为什么"贪腐者"为了奢靡的生活"一掷千金"——花费的不是自己的依法劳动所得。赌徒的口袋里为什么永远没有钱？如果赌徒输了，口袋里肯定没有钱；如果赢了，会认为反正钱也不是劳动所得，来得容易，花得也痛快——还是没有钱。

（二）不同消费支出类别设立的心理账户之间具有非替代性

情景 1：

有一场你非常喜欢的电影，票价是 100 元，你已在一天前就买好了票。临出门时，发现电影票找不着了。如果要去看这场电影，只能再花 100 元了。请问，你会不会重新掏一次腰包看这场电影？

情景 2：

有一场你非常喜欢的电影，票价是 100 元，你决定在电影开演前直接买票进影院。临出门时发现你刚买的一张价值 100 元的电话卡丢了。请问，这时你会不会花 100 元买票去看电影？

结果是，第一种情况下，大多数人选择不会再去买票看电影；而在第二种情况下，大多数人仍旧会去买票看电影。

心理账户的离散观点（discrete point of view）① 对购买电影票实验结果的解释是：大部分被试把已经丢失的电影票和重新购买电影票所需要的钱放入同一个心理账户（娱乐账户）进行评价，而把已经丢失的电话卡和要购买电影票所需的钱分别放入"娱乐账户"和"通信账户"，从而出现完全不同的选择，这便是分离性效应（the isolation effect）。

（三）不同存储方式导致心理账户的非替代性

某人在银行存入 20 万元的资金，以备几年后用作买房的首付。同时，从另一家银行贷款购买了一辆价值 15 万元的汽车。贷款要付利息的，而且贷款的利息远高于存款的利息。他为什么不动用自己那 20 万元存款买车呢？因为他把自己的钱归入两个不同的账户："固定账户"（fixed account）和"临时账户"（temporary accounts）。这一实例揭示了人们在经济消费方面，"固定账户"中存款已经有了预定的开支目标，不会因临时目标挪用这笔开支。

某些腐败者拼命地"捞钱"。"不捞白不捞，捞了也白捞，白捞谁不捞？"以为这些都是自己应得的，所有的"收入"都放在了家庭的"正常"账户中，轻易不会支出。为了满足其他与日常生活无关的额外需要，无论是生理的、社会的，物质的、精神的，他们动用的是千方百计弄来的"额外"收入支付。于是，一而再再而三地以各种形式索贿、受贿和从事其他犯罪活动。

连续性观点（continuous view）认为，个体虽然设立了不同的心理账户，但这些账户都是围绕着某个或某些目标而设立的，因而这些心理账户是一个连续统一体。个体的目标、实现目标的途径和终端状态可以是抽象的，也可以是具体的。就犯罪行为决策者而言，他们的目标有的抽象，就想"捞更多的钱"，只要能捞到钱，采取什么途径、方法都行；有的具体，如到某一带或某一家入室

---

① 也称原始（original）心理账户理论。该理论提出，人们的财产可归为三个账户：当前收入（current income）、当前资产（current assets）、未来收入（future income）。决策者很少会从未来收入这个心理账户中消费，或最倾向于从当前收入账户中消费，或更倾向于从当前资产中进行消费。

偷窃，或向某人至少敲诈多少钱；等等。

三、成本沉没效应

人们在做某项决定的时候，不仅要分析各种因素的利弊，还要考虑过去在这件事情上的投入程度。沉没成本（sunk cost）是指已经发生的、不可回收的投入。成本沉没效应（sunk cost effect）是一种适应不良的经济行为，具体表现为在某一方面一旦投入了金钱、精力或时间之后，就表现出继续投入的巨大倾向。

萨勒等人以心理账户理论解释个体在消费决策时为什么受"沉没成本效应"的影响。研究者把学校影院的季票分别以三种不同价格发售给三组被试者（在校大学生）：全价15元和折扣价13元、8元。明确告知被试者，无论你是以怎样的价格拿到的票，都可以在本季度随时光顾影院。结果全价购买季票的被试去影院的次数最多，因为他们为购票花费得多；购买打折票的两个被试组较少光顾影院，因为他们购票时已经得到了"实惠"。这就是成本沉没效应的体现。

研究者对成本沉没效应进行了大量的实验研究。有研究者（Heath, 1995）设计了以下两种情景：

情景1：

单位发给每位员工一张价值200元的音乐会门票。可是天公不作美，一场突如其来的大暴雨，使所有交通工具停运，只能冒雨步行30分钟去听音乐会。请问你会不会去听这场音乐会？

情景2：

周末有一场音乐会，你自己花了200元钱购买门票。可是天公不作美，一场突如其来的大暴雨，使所有交通工具停运，只能冒雨步行30分钟去听音乐会。请问你会不会去听这场音乐会？

研究结果表明，情景1，大多数人选择不去听音乐会；情景2，大多数人坚持去听音乐会。这便是心理账户的作用。单位发的票属于"意外收获"，谁也不愿冒着狂风暴风，步行半个小时"享受"这个意外的收获。但如果是自己掏钱买的票就不同了，为挽回沉没成本，宁可顶风冒雨前行，如若不然200元钱岂不白白糟蹋了？任何成本都应该有所收益，这样才能达到内心平衡。

成本沉没效应还有另一种表现形式——一致性谬误（concorde fallacy）。这种谬误最初是从制造超音速飞机那里发现并命名的。在飞机制造完成之前，资助此项目的两个政府机构对于飞机未来的黯淡前景已经非常了解，却依然继续投资，因为他们已经"投入得太多，多到不忍放弃"。而人们之所以不愿中止一段不幸福的婚姻，也是因为已投入太多的时间、感情、金钱。往往夫妻双方谁投入得多，谁更难放弃。犯罪行为决策同样如此。

可见，当初始决策造成一定潜在损失时，决策者更倾向于继续该项目以求避免可能的损失。因此，同样收益和风险条件下，人们更倾向于选择继续正在进行的失败项目，而不是开始一个新的项目。沉没成本效应反映了人们"避免浪费的愿望"，而且继续一项不成功的计划可能更有助于决策者从失败中吸取教训。从这个角度分析，沉没成本效应有其理性的一面。成本沉没效应在一定程度上也是一种自我选择效应（self-selection effect），即一旦对自己的人生做出选择或决定做某些事情，便产生一直走下去的惯性和自我暗示。如果重新选择就会付出更高的成本。

2007年4月14日下午2点左右，河北邯郸农业银行金库发生特大盗窃案。8月9日，邯郸市中级人民法院一审分别对任某、马某做出死刑、剥夺政治权利终身的判决，对另外三人判处刑期不等的有期徒刑。中级人民法院查明，2006年10月13日和18日，任某等利用看管金库的便利条件，先后两次从金库窃取人民币现金20万元，用于购买彩票（后归还）。2007年3月16日到4月14日，他们一次又一次地从金库偷窃，总数高达3295.606万元，其中3125万元用来购买彩票。在投入巨资仍未中奖，已经无力归还金库的情况下选择潜逃。4月14日，他们再次盗取现金1800万元。最不可思议的是，他们竟把其中的1410.1万元又买了彩票。得知仍未中奖后，马上分头畏罪逃窜。任、马二人平时并没有什么不良嗜好，工作、家庭都不错，盗取金库的初衷也不是直接拿去挥霍、享乐。他们走上犯罪之路的原因竟然是"迷"上了彩票，追求购买彩票的过程和中奖的愉悦。在同事的影响下，开始只是几张几张地买，一直没有中奖，便加大投入。二人利用工作之便和银行金库管理中的漏洞，一次次成功地盗用公款，然后寄希望于这一次能中奖、中大奖，好把以前的损失"捞"回来。结果越陷越深，最终无法自拔，事情败露锒铛入狱。

无独有偶，2001年3月1日，在高额奖金的诱惑下，建行平凉分行东街办事处出纳李某，从库箱中窃取公款26万元购买"黄河风采"彩票。见未中大奖，再次盗出100万元。后携余款逃往兰州，3月6日被抓获，受到应有的惩罚。

许多犯罪行为人之所以在犯罪的道路上越走越远，就是原先投入太多，不愿或无法放弃。有的以为事已至此，没法回头，甚至"一不做二不休"。这时及时的帮教可能使他们幡然悔悟、回头向善。

四、交易效用效应

所谓交易效用效应（transaction utility effect）是指商品的参考价格和实际价格之间的差额所产生的效应。心理账户的存在使人们对各种商品有一个"心理价位"（psychological pricing）。当商品的实际价格低于心理价位时，交易效用为正值，感觉自己占了便宜；当商品的实际价格高出心理价位时，交易效用为负值，感觉自己吃了亏。为了考察交易效用对行为的影响，研究者设计了两个情景：

> 情景1：
> 炎炎夏日，在海滩上纳凉，多么渴望能喝上一杯冰凉的啤酒啊！这时，你的朋友正好要去附近的电话亭打电话，你托他帮忙在附近的小店买一瓶啤酒。请问，你最多舍得花多少钱在这个小店买一瓶啤酒？
> 情景2：
> 炎炎夏日，在海滩上纳凉，多么渴望能喝上一杯冰凉的啤酒啊！这时，你的朋友正好要去附近的电话亭打电话，你托他帮忙在附近一家高级度假酒店买一瓶啤酒。请问，你最多舍得花多少钱在这家高级度假酒店买一瓶啤酒？

结果显示：人们对在小店购买啤酒愿出资的平均价格是1.50美元，高级度假酒店的平均价格是2.65美元。两种情景地点、时间、商品都相同，而且都是买来在海滩上享用，既不能享受高级酒店的优雅舒适，也不会感受小店的简陋寒碜。那么，为什么从酒店里购买人们愿意支付更高的价钱？这就是"心理价位"的作用。

交易效用效应在人们的生活中有极其重要的作用。例如，原本计划买一件短大衣，正赶上商场搞活动，优惠大酬宾，所有冬装全部打折。一款相同质地的大衣，无论长短、型号，一律售价400元。而超长、长、中长、短大衣的原价分别为800元、750元、700元和650元。您会选择购买哪一款的大衣？由于心理账户的作用，人们更多的是考虑交易效用问题，即购买哪一款更占便宜。于是，许多人购买的是自认为占了很大便宜的超长型大衣。回家后才发现自己根本不需要，而且穿着很不方便。某些经济犯罪行为的决策人就是在这种情况下，觉得反正也是"贪"，是"偷"，有大不要小，有多不拿少，总想着占便宜，占大便宜。结果，把自己送进监狱。

五、禀赋效应

禀赋效应（endowment effect）指因为拥有或仅仅因为属于自己而使物品增值，从而导致卖价高于买价的行为异常现象，以及由此产生的"厌恶失去"心理。这种效应说的是你失去某种东西的痛苦，会远大于得到他的快乐，换句话说，你捡到 100 元获得的快乐远远不能弥补丢失 100 元带来的痛苦。

自己拥有的东西好比"鸡肋"，食之无味，弃之可惜，此现象非常普遍。如投资者宁愿承担价值损失的风险，也不舍得抛出亏损的股票。对于一般人来说，放弃一件物品的痛苦程度大于得到一件物品的喜悦程度。当个体要卖掉他拥有的某物时，他的要价要高于为得到同样的东西他愿意出的买价。哪怕刚刚到手的物品，也有"置换成本"。一旦拥有，人们便对该物品赋予比物品本身更大的价值，而且会随着拥有的时间而不断增值。这种非理性行为常常导致市场效率的降低，而且这种现象并不会随着交易者交易经验的增加而消除。人们更看重属于自己的东西，因为它凝聚了所有者的感情。占有的时间越长，失去时的痛苦也越大。于是有了对同一物品"购买定价"偏低和"出售定价"较高的现象。

卡尼曼的一项实验研究：给 100 名被试者每人一个价值 5 美元的杯子，并且告诉他们杯子的价格。然后，用 5 美元买他们手中的杯子。结果多数人不愿以同样的价格出卖已经属于自己的杯子。给另外 100 名被试每人 5 美元，然后向他们推销价值 5 美元的杯子。结果他们中的多数人都不愿购买。类似的实验，获得与该实验同样的结果。如一半的被试分到马克杯，请他们进行交易。结果大家并没有交流和博弈形成均衡价格，最终交易未能完成。问卷调查发现，拿到杯子的"卖家"，对马克杯的心理估价过高，估价中位数达 5.25 美元，而"买家"的估价中位数仅 2.25 美元。显然，拥有者觉得杯子更值钱，造成估价和选择的不理性不客观。

第五节　风险下的决策分析：前景理论

在大量实验的基础上，卡尼曼和特沃斯基（1979）提出前景理论（prospect theory）。该理论运用认知心理学、人类学和社会学的研究成果，对预期效用理论做了修正，标志着运用描述模式（descriptive model）对个体决策问题的研究有了更系统的思路，风险决策研究达到成熟阶段。

前景理论着重反映和描述决策者的实际决策过程，把决策过程分为编辑和评价两个阶段。编辑阶段是对事件进行预处理。通过编码、组合、分解、相抵、简单化等工作，形成对相同决策问题的不同构架，从而产生偏好与选择的不一致，使得同一问题的最后决策不一致。评价阶段主要是在编辑阶段的基础上对前景进行评价，按照前景理论公式做出相应的计算并做出最终的抉择。

一、前景理论对期望效用理论的替代和补充

传统期望效用理论通过理性偏好公理演绎出推论，试图告诉人们应该怎样做或明确理性行为的标准；前景理论则采用从实验观察进行描述和归纳的方法，遵循特殊的心理过程与规律，描述人们在决策中的实际行为。前景理论认为，通常情况下人们考虑问题的角度不是财富本身，而是输赢，以及输赢的数量。前景理论对期望效用理论的替代和补充，主要体现在以下三个方面：

（一）得与失是一个相对概念

大量认知心理实验的结果表明，人们在行为之前便有对行为结果的预期——前景。这个预期是决策者判断某事物价值的参照点（reference point）$W0$，高于 $W0$ 为收益（gain），低于 $W0$ 为损失（loss）。比如，对自己薪酬的预期，赵一是2000元，王二是3000元。面对2500元的实际收入，赵一满意——超出预期，王二失望——未达到预期。中国男足冲出亚洲，国人深感欣慰；而中国女足最后只进入八强，球迷普遍感到很失落，因为国人对女足的预期是进入半决赛。所谓希望越大，失望越大。当参照点发生位移时，偏好也会受到影响。如果一个人的期望水平是通过犯罪行为得到财富，那么中止犯罪就意味着损失。如果参照点是维持现状并反过来把犯罪看作是获益的话，个体可能愿意冒更大的风险来保持这种期望水平。为避免或减少潜在犯罪行为人做出犯罪决策，可改变他们的参照点，降低心理预期，从而改变他们对同一经济行为结果的认知评价，引起不同的情绪体验，达到不同的激励效果。

（二）价值函数

前景理论以"价值"取代期望效用理论的"效用"。价值函数（value function）是用来测量相对于价值零点（参照点）的收益和损失的主观评价。价值函数以财富的变化为自变量，其形状呈 S 形，其中盈利曲线为凹形，亏损曲线为凸形（图4-1）。财富变化的价值函数表明人的选择行为关注的是财富的增量，而不是绝对量。该曲线反映出人们对得与失的不同心理体验：以等量财富的减少或增加而言，个体在获益情况中倾向于保守（规避风险），在损失情况下却喜欢冒险（寻求风险）。

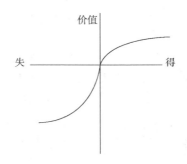

图 4－1　价值函数假设

实验：购买计算器。

　　假设你准备买一件价值 125 美元的夹克衫和一个 15 美元的计算器。售货员告诉你，另一家分店的计算器正在搞促销，只卖 10 美元。但需要驱车 20 分钟。请问，你会到那家店去买吗？

结果，68％的人愿意为了节省 5 美元驱车前往。
当计算器和夹克衫的价格颠倒一下，情况会怎样呢？

　　假设你准备买一件价值 15 美元的夹克衫和一个 125 美元的计算器。售货员告诉你，另一家分店的计算器正在搞促销，只卖 120 美元。但需要驱车 20 分钟。请问，你会到那家店去买吗？

这次只有 29％的被试表示愿意去，虽然同样都是节省 5 美元。
两个情境不同选择的主要原因是，一个是 15 美元与 10 美元的比率（1.5），一个是 125 美元与 120 美元的比率（1.04），前者比后者对人的影响更大。也说明，离参照点越近的差额人们越敏感。卡尼曼将其称为"参照依赖"（reference dependence）。
前景理论指出，人们对高于参照点的"赢"和低于参照点的"输"的评价不对称。损失对人的影响大于获得的效用，人们对亏损、减少的感受比盈利、增加的感受更敏感、更强烈。卡尼曼和特沃斯基（1992）发现，人们通常需要两倍于损失的收益才能弥补损失所带来的痛苦。也就是说，人们对"失去"的权重大于"得到"的权重，因而当对价值进行估计时，因"失去"抑或"得到"的转换，偏好也发生逆转，这就是著名的偏好逆转理论，也是对禀赋效应的诠释。

庄锦英（2005）以山东师范大学心理系学生为被试，采用内隐联想测验（Implicit Association Test，IAT）程序①对成本沉没效应进行实验研究。研究者从内隐层面或自动加工水平上考察"损失厌恶"的特点。实验材料是从日常用语中选择反映"得"（如成功、工资）和"失"（如死亡、丢失）的词各 15 个，请 20 位学生按照情绪色彩的强弱用 7 点量表打分，从反映"得"与"失"属性词中确定情绪色彩强的各 5 个，组成测验 IAT1；情绪色彩弱的各 5 个，组成测验 IAT2。

研究假设："损失厌恶"具有内隐性；"损失厌恶"存在内隐偏差，即当面对同一种损失时，个体对造成自我与他人损失的价值评估是不同的，对自己损失价值的评估高于对他人损失价值的评估，并且这种评估在内隐的、自动化水平上即已存在。

实验结果验证了研究假设，并为进一步认识成本沉没效应等现象的本质特点，以及犯罪的预测、预防和心理矫治提供了证据。

（三）决策权重

前景理论认为，偏好不是期望效用理论强调的概率，而是"决策权重"的一个函数。决策权重（decision weighting function）是指客观概率的函数，它综合了人们对于概率的认知。决策者对不同情境概率水平的评价是不同的，大概率的事件往往认为理所当然而赋予的权重过小；对突发的小概率事件反而特别重视，即权重过大。如乘飞机的安全概率远大于乘汽车，但人们常常高估飞机事故；彩票中大奖的概率很低，但人们都认为自己就是下一个大奖得主。在小概率事件面前人类对风险的态度是矛盾的，面对小概率的赢利，多数人偏爱风险；面对小概率的损失，多数人厌恶风险。例如，买保险和买彩票都是对小概率事件的投资，但二者的性质不同，前者是规避风险，后者是招致风险。人们常常对二者同样热衷，这也是保险业、福彩、体彩得以维系的心理学基础。

通常，人们对于 0 和接近 0 的低概率（根本不可能发生或有较低的可能发生），以及对于 1 和接近 1 的高概率（肯定发生或极有可能发生）的认知较充分，可做出明确判断，但对处于 0 和 1 之间的概率认知往往不充分，无法估计此类

---

① IAT 是最近几年由 Greenwald 等人创设，主要用来研究社会内隐认知领域（内隐态度、刻板印象、内隐自尊等）现象的一种实验方法。

事件的发生究竟有多大可能性。从决策权重函数的描述可以发现，决策主体对于概率在决策过程中的权重处理依赖其认知和心理过程，也称主观感受。

二、前景理论对阿莱斯悖论、埃尔斯伯格悖论的解释

基于前景理论提出的以上三点，阿莱斯悖论由此迎刃而解。具体而言，给定两个选择：

A. 100% 获得 3000 元；

B. 80% 的概率赢得 4000 元，但 20% 的概率一无所得。

C. 25% 的概率获得 3000 元，75% 的概率一无所得；

D. 20% 的概率得到 4000 元，80% 的概率一无所得。

结果大部分被试在 A 和 B 中选择了 A，在 C 和 D 中选择了 D。这种选择明显违背了预期效用理论中的替换原理，因为选择 C 和 D 相对于选择 A 和 B 仅对概率的取值进行了同比例的压缩（从 100% 到 25%，从 80% 到 20%），人们做出前后截然相反的抉择的原因在于：当概率较小时，一定程度的概率增加（从 D 的 20% 上升到 C 的 25%）很难改变人们对这些小概率事件赋予的选择权重，此时起决定作用的就是报酬的多寡。反过来，在概率较大时，人们对概率的变化十分敏感（从 B 的 80% 上升到 A 的 100%），偏好选择中的概率权重非常重要。

由此说明，盈利时大部分人倾向于"见好就收"。在确定的收益和"赌一把"之间，选择前者，表现为风险厌恶。这就是人们为什么将盈利的股票卖出的原因。卡尼曼和特沃斯基称之为"确定效应"（certainty effect）。

圣·彼得堡悖论反映出人们对小概率收益的不以为然和偏好中"赌博心理"与"保险心理"并存（simultaneous gambling and insurance）。面对 0.001 的可能得奖 5000 元，人们甘愿冒险，参加赌博；面对 0.001 的可能损失 5000 元，人们选择保守。二者的风险偏好不同，但都出于同一根源：过高估计小概率事件。

关于埃尔斯伯格悖论，前景理论认为，人们更喜欢打赌里面装了相等数目的红球和黑球的缸，而不喜欢打赌另外一个装了未知数目红球和黑球的缸。通常情况下，人们的偏好不仅依赖于他们的不确定程度，而且依赖于不确定的来源，这种现象被称为来源相依（source dependence）。

三、前景理论的基本内容

前景理论可概括为四项基本内容：

第一，人们不仅看重财富的绝对数量，更看重财富的变化量。

第二，多数人面临收益时倾向于保守——规避风险，损失面前倾向于冒险——偏好风险。

第三，财富减少引起的痛苦远远大于增加等量财富带来的快乐。损失产生的负效用是收益带来的正效用的 2.5 倍。

第四，前期决策的结果影响后期的风险态度和决策。前期获益可增强人们的风险偏好；前期损失则使后期损失的痛苦更甚，继而提高了人们的风险（损失）厌恶。

其中第二项第三项内容构成前景理论的两大定律：不同情境下不同的风险态度——收益情境的保守、损失情境的冒险，人们对"得"与"失"敏感度不同——损失的痛苦远超获得的快乐。

四、萨勒的观点及前景理论的应用

萨勒在潜在心理账户研究中，通过实验证明"一次获得 100 元与两次获得 50 元所得到的心理满足是不一样的，前者小于后者"，并提出应遵循心理学规律做出科学而有效的决策。前景理论及萨勒的假设对我们的生活实践有以下启示：

第一，两笔盈利应分开。同样的费用，买一件礼物，不及买两件礼物；员工发放奖金，一次性发 5000 元，不如先发 3000 元，再发 2000 元；送人两件以上的礼物时，应该分开包装。如果有两个及以上的好消息应该把它们分开来发布，让大家多高兴几次。因为，根据值函数，经历两次"获得"所带来的心理效用之和大于一次"总获得"所带来的心理效用。

第二，两笔损失应整合。收取费用，最好一次性收齐，额外开支一次次增加，数量再少，也会令人不满。一件商品的价格应将所有配件的价格都包括在其中，不要让消费者分两次掏钱。同理，两个坏消息同时报告比分两次报告好。因为两个损失结合带来的痛苦要少于分别经历两次损失所带来的痛苦之和。

第三，大得小失应整合。一个大大的好消息和一个小小的坏消息，最好把二者一起告知于人。这样可以把好消息带来的快乐冲淡坏消息带来的痛苦，抵消或减少负面效应。

第四，小得大失具体分析。如果"小得"和"大失"悬殊，不如分开来，至少还能享受一次好消息带来的快乐，这种现象称为"银衬里"（silver lining）规则；如果二者差别不大，应进行整合，在人们的心理上把损失降低而减少痛苦。

第六节 犯罪行为风险决策的有限理性与非理性

实证犯罪学派（positive school of criminology）把犯罪学的研究重点由犯罪行为转向犯罪行为人。无论是该学派的创始人——意大利著名犯罪学家龙勃罗梭提出的生而有犯罪性的人、疯狂的犯罪人、情欲的犯罪人、偶然的犯罪人，还是龙勃罗梭的高徒菲利（Enrico Ferri，1856—1929）增加的"精神病边缘犯罪人"，这五类人都不可能理性思考，其犯罪行为决策大多为非理性。

一、犯罪行为决策理性的有限性

理性选择理论并不能解释所有的犯罪原因和犯罪行为，如坑蒙拐骗、制假售假、走私贩私、偷税漏税等犯罪行为不是一个理性人应有的行为。犯罪行为风险决策的目的是追求利益的最大化，但难以达到最大化时，就要遵循"满意"原则，尽量避免"后悔"。这样的决策和决策过程反映出犯罪行为风险决策的"有限理性"。

犯罪行为人受到惩处必然降低甚至抵消其犯罪收益。然而，惩罚只是一种潜在的威胁；犯罪的惩罚成本其实质是一种预期成本。只有当犯罪行为被查获，并被惩罚时，这种威胁才能转化为现实的惩罚。相当多的犯罪行为是主体在无预期惩罚成本或者预期惩罚成本很低的情况下做出犯罪行为决策和实施犯罪的。有一项对犯罪人的调查："你在犯罪前想过可能出现的刑罚后果吗?"四个选项分别是：（1）没想（无预期惩罚成本）；（2）想过，但没想到处理这么严重（有较低的预防惩罚成本）；（3）想过，与处理结果差不多（有与其犯罪行为相一致的预期惩罚成本）；（4）想过比此次处罚还严重（有较高的预期惩罚成本）。结果显示，无预期惩罚成本和有较低的预期惩罚成本的犯罪行为人所占比重在90%以上。①

卡罗尔（Carroll）以被监禁中的成年人和未成年人为研究对象，用实验的方法检验行为人在犯罪实施前可能考虑到的因素。他给被试呈现四个独立的维度变量：获益的可能性、损失的可能性、获益的数量和惩罚的严厉性。结果表明，70%以上的被试者在决策时只考虑其中的一个维度，而对其他三个维度，

---

① 王焱. 难度、替代性与风险：对犯罪成本的一种结构性分析 [J]. 河南公安高等专科学校学报，2002（4）：20－28。

或忽略，或在一两个维度的基础上做些微调，几乎没有对各个维度进行整合之后做出全方位判断的。

我国犯罪行为人在犯罪预期成本方面明显对其犯罪的难易程度估计过低。研究发现（徐向群，2001），约1/3的犯罪行为决策人认为实施犯罪很容易，成功的概率较大；近1/3的犯罪行为决策人在犯罪前"没有任何准备"，甚至没有想过会被发现和发现后受到惩罚。许多连环杀人、连续纵火、杀人后尸解等案件，没有明显的犯罪动机，其犯罪行为不可能是理性的。有的犯罪行为人认为自己不是犯罪而是"路见不平""拔刀相助""劫富济贫""为民除害"。有的犯罪行为人选择某些特定的时间、地点、方式、被害人，甚至有意在犯罪现场留下特有标记，如"Z"（法国电影《佐罗》中的主人公佐罗每次"为民除害"都留下这样的标识，犯罪行为人可能想成为佐罗式的英雄）或蘸血写下某字。这些人的决策和行为也不符合"理性"特征。

赵彦凯、李晖等人[1]于2015年对天津几所监狱部分服刑人员的调查发现，他们实施犯罪行为之前，普遍对刑罚成本估计不足。尤其是职务犯罪，以为是私下的交易，"你知我知，天知地知"，只要自己计划周密、行动隐蔽，可神不知鬼不觉；某些集体腐败案件的当事人，往往以为多吃多占理所当然，大家都在拿，不拿白不拿，拿了也白拿；即便被发现，"天塌下来有大个子顶着"；自己有政绩，可功过抵消；有"保护伞"的庇佑，万事大吉……直到东窗事发、被请去"喝茶"，直至移交司法机关，锒铛入狱，才如梦初醒、悔不当初。

城市流动人口犯罪的主体一般文化程度、自身素养较低，法律意识淡薄，其犯罪行为具有突发性、偶然性，犯罪目标的随意性（李明明、陈争，2014），其决策更不可能"理性"。

二、社会问题解决能力的有限性

所谓社会问题解决能力是指人们在社会互动中达到个人目标的同时又与他人保持良好关系的能力。鲁宾（K. H. Rubin）等人曾提出了一个社会问题解决的信息加工模型（图4-2）。

1980年代后期以来，国外学者采用"假设—反应"方法，利用社会问题解

---

[1] 天津市哲学社会科学（2015）规划项目"犯罪行为决策心理问题研究"（TJSK15 - 033）的部分研究内容和成果。这部分研究以天津市5所监狱1204名服刑人员为研究对象，通过调查问卷、深度访谈、现场实验等途径和方法，探索冲动型人格、情绪对犯罪行为决策的影响及其机制，为提高服刑人员心理矫治工作成效提供借鉴与参考。文中对服刑人员的访谈（未标明研究者的），均为该项目的研究。

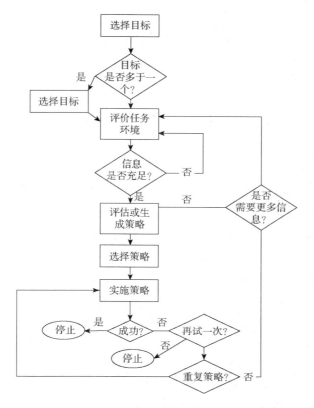

图 4 - 2　一个社会问题解决的信息加工模型

（引自 Ferguson, T. T. & Rule, B. G., Children's Evaluation of Retalifary aggression, Child Development, Vol, 59.）

决模型研究攻击性儿童问题解决的特点。研究发现，被评定为攻击性儿童的问题解决有以下特点：第一，在涉及物品获得或者寻求参与同伴活动的途径等目标时，他们的策略更多的是争斗、贿赂，较少使用亲社会性策略；第二，在涉及物品拥有的社会问题时解决策略大多是贿赂和操纵性的；第三，在友谊形成的目标上，他们的策略在总数上少于非攻击性儿童，相反古怪的、不正常的策略占很大比例；第四，问题解决的灵活性低于非攻击性儿童，很少提出以其他替代性的策略去解决面临的问题。

　　这些研究虽然来自儿童，但对研究成人的攻击行为，乃至犯罪行为都有一定的解释意义。通过对服刑人员的访谈发现，暴力犯罪行为人中约60%以上在儿童青少年时期有欺负攻击他人或被他人欺负的经历。他们鲜有真正的友情，有的几乎从小到大没有过朋友，"朋友"之间更多的是"利益"；有的以为朋友之间"两肋插刀"，就是为他打架，无论他做了什么，哪怕是违法犯罪。而这些人满足自己需要的方法、手段大多是直接的、粗暴的。一旦与他人发生矛盾，解决的办法一般也是拳打脚踢，甚至"白刀子进红刀子出"。

三、典型的非理性：情绪型、变态型犯罪行为决策

许多情况下，犯罪行为风险决策是非理性的。第一，如果行为人没有从法律的层面考虑问题，不认为自己是在实施犯罪，给他人、社会造成的危害事出有因，是无心之举，其犯罪选择更多的是出于非理性。第二，报复性犯罪、"戏谑"犯罪、过失犯罪等犯罪行为风险决策也是非理性的。第三，损人不利己，"杀敌一千自损八百"式的犯罪，其决策过程同样具有非理性。第四，典型的非理性：情绪型、变态型犯罪行为决策。

学界将在激情状态下发生的杀人、伤人、毁物等暴力性行为称之为激情犯罪（passionate crime）。[①]"义愤杀人"属于犯罪故意，存在主观恶意，是重罪应重罚的犯罪行为，但在司法实践中却经常被列为"情节较轻"的杀人罪处理，其中情绪因素起了关键作用。激情状态下，犯罪行为人出于一时的激愤，不能理智选择自己的行为，不能有效控制内心冲动，因而选择了最原始的本能行为——暴力。激情状态下的犯罪行为，往往无预谋、无确定的犯罪动机和明确的犯罪目的，只是被强烈的刺激和冲突激发。激情后的瞬间，可能感到舒心和满足，但冷静之后能够理智地思考问题，对自己给社会、他人甚至对自己造成的伤害追悔莫及。这类犯罪行为人多数会认罪服法，痛改前非。

例如，2006年8月11日，崔某在与海淀城管大队执法人员发生冲突时，手持小刀将一名执法者刺伤，后不治身亡。崔某事先没有预谋，其行为后果也非本人所期望，仅仅为了不让城管人员将自己"头天刚刚借钱买的"三轮车留下，在与执法人员擦肩而过身体触碰时，误以为"他要抓我"便"随手一扒拉，当时不知道扎在什么位置"。对于这一致命动作，崔某如此解释。在此不争论是否故意杀人，就其当时的决策和行为分析，一定是情绪型的，非理性的。

变态是相对于常态而言的，变态心理或称心理变态（psychopathy）泛指各种偏离常态的人格障碍和性心理障碍，其行为触犯刑律者，便构成犯罪。如偏执型人格（paranoid personality）、异装癖（transvestism）、恋物癖（fetishism）等。变态心理并不导致犯罪，但有的犯罪却是因犯罪行为人心理变态导致的。

---

① 详见第七章第二节，"一、（二）激情与犯罪行为决策和犯罪行为"。

如感知模糊不清或迟钝，对一般强度的刺激也难以忍受；出现错觉或幻觉，对事物判断歪曲并坚持自己的判断，"听到"或"看到"他人对自己的针对而出现"被害妄想"；注意力集中在"加害于他"的人或物，而实施侵害行为。又如因"健忘""虚构"而"病理性说谎"（常见于器质性病患者、精神分裂症患者），并可能攻击伤人或自杀；表现为思维过程异常（抽象概括水平下降或歪曲）、联想过程异常（过度联想、联想错乱、思维迟缓或贫乏）、逻辑思维进程异常的人，可能出现的妄想主要有：被害妄想、夸大妄想、关系妄想、钟情妄想、忌妒妄想、疑病妄想、自罪妄想等，以想象的或伪造的"事实"为由，伤害他人或自己。还如意志变态难以自控的杀人、毁物，弱智者的善恶不辨、社会适应不良等而实施偷窃、凶杀等犯罪。心理变态的犯罪行为人，有的没有目的、没有动机或动机不明，有的因幻觉、妄想、逻辑倒错等产生病理性动机，有的明知自己的行为有可能违法犯罪并会受到惩罚，却仍然难以控制其行为。

变态犯罪一般是指心理上的病态之人，而不是精神病患者。特殊的生活经历、特殊的刺激，都可能扭曲人的心灵，继而导致变态心理和变态行为。某些潜在犯罪行为人对某种犯罪欲望的追求也会出现一定程度的畸形和变态，只有通过连续不断的疯狂作案才能满足他们变态的心理需要；这些反常态者的犯罪行为几乎成为他们日常生活中的一部分，甚至成为一种习惯，无须理性思考和选择。

例如，《沉默的羔羊》① 中汉尼拔（Hannibal）的原型泰德·邦迪（Ted Bundy）是善与恶的结合体，他学历高、智商高、知识渊博、思维缜密、自控力强，擅长对变态犯罪的心理分析，是一位充满传奇色彩的人物。在狱中协助警方分析另一起连环杀人案时，他以自己的视角和思维模式分析这个杀手的心理特征和心路历程，对案件侦破起了很大作用。而他自己就是一个心理变态之人，一个令人恐怖的"杀人狂"。他以英俊的长相、美好的笑容、所谓的"诚恳友善"诱骗那些无辜之人，尤其是女性。被捕后拒不认罪，曾两次越狱。10 多年后才承认自己杀害了 30 余人。他自述，过一段时间，当犯罪欲望积累到一定程度时就需要"宣泄"。究竟伤害过多少人，已经记不清了。在距离被执行电椅死刑前的第 17 个小时，他还在与一位心理学博士深入探讨像他这种连环杀手的犯罪心理。他没有精神失常，但其心理确实是"非常态"的。

---

① 《沉默的羔羊》是美国著名作家、编剧托马斯·哈里斯（Thomas Harris, 1940—　）的小说，后被改编成电影。汉尼拔擅长对心理变态犯罪的心理分析，是一位充满传奇色彩的医生、教授。他自以为是，独断专行，以窥视他人的痛苦和阴暗而愉悦和满足。

　　反社会人格变态者，这类人格障碍者长期适应不良，常责怪或诿过于人，容易把内心矛盾冲突或欲望暴露或显示出来，往往因冲动而感情用事，从而导致违法犯罪行为。他们极端自私，判别力差，对自身的人格缺陷浑然不知，对自己的犯罪行为给他人、社会带来的损害不会感到内疚和羞愧。他们的犯罪行为决策或无明确目的、目标，或决策过程随意，全凭一时兴起，毫无理性可言，是典型的非理性。

第五章

生态人·犯罪风险决策的生态化

奠定行为经济学基础的前景理论自从问世以来，一直受到广泛的关注。与其同期，还涌现出一大批其他的描述性决策理论，如"齐当别"模型、主观预期愉悦理论，等等。决策研究的进化论范式从生物进化的角度强调个体适应环境的重要性，提倡生态理性，提出"生态人"和"生态理性"的概念。

第一节　"齐当别"模型与最后通牒博弈

一、"齐当别"模型的解释力

李纾（2006）认为，卡尼曼、特沃斯基以"个体损失情景中更倾向于冒险，而在获益情景中更倾向于保守"来解释框架效应是不充分的。他在前人的理论与自己对于相应问题的实验性研究成果的基础上提出了"齐当别"模型（e-quate-to-differentiate model）①。该模型的理论基础是弱优势（weak dominance）原则，认为左右人类风险决策行为的机制不是最大限度地追求某种形式的期望值，而是对各个备选方案做出"最好的"和"最坏的"可能结果的表征后，再根据备选方案之间是否存在优势性（dominance）关系做出决策。如果备选方案 A 在总体上与备选方案 B 具有相等的吸引力，而且 A 至少在一个维度上优于 B，那么 A 就比 B 有优势。通俗地讲，决策者把自认为不重要维度上的 A 和 B 之间的差异（无论真实差异的大小如何）人为地抹掉（齐同），只在重要维度上将 A

---

① 之所以命名为"齐当别"，是受华南女子文理学院（1908—1951）的校训"受当施"的启发。该校 1951 年与福建协和大学合并为"福州大学"，1972 年更名为福建师范大学至今。（李纾．发展中的行为决策研究［J］．心理科学进展，2006，14（4）：490 - 496.）

和 B 之间的差异加以辨别比较，然后做出最终选择。所以，人们的决策过程就是搜寻某一备选方案在主观上优于另一备选方案的过程。

李纾以"齐当别"模型重新分析和解释决策研究中的许多著名问题，提供了理解人类决策行为的另一种崭新视角。

（一）以"齐当别"模型分析阿莱斯悖论①

情景 1：在"肯定结果"（100% 获得 100 万美元）和"坏结果"（1% 的可能性为 0 美元）之间选择，即在最坏可能维度上进行决策。大多数人倾向于保守，选择了"肯定结果"。

情景 2：在"好结果"（10% 的可能获得 250 万美元）和另一个"好结果"（11% 的可能获得 100 万美元）之间选择，即在最好可能维度上进行决策。大多数人倾向于冒险，选择了获益最大的"好结果"。

（二）用"齐当别"模型解释"亚洲疾病"问题②

当问题采用积极方式描述时，被试是在最坏可能结果与肯定结果之间进行取舍；而当问题采用消极方式描述时，被试则是在肯定结果与最好可能结果之间进行取舍。如果我们将原问题中的维度差别朝相反方向转换，便有可能产生与框架效应相悖的选择结果。

李纾等（2000）选取 391 名大学生（中国 350，澳大利亚 41），以"登山队问题"③ 取代"亚洲疾病问题"进行实验研究。

设想有一个由五人组成的登山队，在攀登一座雪山时遇险。登山队大本营指挥部面临两种抢救方案，一是利用直升机将伤员运往省城医院抢救，二是利用汽车将伤员运往附近当地医院抢救。经专家仔细估算，两种方案所产生的可能结果如下：

情景 1：

方案 A：肯定救活 1 人的性命；

方案 B：15% 的机会救活 4 人，40% 的机会救活 1 人，但有 45% 的机会

---

① 见第四章第一节，"一、阿莱斯悖论：相消性原则的困境。"
② 见第四章第三节，"一、（一）亚洲疾病实验与框架效应"。
③ 登山队问题与亚洲疾病问题的不同之处在于：风险备选方案中的可能结果多出一个，可能结果所发生的概率超出原期望理论所定义的小概率的范围。

救活不了任何人。

选择任务

假如您是营救中心的指挥员，请您在方案 A 和方案 B 之间做出选择：

方案 A　　方案 B

匹配任务（选出差别最大的配对）

C："肯定救活 1 人" 对 "15% 的机会救活 4 人"；

D："肯定救活 1 人" 对 "45% 的机会救活不了任何人"。

情景 2：

方案 A：肯定 4 人遇难死亡；

方案 B：15% 的机会 1 人遇难死亡，40% 的机会 4 人遇难死亡，45% 的机会 5 人遇难死亡。

选择任务

假如您是营救中心的指挥员，请您在方案 A 和方案 B 之间做出选择：

方案 A　　方案 B

匹配任务（选出差别最大的配对）

C："肯定 4 人遇难死亡" 对 "15% 的机会 1 人遇难死亡"；

D："肯定 4 人遇难死亡" 对 "45% 的机会 5 人遇难死亡"。

实验得出与框架效应相悖的结果：64% 的中国被试、66% 的澳大利亚被试在第一对选择题中表现为喜欢冒险，并由此质疑对人类风险决策行为是某种期望值的最大化的说法。

（三）"齐当别" 模型对 "囚徒困境" 问题①的解释

"齐当别" 模型提出，因犯困境博弈中的决策行为是权衡在 "自己获益维度" 上做选择还是在 "他人获益维度" 上做选择的过程。人们选择竞争是因为最终决策只在 "自己获益维度" 上进行；选择合作是因为最终决策只在 "他人获益维度" 上进行。如果决策者知道对方采取何种策略（合作或竞争），那么他所面临的冲突相对简单——竞争选项在 "自己获益维度" 上更好；合作选项在 "他人获益维度" 上更好。这时选择竞争会给自己带来最大利益，因此将 "他人获益维度" 上的差异 "齐同" 掉，只选择利己的竞争选项。相反，对方策略不明，在 "他人获益维度" 上所有合作选项的收益均大于竞争选项；在 "自己获

_____

① 见第三章第一节，"二、（一）博弈论"。

益维度"上，却并非所有的竞争选项均大于合作选项，其差异便容易被"齐同"掉，这时人们会在"他人获益维度"上做选择，即选择利他的合作选项，利人又利己。

二、最后通牒博弈

实验：要求两个参与者各自写出自己想要得到的金额数。如果两人想要得到的总和小于100元，按个人要求给付报酬；大于100元，双方什么也得不到。这个实验后来被改编成"最后通牒博弈"（ultimatum game）实验①。

（一）最后通牒博弈及其实验研究

"最后通牒博弈"实验的参加者有两种权力：分配权（先行者优势）与否决权（后发优势，即最后通牒性），这两种权力的价值不同。参与人A（提议者）、B（回应者）对这两种权力的认知评价可能存在偏差，如A需要"设身处地"考虑B的否决权及B对A分配权的认同。如果A无法从B的私有信息中做出判断，那么A不得不以自身对这种权力的认知作为参照。同理，B有对A的分配权认同以及A对自己否决权认知的预期（对方如何选择及如何判断自己是否同意其选择）。A可能会提出一个公平（50，50）的分配方案，也可能提出理性最大化（99，1）的分配方案。假如过于悬殊，则交易无法达成。

重复实验得到的结果是：如果A给予B的金钱在可分配的20%及以下，B拒绝该方案的可能性在40%～60%之间；A给予B的比例越高，被拒绝的可能性越小。显然，B的反应并非完全理性，他们一旦感觉份额过低、分配不公就会断然拒绝，宁可放弃金钱。

根据经济学的理性假设，处于1%～20%之间的要约符合纳什均衡（nash e-quilibrium）②，不应该被拒绝。许多经济学家用追求公平的动机来解释这种拒绝收益的行为。许多游戏参与者也表示会主动提供一种较"公平"的要约。"最后通牒博弈"实验说明公平等非理性因素对人的选择行为的影响。卿志琼（2005）

---

① 最早进行"最后通牒博弈"实验的是德国洪堡大学谷斯等（Cuth，el al.，1982），桑塔菲研究所博厄得等（Boyd，el al.，2001）15位人类学家和经济学家历时10年，以横跨15个不同国家、不同民族、不同文化背景为样本进行"最后通牒博弈"实验。

② 在博弈过程中，参与者可以不受其他人如何选择的影响而选择某个确定的策略，该策略称为支配性策略（dominant strategy）。如果博弈双方的策略组合分别构成各自的支配性策略，那么这个组合就被定义为纳什均衡，也称合作博弈均衡（non-cooperative game）。众多学者做了大量实验研究，并逐渐扩展出"听话博弈""礼物交换博弈"和"信任博弈"等。

运用"最后通牒博弈"实验检验决策中的认知偏差和思维的路径依赖性。研究发现，即使在确定性条件下，也存在不同程度的认知偏差和框架效应。该研究的被试是两组在校大学生。研究结果显示：不同境景下被试有不同的反应。

　　情景 1：

　　对钱的来源、A 和 B 的个人信息不做任何说明，随着实验次数的增加，愿意给予对方 40% 以下奖金的人数在减少；愿意给予对方 40%～50% 钱数的被试人数增加；但愿意"给予"对方 50% 及其以上奖金的人数也在下降。

　　情景 2：

　　说明钱源于富翁 A 对乞丐 B 的施舍，随着实验次数的增加，愿意给予对方 50% 以下钱数的被试人数呈上升趋势；愿意给予对方 50% 及其以上钱数的被试呈下降趋势。

　　显然，被试并没有以"理性最大化"方式进行分配。虽然总体上给予对方的钱数小于 50%，留给自己的钱数大于 50%，但受"后发优势"（否决权）的认知评价和约束，先行者并没有充分利用自己的优势提出最大化的理性分配方案。还有不少权力的分配者愿意给对方高于 50% 的钱数，表现出对权力的认知偏差——高估否决权或对否决权敏感。

　　对这个结论的解释是：受有限理性的影响，特别是时间紧迫（即时做出反应）、博弈参与者不可能对所有信息同时关注和加工。如情景依赖、参照点依赖、启发式策略等虽然有效，但极易产生认知偏差。

　　（二）最后通牒博弈任务中情绪调节对决策的影响

　　李杨（2012）采用最后通牒博弈范式，探讨大学生情绪和情绪调节对社会决策的影响。研究一采用 2（情绪状态：积极、消极）×4（分配方案¥：50，50；30，70；20，80；10，90）的被试内实验设计。研究二采用 2（情绪状态：积极、消极）×2（情绪调节方式：认知重评，表达抑制）×4（分配方案¥：50，50；30，70；20，80；10，90）的混合实验设计。

　　结果表明：（1）被试（回应者）对分配方案的接受率由高向低依次为 50，50（最公平，接受率 97.3%）→30，70（77%）→20，80（57.1%）→10，90（最不公平，36.9%），且四种分配方案的接受率均存在显著差异。说明，越公平的分配方案，接受率越高，反之亦然。

（2）两种情绪状态被试对分配方案的接受率差异显著，表现为积极情绪组被试对分配方案的接受率高于消极情绪组，无论分配方案是否公平。

（3）不同情绪调节策略下被试的社会决策行为差异显著。表现为：认知重评组被试对分配方案的接受率高于表达抑制组；三种不公平分配方案中，二者差异显著，公平分配方案，二者差异不显著。

（4）认知重评条件下，无论积极情绪组，还是消极情绪组对分配方案的接受率高于对照组，两组间差异不显著；表达抑制条件下，消极情绪组对分配方案的接受率明显高于对照组，积极情绪组与对照组无显著差异。

显然，认知重评策略有效调节了情绪反应，主观情绪体验，特别是消极的情绪体验减少，主体在社会互动情境中更加乐观和理性。

而情绪抑制条件下心理资源损耗较大，造成后续博弈任务中因可利用的心理资源减少而影响决策，对不公平分配方案不理性地拒绝而导致双方利益减少。

第二节 犯罪行为决策的"生态"化

虽然人脑已经进化得高度发达，有敏锐的感知、精确的记忆，可以做复杂的计算和推理。但日常生活和行为决策中，似乎并不需要时时事事都去做复杂的理性计算。人类在进化中已经掌握某些判断线索，依据这些线索就可以快速、简捷地做出正确的判断与决策。逐渐地，人类形成了某些"心理捷径"（也称适应性工具箱），依靠某些捷径（short cuts）或直感（heuristics）思维寻找和处理信息，再根据很少的线索，运用最简单的规则，快速地做出合理判断、决策和较准确的反应。人类祖先就是凭借这些心理捷径，不断地适应环境，获得生存和发展，并将它们代代相传。这些捷径或直感思维有时很有用，但经常会出现各种偏差（biases），如"代表性偏向""易得性偏向""调整和锚定偏向"等。

一、生态理性·认知的适应性

所谓"生态人"（ecological people）是指寻求人与自然的和谐共生，人与人、人与自身的和谐共处，达到一种理想中较完善的人。人们在面对复杂的、不确定的问题时，由于时间紧迫而无法认真充分思考、缺乏充分信息或负载的信息过多以及信息加工能力有限等原因，很难严格而理性地搜集所有的信息对问题进行客观分析，从而建立起一个具有严格数理逻辑推理的算法。好在现实环境对人类和动物并不苛求，许多情况下无须做出最优化选择，只要能够与现实环境

（包括自然和社会环境）的要求相匹配，人类和动物自身具有的"有限理性"足以使他们在现实环境中做出合理判断和决策。这种理性被称为"生态理性"。

受西蒙和卡尼曼等人研究的影响，德国马克斯普朗克学会人类发展研究所的心理学家吉仁泽（Gigerenzer，1999）以及他所领导的"适应行为与认知中心"（Adaptive Behavior and Cognition，人称 ABC 小组）在"有限理性"的基础上，提出"生态理性"（ecological rationality）的概念，尝试用进化和适应的观点解释人们的认知局限性。

心理学研究中的"生态理性"① 是指人们在认知和决策过程中的"捷径"。众所周知，人类的神经传递速率有限，不可能在较短时间内做出大量的推理分析。例如，国际象棋，一盘棋赛的任一给定状态大约有 30 种合乎规则的走法，相应地对方也会有 30 种可能的反应。每一步走法就有 900（30×30）种。一盘棋按平均 40 步计算，全盘棋的走法高达 36000 种以上。要想通过理性分析对每一步走法逐一比较后再选择最合理的走法，别说人脑的神经传递能力不能胜任，就是让每秒能从 10 亿种走法中选出一种最佳走法的电子计算机去选择，也很难在短时间内完成。棋手靠的是什么？

犯罪行为风险的理性决策策略，即建立在理性基础之上算法策略最终或许能保证问题的解决。但有的问题根本没有自己的算法，即便有也因耗时耗能太多而并无实际应用的价值。比如，要开启 10 个转盘的密码锁，每个转盘都有 10 个数码，用算法对每组数字组合进行尝试，就要尝试 100 亿次，这在现实中几乎没有可能。那么，有没有一种迅速简捷的方式呢？有！凭借丰富的经验，利用转盘移到正确位置时发出的咔嗒声，就能快速解决问题。

人人都是"认知吝啬鬼"（cognitive miser）②，在心理惰性（mental inertia）的驱使下，人们总是尽可能地节省认知能量，减轻认知负担，寻找认知的捷径，凭借直觉、经验和想象来进行判断和评价，这一认知策略称为"启发法"，也称之为"经验法则"或"拇指法则"（thumb rule）。在实际生活中，启发法有时是有效的，如"月晕而风，础润而雨"就是一条很有效的经验法则。虽然行之

---

① 与经济学研究提出的"生态人"和"生态理性经济人"不是同一个概念。"生态理性经济人"虽然以社会利益为本位，但其"经济理性"和"生态理性"兼而有之，其本质依然是"经济人"。

② 认知心理学和脑神经科学研究发现，人在知觉他物时，通常只选择必要信息，而不是注意和知觉所有信息。因为理性运算消耗大量大脑资源，消耗的资源过高，人类的生存就会受到威胁。因此，"吝啬"是大脑进化的结果，"认知吝啬鬼"成为认知心理学等学科的重要研究课题之一。

有效的"心理捷径"有可能将我们引向"歧途",但这种偏差所导致人们付出的代价远远小于没有偏差付出的代价。因此,这种偏差是"适应性"偏差,是人类在进化过程中所逐渐形成的,是人类赖以生存和延续的一种基本的、良性的偏差。

二、认知偏差

(一)启发式偏差

依据直觉或常识寻找"满意解"过程中产生的系统认知偏差称启发式偏差(heuristics bias)。为什么会出现偏差?"错误管理理论"(Error Management Theory,EMT)指出,人们在不确定情况下的决策会犯两类基本错误——Ⅰ型错误(错误接受)和Ⅱ型错误(错误拒绝)。想同时纠正和减少这两种类型的错误几乎完全不可能。因为其中一种错误的减少必然导致另一种错误的增加。于是,理性决策者必然会选择其中代价较小的那种错误。这就是对偏差的解释。

例如,在理解异性行为的意图上,男性和女性差异显著。男性对女性意图的推论倾向于犯Ⅰ型错误(错误地认为女性的友好行为中包含性的诱惑);女性对男性行为意图的推论则倾向于犯Ⅱ型错误(错误地将男性带有某种性诱惑的行为当作友好行为)。男性可能做出两个错误判断,并付出相应代价:一是女性的友好行为中不包含性诱惑(错误拒绝)——没有示爱行为而失去性交与繁殖后代的机会;二是女性友好行为中包含性诱惑(错误接受)——虽然得到了性交与繁殖后代的机会,但耗费了大量时间和精力向女性示爱。两类错误所应付出的代价不相称,错误拒绝的代价远远大于错误接受的代价。这种解释从另一个角度理解了强奸犯罪的性别差异,也为从事犯罪心理和犯罪行为决策问题的研究提供了一个新的视角。

(二)基于信号检测论的适应性偏差研究

信号检测论(Signal Detection Theory,SDT)是信息论(information theory)的一个分支,在感受性测量、记忆研究等方面发挥了重要作用。这一种新的心理物理方法广泛用于心理学各分支学科的研究中,也为犯罪行为的决策研究提供了思路和分析工具。信号检测论的数学基础是统计决策理论在信号检测中人们对有无信号出现的判定:(1)"击中"(正确反应);(2)"虚报"(错误反应);(3)"漏报"(错误否定);(4)"正确否定"。

信号检测有两个过程——感觉和决策。信号检测论的最大优点是把人的感受性与判断标准区分开来。实验中,信号和噪声随机呈现,以考察主体的感受性（d'）和判断（ß）标准。人的感受性（辨别力）相对稳定，短时间内不会发生明显变化，而判断（反应）标准可随时变化。影响判断标准的两个主要因素是信号出现的概率和对被试回答的奖惩办法。

犯罪行为决策同样受到先定概率和判定结果奖惩办法的影响。从先定概率来看，如果信号加噪音分布之中有90%信号（机会、收益），不管这一概率是来自权威部门的公布还是来自自己（包括自己人）的经验，只要这一概率得到他们的认可，他们就会做出犯罪机会多、收益大的判断；于是激发或强化了潜在犯罪人的犯罪行为动机，使他们的判断标准降低。与此同时，犯罪行为决策者把通过犯罪报复他人或社会作为自己的最大追求，并从犯罪中感受到快乐（奖励），于是更倾向于选择犯罪。相反，如果认为犯罪机会少、成功的概率低，犯罪后被发现的可能性大、受到的惩罚大时，潜在犯罪人的判断标准提高，就会选择放弃犯罪。

三、启发式策略与系统性偏差

启发式策略（heuristics strategy）与凭借一般规则解决问题的算法式策略不同，是一种凭借经验解决问题的策略，也是人类决策的重要特征。当决策信息加工容量超过决策者信息加工能力的时候，决策者就会依据经验、自身的价值判断或有启发作用的相关信息的指导下，快速找出一条或多条解决问题的有效途径，而不管是否还有其他途径。因此是更为简便迅捷的通用认知和决策策略。启发式策略的基础是非理性和有限理性，解决的是含糊规定的问题和部分清楚规定的问题。

现实中，犯罪行为的具体决策判断很少按照概率和统计规则行事，而是采取启发式规则，把复杂任务简化为几个简单的判断操作。而每种工具或启发式，都是用来解决特定环境中的特定问题的。

（一）再认启发式的易得性偏差

人们常常忽略比较隐晦的、不熟悉的信息，却对容易得到的、相对清晰的信息"情有独钟"，被一些显而易见的、片面的、臆想的信息所左右，从而做出错误的判断和决策。易得性（availability）是多数犯罪行为决策采取的"思维捷径"。

1. 知道的就是最好的——再认启发式

再认（recognition）是指感知过、思考过或体验过的事物再度呈现时，仍能认识的心理过程（彭聃龄，2001）。再认启发式策略（recognition heuristics strategy）是指个体主要借助记忆中易于提取的信息对当前事件进行认知与判断，即在面临两个或两个以上决策问题时，只选择自己熟悉的。

再认启发式策略是一种易得性策略（easy access strategy），免去了在不同方向线索之间的权衡，使人能够在最短的时间、使用最基本的知识，做出实际环境中的适应性选择。这种"快而节省"的决策方式可能是所有启发式中最简单的，但却是现实生活中最常使用的，犯罪行为决策者也是一样。

"哪一个美国城市拥有更多的居民：圣地亚哥还是圣安东尼奥"？这是一个来自德国柏林"马克斯普朗克人类发展研究所"ABC 小组的实验（1999）。研究者分别向芝加哥和慕尼黑的大学生提出这个问题。结果，芝加哥大学生大约有62%的学生选择了正确的答案——圣地亚哥人口更多。出人意料的是，慕尼黑大学生的回答正确率几乎达到了100%，尽管他们并不了解这些美国城市。按照人们的一般观念，作为美国公民，芝加哥的大学生应该有更好的表现。为什么事实恰恰相反？

要弄清楚这个问题，需要研究德国大学生是如何做出"圣地亚哥有更多居民"这个判断的。参加这个测验的德国大学生，基本上都知道美国有个圣地亚哥，但一半以上的人从未听说过圣安东尼奥。他们在做选择时基于这样的考虑：圣安东尼奥如此的没有知名度，这个城市一定不大，城市的人口应该不会太多。于是，他们选择了他们知道的圣地亚哥。而美国大学生的成绩不及德国大学生，可能因为他们对这两个城市都"知道"，但还没有达到"熟悉"的程度，反而不能运用再认启发式策略做出正确判断。可以说，信息不充分，或对现有信息不能做出肯定判断时，运用"知道的就是最好的"策略，有助于人们做出较好的选择。现实中，人们对某些事件发生概率的预测，专家的成就并不优于普通民众，甚至更离谱，原因依然是"知道但不熟悉"。

基于此，戈德斯坦等人（Daniel G. Goldstein, et al., 2002）提出再认启发式的"少即是多"（the less-is-more）效应。他们认为，在特定情况下做判断时，与此相关的知识多并不一定比与此相关的知识少更有利。问题解决和风险决策的"少即是多"效应显然明显有悖于我们生活中的常识。然而，再认启发法作为一种非补偿性策略（non-compensatory strategies）①，使个体进行推理时仅仅依靠再认而不再需要其他可能干扰认知和决策的多余信息。从这个角度分析，"少即是多"有其合理性。例如，比较两组阿拉伯数字组成的数的大小，首先比较它们的位数。一个由7位数组成的数字，一定比一个由6位数组成的数字大，无须再

---

① 非补偿性策略指个体在决策时，得到一定可支持信息便停止继续搜索，而不需要搜索全部信息。

看其他；如果数位相同，就要看第一个（最高位）数字，这个数字大的数一定比其他数大；如果第一个数字相同，那么就需要比较第二个数字，以此类推。

2. 再认启发式的易得性偏差

人们对那些熟悉的、显著的、容易想象和搜寻的事物会优先选择，并高估这些事件发生的概率，形成系统性偏差（systematic bias）。所谓易得性偏差（availability bias）是指人们依靠容易得到的信息而非全部信息进行判断时出现的偏差。从逻辑上分析，如果 A 是 B 的充分条件，即由 A 可以推出 B，但并不能保证由 B 可以推出 A，除非 A 也是 B 的必要条件。例如，某事件发生的频率高，从而为人们所熟悉，进而更容易被回想起。但是，容易回想起某事件并不意味着该事件就容易发生。如果对此不加察觉，则会陷入易得性偏差。

人们倾向于根据事物在知觉或记忆中的易得程度评估其相对频率，容易知觉到的或者回忆起的事物被判断为更常出现。根据记忆中容易获得的事例评估事件发生的可能性，有利于节约认知资源，快速决策和行动。人们进行判断时，通常只使用一两个关键线索，因为收集更多的信息反而容易造成信息间的相互冲突，使人难做抉择。例如，判断某种犯罪行为被发现的概率时，往往依据的是周围此类犯罪行为被发现的情况。研究和事实证明，依据再认做出的推理并非完全准确，甚至这种结果可能正好与事实相悖。

对事物能否再认可能与媒体宣传引起的知名度有关，与推理所必备的有关知识却不一定有密切相关，这就是"知名度偏向"。例如，人们热衷于买彩票，尤其得知有人中了 500 万；空难过后选择更"安全"的大巴出行，或购买人身保险。因为巨额奖金的诱惑、触目惊心的空难报道，使人们高估了中大奖、飞机失事这些小概率事件发生的可能性。卡尼曼和特沃斯基（1973）实验发现，如果私下里听人提起生活中的某个人曾经被犯罪分子侵犯，尽管他们可以接触到更全面、更具体的统计数据，但仍会高估其所在城市的犯罪率。

此外，人们对某些事件的估计和判断还与这些事件本身的特性有关。例如，对鲜明的重要的公众事件（如汶川地震、席卷全球的金融风暴、奥运会、重大公共卫生事件、亲眼看见的暴力事件等）的记忆，鲜明准确，印象深刻，过目不忘，容易提取，对其发生的概率和影响通常被高估；新近发生的事件也会对人们的判断和决策形成干扰，形成对这类事件发生概率的高估。

（二）代表性启发法式的局限与偏差

1. 相似的最受重视——代表性启发法

在不确定条件下，人们更加关注一个事件与另一个事件的相似性，并以此来推断二者之间的相互关系，认知心理学家把这种推断过程称之为代表性启发（representative heuristics）。个体总是倾向于依据某些主要特征感知事件，根据事件是否具有代表性判断其出现的概率。研究发现，人们对描述事物是否相似的信息更重视，而预示事件发生可能性的信息更容易被忽视。越有代表性，人们判断其出现的概率越大。

卡尼曼（1972）的实验研究：在接受调查的某个城市里，所有家庭均有6个孩子，其中72个家庭男孩（boy）和女孩（girl）的出生顺序是GBGBBG。请你估计，有多少家庭孩子的出生顺序为BGBBBB？

结果，大多数被试估计出生顺序为BGBBBB的家庭少于72个，甚至远远小于GBGBBG的出生顺序。然而，实际上拥有这两种出生顺序的家庭从概率上讲应当一样多，因为出生性别是相互独立的，对于每个出生的孩子而言，是男孩还是女孩的概率都是1/2，因此，即使是BBBBBB或者GGGGGG，也与其他任何排列模式出现的概率一致。出现这种判断的原因，一是似乎前者更能代表整个人口中的比例，二是它看起来更随机，掩盖了就机会而言二者概率应相等的真相。

运用代表性启发式的事例很多。例如，一枚硬币有两个面，H代表正面，T代表反面，若反复掷硬币6次，下面两种序列HHHHHH、HTHTHT哪种出现的可能性大？多数被试选择了后者。

日常生活中，人们根据既有经验将事物归类，当某事物具有该群体的典型特征和最大代表性时，只需将事物与原型相对照便将其归入该原型代表的范畴。换句话说，代表性启发式就是将决策选项的特征与刻板印象进行比较，确定最为相似选项的认知过程。从这个意义上讲，代表性启发式就是运用"刻板印象"做决策的策略。在处理简单决策时这种推断是一种有效捷径。然而在进行较为复杂的决策时，这种推断可能产生严重的认知偏差。例如，许多人凭第一感觉，把蝙蝠归入鸟类，把鲸归入鱼类，原因是在外形上蝙蝠更像鸟、鲸更像鱼，从而忽略了它们真正种属类别。

2. 代表性启发式的局限与偏差

人们在对某一事物进行判断和评价时，常常会过分关注这一事物与另一事物之间的相似性而产生系统性偏差就是代表性偏差（representative bias）。人们总是倾向于根据观察到的某种事物的模式与自己经验中该类事物的代表性模式的相似程度进行判断，却忽视先验概率、样本大小等影响判断的关键因素。

（1）忽视样本容量

代表性偏差常见的一种表现形式是遵从"小数法则"（the law of small number），即误认为小样本能代表总体的分布。当人们要靠多次观察来获取信息时，只考虑来自小样本的数据与总体的相似性，而高估小样本结果的可靠性。例如，从个别人的违法犯罪行为未被揭露或未受到处罚，得出"违法犯罪侦破率低"的结论。

卡尼曼（1974）的实验，将被试分为两组。先介绍基本情况：约翰，男，45 岁，已婚，育有子女。较保守，谨慎而富有进取心。他对社会问题和政治问题不感兴趣，业余时间大多用于个人的爱好，比如，做木匠活、猜数字谜语等。紧接着告知被试者，约翰所在的群体由工程师和律师组成。再分别告诉两组被试者，这个群体中工程师和律师的不同构成比率（即不同的先验概率）：一组告知工程师人数为 30%，律师为 70%；另一组告知工程师人数为 70%，律师为30%。最后，询问两组被试者："约翰更有可能从事哪种职业？"

结果出乎一般人的意料，两组被试大都认为约翰是工程师。他们未受先验概率的影响，而是直接依据有关判断对象的描述与工程师的"代表性"特征更相似做出判断，尽管主试有意提醒他们注意叙述条件，被试的判断仍未改变。显然，这个结果与"贝叶斯法则"① 不符。

判断时人们普遍受"细节"描述的影响。例如，"被告由于害怕被起诉谋杀而离开犯罪现场"的陈述比"被告离开犯罪现场"的陈述更有说服力。

忽视样本容量形成的代表性偏差在犯罪行为风险认知和决策的偏差中最常见。例如，腐败犯罪行为毕竟是少数人所为，但步其后尘者却高估国家公务人员腐败现象发生的概率；某些腐败犯罪行为人常为自己的腐败行为找借口，从而"心安理得"地设租、寻租，贪污腐败。

运用小数法则的另一种形式是人们易于从小样本中过分推断潜在大样本的概率分布。例如，如果某人对某种事件的预测连续几次都是正确的，人们就会非常相信他的判断力，认为他下一次的预测仍然正确，甚至将其"神化"。如跟随某些人一起"赌马"，希望沾点好运。黑社会老大曾经的"辉煌"误导其他成员对他的崇拜，相信跟着他会所向披靡，马到成功而死心塌地地为其卖命，等等。

（2）错误理解概率特征

习惯于买彩票的人普遍有这样的心理，第一次买彩票没有中奖，第二次、第三次也没有中奖，随着买彩票次数的增多，对中奖的信心会逐步增加，以为下一次中奖的可能性很大。这种代表性启发产生的对偶然性的误解，使人们确

---

① 见第三章第一节，三、（四）贝叶斯法则与贝叶斯决策。

信赖徒谬论的存在，对于那些具有确定概率的机会，人们会错误地受到当前经历的启发而做出错误的判断，认为在一系列的坏运气之后必然会有好结果的出现。

有时人们认为某些事件一起出现的可能性高于其中一个事件单独出现的可能性。如某人更可能既是一个管理者，也是一个自私自利的人，而不仅仅只是一个管理者，或只是一个自私自利的人。此偏差是同时发生的谬见产生的判断偏差。这种现象在生活中和研究中很常见。特沃斯基和卡尼曼（1982）的实验结果显示：人们认为"琳达是一个女权主义的银行出纳员"的概率大于"琳达是一个银行出纳员"的概率。此现象称为"结合谬论"（conjunction fallacy）。

（3）忽视回归现象

回归（regression）是指事物普遍具有向其平均值集中的趋势。例如，儿女的身高可能超过身材不高的父母，也可能低于身材较高的父母。一个学习成绩中等的学生，可能会在某次考试中有突出表现，之后必然是回归中等。

某飞行训练学校教练发现，当对着陆表现极好的飞行员提出表扬后，他们在下一次的着陆表现很糟糕；相反，对表现不好的飞行员提出严厉批评后，他们在下一次着陆时却有上乘的表现。于是，教练得出这样的结论：表扬不利于训练，批评反而可提高训练成绩。这种偏见的形成，就是忽略了回归因素的作用。

学校教师几乎人人都有忽视回归的倾向，他们吝啬表扬，偏好批评。抛开偏见人们会发现或承认，"盛名之下其实难副"大有人在。高考成绩高的学生，其真实成绩未必好，能力更不一定强；择优录用的人才中不乏平庸之辈；落榜或成绩不佳的高考学生、应聘的失败者中的优秀者不计其数。

（三）锚定、调整启发及其偏差

1. 先入为主——锚定效应及其偏差

"锚定效应"（anchoring effect）是指个体在不确定情境的判断决策过程中，以最新呈现的信息为参照不断调整对事件的评估，导致评估结果趋于初始值的现象。这个初始值（可以是数字，也可以是需要、态度、价值观等）是个体判断获益或损失的标准，它像沉入海底的"锚"（anchor）一样制约着评估结果。人们在评价各种可能结果的得失时，通常不是根据最终结果的效用和概率，而是不由自主地把可能的结果与"锚"进行比较、判断得失。

1974年，卡尼曼和特沃斯基的"幸运轮"实验：被试转动幸运轮，指针随意指向某一数值（实际只有10、65两个数值，但被试不知情），请被试者回答：

"非洲国家的数量占联合国国家总数的百分比大于还是小于这个随机数"? 然后再请他们估计非洲国家在联合国国家总数中实际的百分比是多少。实验结果: 虽然被试知道这个随机数与当前的判断任务无关,但仍无一幸免地受该数字的影响,转到高锚(65)者做出的估计数高于转到低锚(10)者的估计数。

"锚定效应"之所以奏效可能源于人们对直觉的依赖。大脑需要一个参照点,没有它会感到心中不安难做抉择。有时人们会把参照点当作"救命稻草",无论它是否真的科学可靠。锚定效应是一种典型的认知偏差,几乎没人可以摆脱它。即使是审判经验丰富的专家在刑事审判过程中也可能受来自外部的与裁判无关的锚的影响。现实中这种现象非常普遍。例如,假设一张纸的厚度为0.1毫米,将其折叠100次以后,其厚度是多少?结果,绝大多数人的估计没有超过10米,与正确答案的差异是一个天文数字!许多金融和经济现象都会受到锚定效应的影响,比如,股票过去价格影响对当前价格的估计和今后价格的预计。

实验:让两组被试分别凭借直觉在5秒钟之内推断下列算式的数值:

(1) $1 \times 2 \times 3 \times 4 \times 5 \times 6 \times 7 \times 8 = ?$

(2) $8 \times 7 \times 6 \times 5 \times 4 \times 3 \times 2 \times 1 = ?$

结果,被试者给出的(1)和(2)的答案分别为512和2250(都远远低于正确答案40320)。二者的差别如此之大,都是受最初数字(锚)的影响。后来的调整显然不够充分,初始值越低,后面的调整越不充分。

锚定效应在复杂事件的风险评估过程中的作用十分显著。在给定基本事件概率的情况下,人们通常高估合取事件的概率,而低估析取事件的概率。希勒尔(B. Hillel,1973)的实验研究:

A:从一个装有50%红弹子和50%白弹子的袋子里摸取一个红弹子;

B:从一个装有90%红弹子和10%白弹子的袋子里连续7次摸取红弹子,每次摸取之后将弹子放回原袋;

C:从一个装有10%红弹子和90%白弹子的袋子里连续摸取7次且至少有一次摸到红弹子,每次摸取之后将弹子放回原处。

请各位在以上事件中做出选择。

结果,A(简单事件)与B(合取事件)之间,人们更愿意选择B;A(简单事件)与C(析取事件)之间,人们更倾向于在A上下赌注。绝大多数被试的选择顺序是B > A > C。

经计算,三种事件中抽中红弹子的概率分别是:$P_A = 0.5$;$P_B \approx 0.48$;$P_C \approx$

0.52，人们的选择顺序应该是 C > A > B。也就是说，偏好析取事件而不是合取事件才是理性选择。可见，锚定影响人们的理性选择。

根据有无具体参照点，把"锚"分为两类：现状参照（status quo references），即以个体目前所处的现实情况为参照点，超出为"获益"，相反就是"受损"；非现状参照（non-status quo references），即没有客观现状参照点。比如，从来没有工作过，从来不知道不同人群的收入情况的人，没有可供参照的现状标准，就只能凭自己心目中的标准。无论是现状参照，还是非现状参照，参照点的选取都会受到众多主观因素的影响（谢晓非、王晓田，2004）。决策者的"锚"可能来自主体自身，如选择一款自己喜欢的服饰；也可能来自外部，如根据导购人员询问"您喜欢长款还是短款"做出选择。前者是即根据自己的过去经验及获得的信息线索形成的内在参考值，称"内在锚"或"自发锚"（seif-generated anchors）。后者是其他决策者给出的"外在锚"（external anchors），即由情景提供的比较标准。内在锚更适合推理性决策，外在锚则广泛地出现在直觉决策中。关于锚定效应，学界有两种观点：（1）数字启动引起锚定效应。采用数字启动范式（digital activation paradigm）研究发现，单纯的数字就能引发锚定效应。一步式单独呈现信息，要求被试做出绝对判断就能影响其决策，使得最终的估计趋向锚定值而产生锚定偏差，称基本锚定效应（basic anchoring effect）。唐卫海等人（2014）的实验研究结果验证了这一观点，结论是：锚定效应产生的前提是对锚定值的注意（attention），但必须达到阈限值（如呈现时间在45ms及其以上）。他们的研究发现，主体对锚定值的注意程度越高，其锚定效应越明显。（2）目标问题和锚定值之间的"比较"（comparison），使记忆中与锚定值一致信息通达性增强而为引发的锚定效应，称传统锚定效应（traditional anchoring effect）。传统锚定效应由两步式经典研究范式①所产生。

决策者对收益和损失的界定不是绝对的。人们不仅看重财富的绝对量，而且更加看重财富相对于某一参考水平（锚）的变化量，这与人类的认知心理规律有关。比如，温度的高低、声音的大小、光的强弱，更多地依据过去的和现在的经验；把手浸在10℃或40℃的水中数分钟后，再用手试25℃的水，前者感觉"热"，后者感觉"凉"。

---

① 所谓"两步式"如"幸运轮"实验，先回答："非洲国家的数量占联合国国家总数的百分比大于还是小于这个随机数"（比较判断）？再估计"非洲国家在联合国国家总数中实际的百分比是多少"（绝对判断）。而"一步式"则仅做绝对判断。前者产生传统锚定效应，后者引起基本锚定效应。

2. 锚定与调整启发

锚定效应存在的基础是"决策情境的不确定性"。主体对获得的信息有限或不充分的情况下对事件做决策评估时，容易根据先前经验或选择一个最容易得到的信息为参照，在此基础上调整，这就是锚定与调整策略（anchoring and adjustment strategy），也称锚定与调整性启发法（anchoring and adjustment heuristics）。通常情况下，人们的选择在"锚"的基础进行调整难免形成系统性偏差。商家标高商品价格，把消费者用高价锚定，即使讨价还价，在高价基础上降低一些（调整），商家仍有较大盈利，正所谓"买得没有卖的精"。一个著名的实验，让来自不同城市的学生估计一个陌生城市密尔沃基（Milwaukee）的人口数量。来自300余万人的大城市芝加哥的学生平均估计这个城市人口100万左右；来自仅10万人口小城的学生平均估计30万人左右。而这个位于密歇根湖西岸，威斯康星州最大城市和湖港的实际人口60余万（2013年人口普查62.31万）。两组学生估计时的偏差都与自己故乡人口（锚）有关。

犯罪行为人或者目击者对犯罪事实的生动描述也可能让人们忽视犯罪的统计数据和报告。因为这样生动的信息是可得的，与平淡的信息相比更容易被回忆起来，因此会使决策产生偏差。

锚定调整在犯罪行为认知和决策过程中具有相当的普遍性，它表明一个无关的、先入为主的数字或其他任意性质的事物，都可能成为犯罪行为决策者下一步认知与判断的基础。

锚定效应对人们的判断和决策的影响及锚定调整的解释主要有三种理论模型："调整启发式模型""选择通达模型"和"双重心理加工模型"。

调整启发式模型（anchoring and adjustment heuristic model）是特维斯基和卡尼曼在"幸运轮"实验基础上提出的，是一种"不充分调整模型"。该模型认为，人们在进行判断和决策时以起始点的"锚"为核心上下调整，直到发现一个可接受的数值。假设锚定调整是在"试验—操作—试验—退出"（test-operate-test-exit）的控制下进行的，主体面对一个锚定值时会按照"可能性—充分性"（possibility-sufficient）原则进行调整。

选择通达模型（selective accessibility model）认为锚定效应的产生是锚定值和目标值之间的选择通达性导致的。如果锚定效应并非由不充分引起，那么，是否所有影响人的主观意识的因素应该都能影响锚定效应？答案是否定的。锚定效应不受锚定特征的影响，不受决策者态度和努力程度的影响，也不受决策情景的影响。该模型提出两个假设："假设一致性证实"（hypothesis consistent testing）和信息通达性（knowledge accessibility）。主体在判断和决策时，内心假设"锚定值"可能就是目标值，然后再去搜索相关信息逐步对其进行验证。这样，主体从记忆中提取与"锚"有最大一致性的信息，达到和目标值信息的通达。激活它们之间的一致性可以使个体快速做出判断和决策，但是会出现更大的锚定偏差。

双重心理加工模型（dual processing model）提出锚定产生的心理机制取决于锚的来源。当锚定值是外部提供时，由于这个值很可能是正确的，那么在决策过程中，锚一致信息选择通达影响主体的判断；当锚定值来自主体自身时，这个值接近正确但却不是正确值，主体需要以这个值为核心对其进行调整找到答案，但调整不足会导致最终的判断接近这个自发锚。

显然，风险对个体而言是积极还是消极，取决于参照点。以什么作为获益或损失的标准，是由个体确定的，具有很强的主观性。同一犯罪风险情景，每个人用来评价犯罪风险情景的参照点不同，对犯罪风险情景的认知也不同。一些职务犯罪者之所以利用手中的权力为自己"敛财"，就是对自己的收入不满意，认为自己社会地位不低，工作很辛苦，没有"功劳"有"苦劳"，没有"苦劳"还有"疲劳"，怎么就不及那些"个体户""小老板""投机分子"的收入？内心的失衡，诱发了他们的犯罪动机，进而做出了犯罪行为决策，并付诸行动。他们的参照点一是"收入高于其他职业人群，特别是不应低于某些人"；二是把失去某些可能获得有价值事物的机会，或者失去某些已经拥有的东西（如权力、地位）当作损失。对各种"不当得利"行为结果的得与失的判断，也是依据自己的参照点决定值得不值得犯罪。

一家公司面临两个投资决策：

投资方案 A：肯定盈利 200 万；

投资方案 B：有 50% 的可能盈利 300 万，50% 的可能盈利 100 万。

如何选择，取决于公司确定的盈利目标。如果公司把目标定为 100 万，员工大多不愿冒风险，倾向于选择方案 A，因为方案 A 比预期多赚了 100 万；如果选择 B，要么刚好达到目标，要么多盈利 200 万，但要冒一定风险。如果公司的目标定为 300 万，选择方案 A 显然少赚了 100 万，选择 B，要么刚好达到目标，要么少赚 200 万。在两个方案都是损失的情况下，员工反而宁可冒险也要尝试达到目标，选择了有风险的投资方案 B。可见，参照点的改变引起人们对风险态度的改变；适当提高目标水平可增进人们的努力程度。

某公司派代表到俄罗斯买一座煤矿。矿主开价 2600 万美元，公司代表还价

1500 万美元。双方各自坚持互不相让。经过数月谈判，公司加价到 2150 万美元，矿主仍不松口。后来才知道，矿主坚持原报价的真正原因是要与他兄弟攀比（他兄弟卖了 2500 万美元，附带其他条件），他要超过他的兄弟。找到矿主的特殊需要后，公司了解了矿主兄弟的卖价及附加条件，又提出新的方案，双方终于达成了协议。最后的买价并没有超出预算，但付款方式及附加条件使矿主感到自己远远超出了他的兄弟。

这个案例告诉我们，当你抛出一个"锚"，对方也可能有自己的"锚"，双方都会坚守自己的"锚"，即便让步也不会脱离自己的根基和"初心"。想要为自己争取利益、说服对方必须顾及对方的需要，实现"双赢"。

另外，参考点还有助于调整自身的心态。在纷繁复杂的现实生活中，如能把财富、职位看得淡一些，人们的烦恼就会少一些，幸福就会多一些，"知足者常乐"说的就是这个道理。

避免锚定偏差可尝试换个角度看问题，不要一味地依赖最初的想法。比如，以对方的立场思考、采取逆向思维的方式等。还可以集思广益，多听听别人的建议，特别是与自己观点不同的意见，但也不要受对方所设"锚"的影响；向他人介绍情况时，尽可能不带有倾向性。

事实上，以上各种偏差是对心智成本的一种反应和节约。如果没有必要或没有可能全面地收集和处理信息，而纠正偏见又需要相当的认知资源和动机，那么"以偏概全"就是一种节约心智成本的方式，也是决策"生态"化的表现。方法论上的不断完善、风险决策心理机制研究的深入，为犯罪行为决策的研究领域提供了很好的基础，决策的启发式研究将构成犯罪行为风险决策心理与行为研究的核心。

第三节 "潜意识"：犯罪行为决策的另类"生态"

如果说"生态理性"是一种"认知适应性"，是决策"捷径"，那么，似乎也可以把潜意识或无意识动机下的犯罪行为决策和犯罪行为视为"生态理性"。因为相对而言，这种情况下的犯罪行为决策和犯罪行为没有或无须进行严谨周密思考。

根据众多学者的研究，结合我国司法实践中具体案例分析，有以下几种类型的犯罪行为决策和犯罪行为具有"生态理性"的性质。

一、潜意识状态下的犯罪行为决策

潜意识（subconsciousness）是指心理活动中不能认知或没有认知到的部分，是"已经发生但并未达到意识状态的心理活动过程"。犯罪的潜意识状态包括：（1）动力结构的潜意识。如本能、欲望和过去经历过，以及犯罪行为人未意识到的某些需要、兴趣等。（2）特征结构的潜意识。如个人的气质和某些能力、经验、行为方式等，并非每个人都能清楚地意识到，但在作案时往往会留下蛛丝马迹，客观上为侦破案件提供了线索。作案者欲盖弥彰地掩饰，更能暴露其心理和行为特征。（3）心理状态的潜意识。犯罪行为人的心境、激情往往不能被主体清晰地意识到，如无名烦恼为何出现？火冒三丈的缘由是什么？为什么有一种非发泄不可的压抑感？等等。

潜意识动机（subconscious motivation）犯罪是指在作案时行为人未能意识到或未能清晰地意识到自己的犯罪行为动机。潜意识动机犯罪主要有：（1）某些习惯性犯罪行为；（2）定式的影响；（3）意向的推动；（4）冲动性犯罪行为；（5）愚昧无知的驱使。

二、某些习惯性犯罪行为

习惯性犯罪（habitual crime）是指犯罪行为人有多次作案而形成的一种特殊形态的熟练习性，由于反复强化，逐渐呈"自动化"。一种情况是，犯罪个性习惯化、固定化，成为习癖犯罪者、职业性犯罪者；也因犯罪行为人所处的环境或身心缺陷而反复实施犯罪。其犯罪心理和犯罪行为的发展：尝试（初犯）→适应（累犯）→习惯（惯犯，惯累犯）。表现出犯罪的连续性、习惯性、多发性。另一种情况是，某些行为，如攻击、侵犯已成习惯，借此宣泄心中的不满、焦躁等消极情绪。经常无端地、情不自禁地实施对他人的侵犯欺凌。再如，惯窃犯在某种特定场合，当他的手碰到别人鼓鼓的钱包时，便不由自主地、熟练地将钱包偷到手。其动机状况比较模糊，有时并不很自觉，这便是犯罪习惯使然。一位偷窃犯罪行为人自述：他的偷窃习惯已经到了看见不偷就觉得浑身难受的程度，有时感觉不偷就是"犯罪"。他的偷窃犯罪的被害人有陌生人，也有身边的人、自己的家人；由有计划地偷到随时随地有机会就偷，而且"贼不走空"。

三、受定式影响的犯罪行为

先前的知识、经验、习惯，都会使人们形成认知的固定倾向，形成"思维定式"。思维定式（mind set）或心向（mental）又称"惯性思维"，是某种特定活动的准备状态，形成解决问题的倾向，并影响问题是否顺利解决。定式反映一个人心理活动的特点，决定主体的生活态度。

思维定式使人们从事某些活动时能够按固定的、习惯了的思路和方式分析问题解决问题。在环境和要求不变的情况下，已有定势可以节省大量时间和精力，建立新问题与已解决的类似问题之间的联系，利用积累的经验，快速而顺利地明确问题和解决问题。思维定式是一种按常规处理问题的思维方式。日常生活中遇到的许多问题都能借助于思维定式来解决。然而，思维定式也有消极作用，它使人产生一种惰性，容易故步自封、不思进取，呆板、机械。面对变化了的环境或者遇到从未遇到过的问题，依然用老眼光、老方法就可能阻碍问题的解决，造成知识经验的负迁移。

各种偏见往往构成人们在观察事物时的定式。当这种定式具有消极性质时，主体就可能在某种特定情况下出现某种自己没有清楚地意识到的错误行为。一旦形成定式，人们思考问题和采取行动时就可能进入"潜意识"状态。有些经济犯罪案件（特别是法人犯罪）中某些成员的犯罪行为，是出于对权威错误指示的盲从。"领导说什么就做什么"这种定式，在特定情况下具有消极性质，此时"追随者"、从犯的犯罪动机并不很明晰。

四、意向推动下的犯罪行为决策

意向（intention）是没有经过分化、没有明确意识到的需要。处于意向状态的人不清楚客观事物中究竟是什么对他有那么大的吸引力，也不明白意向引起的活动是为了什么。例如，青春发育期生理发育引起的性饥渴与性苦闷，对主体产生某种心理压力与朦胧模糊的需要。这种意向在特定情况下，有可能在进入意识层之前便突发为犯罪行为。例如，在性苦闷的驱使下突然起意殴打、袭击高傲的妙龄女子。究竟为什么这样做，自己说不清楚。近年来学校暴力（欺凌）事件时有发生，有些被动欺凌者见欺凌者的暴力行为得逞，便协助和附和欺凌者。他们或以此保护自己不受欺凌，或借此发泄自己心中的愤懑，或完全是"随大流"，根本不知道自己究竟为什么这样做。

五、冲动性犯罪行为

冲动性犯罪是指主体受某种不良因素刺激而引发的强烈、唐突而盲目的犯罪欲望。冲动性犯罪行为的主要特点：（1）其行为受强烈的情绪状态支配和影响，具有偶然性、突发性。（2）多以暴力犯罪（聚众斗殴、寻衅滋事、冲动性故意杀人、故意伤害、强奸等）的形式出现。（3）行为人自我控制能力较弱。（4）犯罪主体集中在文化层次较低、素质低下、有人格缺陷的人群；是未成年人犯罪行为的主要类型。

相当数量的冲动性犯罪行为与犯罪行为人情绪宣泄有关。宣泄是一种自我防御机制，积极的宣泄，如自我鼓励、语言调节、注意转移、倾诉、幽默、做有意义的事情等，使主体找到受挫的原因并积极加以克服。多数人采取折中宣泄方式，找到一种可以聊以自慰的解释，不论这种解释是否有道理。而消极的宣泄便可能导致攻击行为，如向内自残、自伤、自杀；向外则侵犯、骚扰、攻击。严重的可能因冲动而犯罪。

六、愚昧无知的驱使与自我意识水平低下

因缺乏常识，不懂法律，不守公德，在愚昧无知状态下造成犯罪。例如，抓获小偷后将其打死，因经济纠纷将对方非法拘禁，等等。其犯罪动机模糊不清。

潜意识动机犯罪人，多数是青少年和受教育程度不高的成年人。他们自我意识水平低，行为自控能力差，随心所欲、随波逐流。潜意识状态下做出犯罪决策的主体在行为上往往具有盲动性、习惯性、朦胧性、戏谑性、冲动性和变态性等特征。

第六章

认知·犯罪风险认知与决策

心理学研究指出，决策和风险决策是主体对某些行动方案的认知，需要在综合考虑各种因素的基础上做出抉择的过程。决策者同时要考虑决策的可行性和结果的可能性两个方面，虽然不保证目标的实现，但期望该目标的实现。决策是认知的最高阶段，是一种特殊的认知、判断和协调活动。决策的效果如何，是否及时、正确，都离不开决策者的认知、判断和协调能力。决策过程还会受到决策者认知能力以外的其他心理与行为规律的影响和制约。

社会知觉和社会印象对决策的影响显而易见，但有些影响是内隐的、无意识的。决策过程本身也有内隐成分，如解决问题的思维活动中的灵感、直觉等。人们对问题的理解或者某一决策策略的产生，可能没有经过严格逻辑推理而是突然领悟。同时，决策过程中的各种偏见、心理误区更是无意识的（钟毅平、杨治良，1998），在不知不觉中引导人们沿着一定的方向去思考问题和寻找解决问题的策略，最终的决策可能正确也可能错误（樊晓红、周爱保，2002）。许多潜在犯罪行为人的犯罪行为决策正是由偏见和认知偏差所导致的。

那么，什么是认知？什么是风险认知？人类的认知、风险认知有什么特点？犯罪行为风险认知及其偏差是如何影响犯罪行为风险决策的？

第一节 认知·风险认知

人们无时无刻不被数以百万、千万计的各种信息包围着。然而，人的大脑、人的感觉器官却不可能同时对所有的信息进行加工。有的信息甚至无法对我们的感官发生作用。当我们的大脑把来自感觉器官接收的信息组织成具有一定形式和意义的单元时，"认知"便产生了。

一、认知心理研究及其对决策的影响

以研究人的认知过程为重要对象的认知心理学（cognitive psychology）是认知科学大家族中的重要成员。兴起于20世纪50年代中期，史称"认知革命"。它以信息论、控制论、系统论、计算机科学，以及心理语言学、社会心理学、人格心理学、神经生理学等诸多学科为基础，明确地把行为主义者认为不可捉摸和不可接近的心理过程作为研究对象，它的理论目标就是要说明和解释人在认知过程中是如何进行信息加工的，如怎样从外部世界中获得信息，这些外界信息怎样存储在头脑中，它们如何作为知识得以再现和转换，在解决问题时如何被利用，以及如何指导我们的决策和行为，等等。认知心理学的研究内容涉及心理活动的全过程，包括感觉、知觉、模式识别、注意、学习、记忆、概念的形成、思维、表象、语言运用和理解、情绪及其发展等高级心理过程，探索心智工作的一般原理和规律。

认知心理学关于思维方面的研究成果及其对决策的影响，主要体现在推理和决策问题上。认知心理学认为，决策过程中的感知、内在动机和态度等重要因素影响决策的制定。个体对事物的感知不同，对事物的解释也因人而异；内在动机来自决策者的内心情感，态度是与决策制定相联系的稳定的心理倾向，这些方面的个体差异自然对决策有不同影响。

风险决策过程中，个体通过认知对风险决策任务进行内部表征，即在决策者的头脑中建立相应的心理模型（周菲，1999）。这些内部表征有三类：（1）概率判断。当决策者对决策后果无法做出确定性预测时，便对决策任务及其结果运用概率进行描述。（2）归因排列。决策者按照重要程度对决策任务的风险性加以排列，以帮助决策者对各种决策方案的风险性进行权重分析。（3）确定性构想。通常采用直觉的认知方式找出确定性规则问题。显然，风险决策是一种主动的、有组织的认知加工过程，不同的决策者对同一决策任务形成完全不同的心理模型。

二、风险认知

风险认知（risk-perception）是用来描述人们对风险的态度和直觉判断的一个概念，广义上包括人们对风险的一般评估和一般反应。包括：（1）风险识别，对风险进行定性分析，明确决策风险的性质是什么，源于何处；（2）风险度量，对风险进行定量分析，了解风险的大小、各事件发生的概率及其后果影响的大小；（3）风险处理，采取有效方法，实现风险的回避、分散、减少或转移。

（一）风险认知的主观倾向性

风险认知是人们主观上对危险性的评价，是人们对影响日常生活和工作的各种因素的心理感受和认识，因此，风险认知依赖于主体的主观感知，具有强烈的主观性。在风险厌恶者看来是风险的事件，对风险喜好者而言或许不存在任何的不确定性（胡海滨，2007）。

研究和实际生活中发现，人们对风险的认知与客观现实中的风险并非完全一致。人们更关注风险的损失程度，因而重视损失概率小、损失程度大的风险；忽略损失概率大，每次发生导致的损失程度相对较小的风险。因此，突然发生的、具有轰动效应的风险将被高估，每天发生的风险通常会被低估。例如飞机比汽车安全数十倍，但人们的认知却恰恰相反，其中的一个原因，公路交通事故太过平常，人们对因此造成伤亡的关注度不大。

风险认知的倾向性表现在：第一，低估可控制的风险，高估无法掌控的风险。人们高估飞机风险的原因还在于，乘客认为空中变数太多，一旦遇险自己无法掌控；汽车在地面，速度相对慢一些，遇到危险司机可踩刹车、打方向盘，乘客也可协助，再不济，"跳车"也许可以保命。第二，低估自愿承担的风险。例如，抽烟有害健康，但许多烟民认为没那么可怕。第三，高估当前的风险和对人们生活影响较大的风险。当个体面对高风险事件时，会知觉到较大的风险。例如，对病毒肆虐、传染病暴发时人们的恐惧源于对其危害的高估。

（二）风险认知的维度

研究者（Paul Slovic et al，1984）发现，人们对风险的概率估计与实际事故发生率只达到中等程度的相关；而不同公众群体对风险的估计之间却呈现高度一致。通过因素分析得出风险认知的两个基本维度：忧虑风险和未知风险（刘金平等，2006）。

忧虑风险（dread risk）维度与风险的灾难性、不可控程度密切相连。这个维度的风险共10组：可控的/不可控的；不必担忧的/令人担忧的；局部性灾害/全球性灾害；非致命性结果/致命性结果；公正的/不公正的；引起个别性损失的/引起群体性损失的；对后代影响小的/对后代影响大的；容易降低的/不容易降低的；渐减的/渐增的；自愿接受的/强迫接受的。

未知风险（unknown risk）维度代表风险的可知性程度。此维度的风险共5组：可观察的/不可观察的；已觉察的/未觉察的；影响即刻的/影响延迟的；旧的/新的；科学已知的/科学未知的。

其他学者也采取不同的方法和技术，对风险进行不同的分析和分类。如约翰逊和特沃斯基（Johnson & Tversky）用聚类分析的方法分析在不同类型风险中被试认知的相似性，发现有五种不同类别的自然风险：自然灾害、事故、暴力行为、技术性灾难、疾病等。普鲁斯（Perusse）使用栅格技术抽取人们在风险认知中采用的概念，得出了五个概念群：风险源、威胁性、结果、干预方式、反应方式。可见，风险认知的结构具有复杂性和不稳定性。

（三）认知与风险认知的发展研究

人的心理发展水平、个体的认知能力必然随着年龄的增长而不断发展和提高。该假设已被研究所证实，具体表现为：更复杂的认知表征方式、更强的推理能力、更有效的认知策略、更快的加工速度、更优的元认知能力随着年龄的增长不断出现（刘燕，2007）。那么，认知能力的发展，辨别风险情境中的潜在危险的能力增强，年长者的风险行为应少于年幼者。然而，事实似乎并非如此。对青少年风险认知和风险行为的研究发现，青少年的风险行为比儿童期有所增加。因为与儿童期比，青少年在认知和个性上有自我中心（egocentric）倾向，他们对行为可能带来的潜在风险及其危害估计过低；对自己承受不良后果的能力估计过高（Vartanian，2000）；与成人比，他们的认知能力发展水平相对较低，很难权衡各选项的利弊关系，准确估计结果出现的概率，造成决策困难或错误。正是人生特殊发展时期的特点决定了青少年的风险行为既多于儿童，也多于成人。

（四）风险认知的研究取向与趋势

最初研究者们把"风险情境"只限定在交通方面，如对步行者在实际交通情境中横穿马路风险行为的实验研究。心理学对风险研究的范围涉及游戏情景中的风险行为研究、风险行为和预期的"利益—损失"之间的关系、风险行为和人格的关系、皮肤电击反应和事故风险之间的关系、小群体决策风险行为的改变、群体成员间的关系研究，测量方法的精确化和效度考证的研究，等等。心理学家从认知层面探讨人们对风险情境中人类行为危险的主观感受，引起不同感受的原因，其中包括人们感受风险的能力（感受性），神经生理机制等问题。主要研究风险认知（对个体风险知觉的直接测量）和风险偏好（通过测查个体的行为倾向来反推其风险知觉），拓展了风险知觉的研究方向。与此同时，研究方法也在不断改进和多样化，形成了两种研究取向：定性研究和定量研究。从目前的研究趋势看，研究者倾向于二者的结合。

三、公众风险认知与犯罪行为风险认知

（一）公众风险认知

公众风险认知是社会状况的晴雨表，可准确反映整个社会的发展变化对人们心理状况造成的影响以及人们的反应。不同时期，公众关注的、影响公众心理和行为的焦点问题是不同的。某些社会变化可能成为人们关注的敏感性问题，随之而来的其他社会性风险问题也同样影响人们的心理状态，从而成为整个社会的问题。

公众与专家对特定事件的风险认知是有差别的，这与不同群体对特定事件的专门知识、经验等有关。美国阿瑞根大学的研究人员调查人们对核电和其他类型发电站的看法，结果表明，核电风险的灾难性、致命性、恐怖、未知、滞后和不可控等负向主观特征，成为公众心目中的核电风险特征，因而高估了核电风险中的不利方面（时振刚、张作义，2002）。

20 世纪 60 年代末开始，有关风险接受性的研究和争论主要集中在核能、化工、基因工程等领域。20 世纪 80 年代以后，西方学者对影响人们社会生活的各种因素逐渐扩展到多学科、跨专业的广泛探讨，以此了解人们对待这些风险因素的态度。研究发现，公众认为影响人们社会生活的因素很多，涉及健康、安全、环境、生态、科技等各个方面。

不同时期公众的风险认知、对风险的可接受性不同；同一时期，不同公众群体的风险认知、对风险的可接受性也不同。谢晓非、徐联仓（2002）对 847 位被试进行问卷调查，请被试从三个方面（对社会生活影响程度的大小、风险性后果的严重程度、风险性后果出现的可能性大小）对 28 个风险项目的风险程度做出 1 ~ 10（1 零风险；10 极高风险）的等级判断和选择。结果显示：第一，风险程度评价最高的是核战争，最低的是铁路运输；6 个因子达到 7 级，经 t 检验，高风险因素由高到低依次为：核战争、国内动乱、战争、经济危机、人口过剩、社会风气败坏。与 1994 年的研究结果对比，公众的关注焦点由微观转向宏观，由对涉及自身的、周边的、局部的问题转向涉及社会发展的因素。第二，多元方差分析结果，5 个样本（干部、管理人员、职工、教师、学生）总体差异显著。除了国内动乱、经济危机、人口过剩、能源危机、政治因素干扰、洪涝、火灾、吸毒这 8 项外，其他 20 个项目均存在显著差异；高风险群中的国内动乱、经济危机和人口过剩 3 项为各分样本共同高度忧虑的因素。第三，各分样本在 28 个风险因素上的两两等级相关系数表明，各分样本均达到显著性水

平；总样本高风险因素群中的各因素均达到极高相关性。在经济收入低、生病等与实际生活密切相关的项目上，各分样本间差异显著。如管理人员、职工群体对这些因素风险的估计更高，职工对物件、假冒伪劣商品上焦虑水平较高，说明这些因素可能更容易影响这个群体的日常消费行为，且这些方面的承受能力可能低于其他群体。

时振刚等（2002）通过核能风险接受性研究，提出公众风险决策有如下特点：

第一，以"基本需要"为考虑问题的前提。公众在风险决策时主要考虑的是与个人基本需要有关的问题，如在当地建核电站对自己和家庭的经济收入、周围环境、健康等有没有影响？有怎样的影响？等等。专家考虑的多为一些外部的、长远的需要，如核能的发展对能源的供需平衡的影响、对全球环境的影响、对社会和行业发展的作用等。

第二，以"令人满意"为基本决策准则。一般情况下，公众的决策不可能是"规范的决策"，因为事件复杂而不确定，公众掌握信息和处理信息的能力有限，只能在有限的范围内，择优寻找自己满意的结果。比如，购买衣物，谁都不可能、也不必要对所有厂家商家的每一款适合自己穿着的衣物的信息全部掌握，按照所有衣物的质地、款式、做工、价格等各个方面以不同的权重，精打细算后选出最好的一件出来。而是从所看过的几件衣物中进行选择，不一定最优，但要满意。专家选择时，以"最优"为准则，力求通过一系列复杂的计算后确定最优方案。

第三，风险偏好具有复杂性。在小概率风险情境中，当收益值较大时人们偏向冒险；当受损值较大时偏向避险。例如，为了得到百元、千元的收益，花2元钱购买中奖率仅为万分之一的奖券的冒险行为；为了避免发生概率很小的汽车被盗造成数十万元的损失，花数千元买保险的避险行为。在专家看来，这些都不值得去做。显然公众在决策小概率风险事件时，影响其风险偏好的往往是后果而不是概率。

第四，对风险社会背景的关注。公众在风险决策时通常考虑三点：可能受到风险危害的人是否参与了决策过程；责任和义务是否清楚；管理和监督机构是否有可信度。人们认为，由那些与风险危害无关的人制定的决策不一定能体现可能受大危害的人的利益。如果风险由大家共担，风险的接受程度将提高。"法不责众"就是"风险转移现象"。例如，群体腐败，如果共同承担法律责任，腐败者可能更肆无忌惮。如果风险只由个别人承担，而多数人受益，那么风险承担者会产生不公平感，导致风险的接受程度降低。此外，公众不仅考虑自己承担的风险大小，还会与他人比较。美国内华达州建永久核废料储置场的计划受到许多来自当地政府和公众的阻力，其中一个很重要的原因是当地人认为，将其他州产生的核废料储放在没有核设施、也不产生核废料的内华达州是不公平的。因此，一些技术上可行的决策，可能因为忽视了社会价值而导致可接受程度降低。

第五，受对管理机制和信任度的影响。公众与某一事件的相关部门、政府部门之间存在信息的不对称性，因为这些部门不仅拥有更多的事件风险方面的信息，而且还可能向公众有意隐瞒一些信息。公众接受风险时，不可能对某些事件的详细情况完全了解，更不可能直接参与管理和控制，只能委托相关机构和人员控制其风险。这是一种典型的"委托—代理"关系。公众虽然并不完全了解风险本身，但凭着对委托人（技术专家和政府管理部门、有声望的专家等可以信赖的组织和个人）的信任度，也可以接受风险。但是，如果缺乏有效的机制，管理者因决策失误或管理不善出了事故或造成经济损失，有权者利用手中的权力"贪赃枉法"，欺骗者没有因其欺骗行为而受到相应的惩罚，那么公众对部门、对政府的信任度就会大打折扣，从而拒绝或不情愿接受某些风险。

（二）犯罪行为风险认知

惩罚是犯罪成本的核心成分，犯罪行为人对可能的惩罚成本付出的心理反应——恐惧，源于对刑罚的认识和体验。对刑罚的认识和体验越深刻，犯罪惩罚成本的心理体验越强。犯罪行为人对惩罚的认识和体验的途径很多，如法律宣传、媒体报道、大众传播，以及自身的直接认知和体验等（吴闻，2002）。

中国传统文化下，民众具有较强的风险规避倾向。受儒家的思想和道德观念的影响，中国人对偏离规范的行为的社会容忍度较低，对冒险性行为普遍采取压制和反对的方式。但仍有人"冒天下之大不韪"，做出违法犯罪的事情。对犯罪风险的认知影响主体的犯罪风险态度、决策与犯罪行为。人们在对犯罪风险相关事物信息的注意、诠释、记忆过程中，有意无意地或直接或间接地带有主观色彩。不同个体对犯罪行为风险的"损益比"有不同的感知，有的对利益敏感，有的对损失更关注。犯罪行为风险厌恶者对是否做出犯罪决策慎之又慎，放弃的可能性较大；而犯罪行为风险喜好者则确定该行为的收益，宁铤而走险，也不愿放弃"发财"的机会。研究发现，影响主体犯罪风险认知的主体因素包括认知过程的特点，个体的动机、情绪、专业背景与教育程度、经验，以及人口学变量。

第二节　犯罪行为风险决策中的认知偏见

人们经常有意无意地根据种族、文化背景和性别对一个人做出评判。心理学家、社会学家把这种现象称为"偏见"（bias）。在人们的生活实践中，偏见随处可见，心理学实验也证实了这一点。美国著名心理学家戈登·奥尔波特（Gordon Willard Allport，1897—1967）1954 年提出，偏见是人类独有的特性，是"建立在错误和不灵活的概括基础上的反感"。

认知偏差主要存在于两个过程中，一是主体对客体的认知过程；二是个体的判断与决策过程。犯罪行为风险决策中的认知偏差表现为首因效应与近因效应、晕轮效应与刻板印象、有权者的权力偏见、优于常人效应与差于常人效应等。

一、首因效应和近因效应

（一）首因效应

首因效应也称最初效应（first cause effect），指最先进入人脑中的信息对知觉映像的形成有强烈的影响。如果一个人在初次见面时留下良好的印象，人们就会以此为基础解释他以后的一系列行为，反之亦然。在决策实践中也常有这种现象：在讨论某一问题时，如果发言者的身份地位相同、各种意见和建议的分量也差不多，那么先提出的意见更容易被接受并以此形成集体意见。

美国心理学家洛钦斯（1957）设计的一个著名实验：请被试听两段文字描述材料。材料内容是吉姆的生活片段。上一段把吉姆说描写成是一个热情友好而外向的人；下一段则把吉姆描写成一个冷淡呆板而内向的人。被试分为四个等组，分别听这两种材料的不同组合。结果：先听上段，后听下段的第 1 组，78％ 的人认为吉姆友好热情；先听下段，后听上段的第 2 组，63％ 的人认为吉姆是孤独的，只有 18％ 的人认为他友好而外向；只听上段的第 3 组和只听下段的第 4 组，认为吉姆友好而外向分别为 95％ 和 3％。该实验验证首因效应的存在，说明人们在最先获得的少量信息基础上形成的对他人的第一印象影响对人心理和行为的理解。

犯罪行为决策中的首因效应表现为，在一系列备选方案中，位于前面的比后面出现的对决策者的影响更大。他们很少关注备选方案中排位靠后的项目。

当然，备选方案的排列，也会有意无意地根据自己的价值标准，按重要程度顺序排列（内隐认知的研究可证明这一点）。也就是说，第一印象的形成受知觉选择性的影响，首先接受的是自己感兴趣的、能引起注意的事物或事物的特征。

（二）近因效应

近因效应（recency effect）是指最近获得的信息对人认知的影响更强烈，甚至可能改变最初印象。其心理机制是识记一系列事物时对末尾部分项目的记忆效果优于中间部分项目。心理学对近因效应的进一步解释：一是新近获得的信息没有倒摄抑制；二是随着时间的推移，原先的印象已被淡忘。

洛钦斯又用前述材料设计了另一个著名实验：两段阅读材料之间插入做数学题或者听故事，结果首因效应消失。各组被试对吉姆的评价，多与最近接触的材料有关。两段材料之间间隔的时间越长，近因效应越明显。

人们往往对大概率（最有可能发生）的风险估计过高，对小概率的风险却估计不足。因为人们采用经验类比的方法，以自己对事件的敏感度和过去经历过的事件所形成的特定认知来判断损失发生的概率。这种方法简便易行，而且接近实际。然而，因一次飞机失事，人们对所有成功、安全飞行带来的安全感和信任发生了彻底动摇。这就是"近因效应"的作用。

现实生活中这两种效应通常共同发挥作用。例如，在普法教育过程中，对重要的、可制止潜在犯罪行为人做出犯罪行为决策的信息，应首先明确提出，并在最后再次强调，以加深印象。

二、晕轮效应与刻板印象

（一）晕轮效应

晕轮效应也称光环效应、成见效应（halo effect），是指认知过程中从已知的某种品质推知其他品质的倾向。社会知觉中，人们对某些特征形成的固定印象，掩盖了对其他品质的知觉。就像月亮形成晕轮、太阳形成光环一样向四周弥漫扩散。

晕轮效应使人形成一个心理定式，已有的态度直接影响对人或事的认识和评价。即以点带面、以偏概全。晕轮效应的弊端具体表现：（1）遮掩性。"一俊遮百丑""情人眼里出西施"，从已知推断未知，使某一特征掩盖了其他的特征。（2）弥散性。整体印象影响对他其他特征的认知，使中心性质扩大化，如"爱屋及乌""厌恶和尚，恨及袈裟"等。（3）表面性。晕轮效应往往产生于人对某事物了解仅在感知觉的阶段，关注外在特征，忽视本质特征。

社会知觉和风险决策一旦走进晕轮效应的迷宫，偏见便自然而然产生。纠正此类偏见的方法就要告诫自己不要凭一时的主观想象行事。对犯罪行为的结果有全面的认识，尽可能列出更多的备选方案，不可因"利"而陷自己于"不义"，逞一时之快而成"千古恨"。

（二）刻板印象

刻板印象（stereotype）就是指在社会知觉中笼统地把人划分为固定概括的类型来认识的现象，是通过整合相关信息和主体经验后形成的一种针对特定对象的既定认知模式。在认知过程中，人们习惯于归类，即按照某人的某些特征（性别、年龄、地域、种族等）把他归为某一类人，以为某人具有那类人的共性。如男性刚强伟岸、女性阴柔婉约；少年张狂、中年"油腻"；法国人浪漫、德国人严谨等。

刻板印象既有积极的一面，也有消极的一面。（1）简化认知过程。人类思维的最大特点是具有高度分类倾向，对事物分类，把某人归类，可直接按照已形成的对这类人的固定看法得出结论，快速反应，可节省认知资源，简化认知过程、节约时间精力。（2）过度概括化、类化，忽视异质性。如果某人并不具有某类人的普遍特征时，戴着"有色眼镜"看人，就会出现偏差甚至错误。

三、有权者的权力偏见

美国学者洛雷塔·玛兰多（Loretta Malandro，2006）讲述的故事：某个夜晚，一艘船在海上行驶，船长看到好似来自另一艘船上的灯光，他立刻命令大副发信号："将你们的航向转向南 10 度行驶!"谁知对方回复："将你们的航向转向北 10 度行驶!"船长怒气冲冲地拿自己的身份压对方："我是船长，将你们的航向转向南 10 度行驶!!"对方回复："我是一流水手，要求你们的航向转向北 10 度行驶!!"想不到一个普通水手竟胆敢让自己"让路"，气急败坏地发出信号："我在一艘战舰上！我命令你即刻转向南 10 度行驶!!!"

戏剧性的一幕出现了，船长收到的回复是："我要你即刻转向北 10 度行驶！我在一座灯塔上!!!"

故事里，船长的所作所为就是对权力偏见（power bias）最形象的诠释！

造成权力偏见的原因很多。从这个故事看出，船长的权力偏见源于两个假设：第一，他是船长，有很大的权力；第二，其他人必须不折不扣地服从他。他的偏见还在于未履行船长的职责——掌握正确的、有价值的信息，做出正确、及时的决策。同时也反映出他的其他弱点：自以为是、刚愎自用。他自始至终都没有想到应该了解对方是谁，"两船""相向行驶"时对方是什么情况。

权力是一种客观的、间接的价值形式，其客观目的就是影响和制约他人的价值来为自己的生存与发展服务。权力所展现的是力量与控制能力。广义的权力是指某种影响力和支配力，包括社会权力和国家权力；狭义的权力仅指国家权力，即统治者为实现其政治利益和建立一定的统治秩序而具有的一种组织性支配力。一般意义上的权力指社会赋予具有一定社会地位和领导（管理）职务者的权力。

权力滋生傲慢，有权力就有地位上的优越感，就容易高人一等，就容易有傲慢的感觉。拥有特权的人认为自己身份不一般，享有特权理所应当，于是导致角色知觉偏差和角色行为偏差。权力使人盲目。新官上任，大多严于律己，按照自己的职责行驶自己的权力。但一段时间后，有些人逐渐偏离正轨，忘记了"初心"和"使命"，意识不到自己滥用权力会给他人和社会带来怎样的损失，给党和国家带来怎样的恶劣影响。一方面，无限放大自己的权力，以权谋私，甚至为非作歹。另一方面，不懂得自己权力性影响力有多大，你的口无遮拦、无心之举会被多少人传播、效仿……

四、"优于常人"效应与"差于常人"效应

"优于常人"效应（above average effect）指在社会比较中大多数人认为自己的能力、成就高于一般人的现象。人们倾向于高估自己经历一些常见事件的可能性，即人们对自己的未来不切实际地盲目乐观。在一些常见的、简单的任务时，认为自身的能力要优于一般的人。研究（Svenson，1981）发现：90%的司机认为自己的驾驶能力优于其他司机。一项对1000名工程师的研究，超过33%的工程师认为自己的水平在行业的前5%；另一项对大学教授的调查，94%的人认为自己的水平在行业的前50%。

"差于常人"效应（worse than most effect）指大多数人认为自身的能力、成就不及一般人的现象。人们认为自己经历一些普遍事件（如下雨）的可能性要大于普通人；经历一些罕见事件（如战争）的可能性要小于普通人（Weinstein，1980）。当任务复杂或成功概率极小时，人们往往认为自己不及他人。

"优于常人"效应与"差于常人"效应的产生源于两个方面：（1）人们乐意或习惯于用积极的眼光和角度去看待自己，相信自己有应对现实生活中各种挫折的能力。当个体的自尊受到威胁时，自我提升（self-enhancement）动机使个体有超越自我，优于常人的自信。（2）固有的自我中心主义（egocentrism）倾向，唯我独尊，很少考虑比较对象（常人）的能力、成就和在合作中的贡献。

"信息差异"（differential information）理论认为，在社会比较中，人们对自身的信息掌握较多，可对自身能力、表现等进行更为准确的评价；对他人的评价则可能是建立在缺乏相关信息的基础之上的，所以只能依赖于对比较对象所在团体平均水平的猜测。当人们认为自身的能力、表现高于他所猜测的比较对象平均水平时，出现"优于常人"效应；反之，则出现"差于常人"效应（周爱保、赵鑫，2008）。

第三节　犯罪行为风险决策的归因偏差

一、认知风格

认知风格（cognitive style）是一个介于智力和人格之间的心理学概念，是指个人在认知活动中所偏爱的、经常采用、习惯化了的信息加工方式。认知风格不同，行为方式也不同。

学者把人的认知风格以不同的标准划分为不同类型。主要有场独立型/场依存型、反思型/冲动型、整体型/系列型等。不同认知风格对判断决策的影响有不同的特点和作用。

（一）场独立型与场依存型

场独立型（field independent）的决策者能较全面地根据决策环境的具体情况，并依靠自己的价值观和对各种因素的分析，做出独立而客观的判断。他们选择方案主动而灵活，较少受外在因素的影响和干扰，并且善于发现别人不容易发现的问题，提出更多的问题解决策略。在风险决策中，更倾向于收益大、风险也大的选项。而场依存型（field dependent）的决策者，对事物的认知加工倾向于以外部信息为参照，极易接受周围事物和他人，特别是权威人物的暗示。在概率推理、赌徒推理中更容易受"代表性启发"和"赌徒谬误"的影响。他们习惯于察言观色、墨守成规，依赖已有经验、信息和心理定式，很少提出解决问题的新方案。在风险决策中，倾向于稳妥、风险较小的选项。

（二）冲动型与反思型

这种认知方式反映了个体信息加工、形成架设和解决问题的速度和准确性。冲动型（impulsive type）决策者不习惯全面思考问题，他们急于得出结论，反应快，但错误多。在较简单决策问题上有优势。反思型（introspective type）决策者遇事较谨慎，擅长细节分析，能较好地约束自己的行为；他们反应慢，但错误少。在较复杂、较困难的决策问题上占优势。

（三）整体型和系列型

整体型（whole type）决策者有较宽的视野，倾向于把握整个事件，并将事件所涉及的各个子问题的层次结构以及自己要采取的方式做出预测。系列型决策者则把重点放在解决一系列子问题上，重视事物的逻辑顺序。

犯罪行为人的认知风格不同，在风险认知和决策过程中，都可能出现这样那样的偏差，导致难做抉择，或做出"非理性"决策，导致实施困难或失败。

二、归因与归因倾向

负性事件发生后，人们总是趋向于找出其中的"责任人"，归因理论（attri-bution theory）便是用于解释自己或他人的态度、行为因果关系的理论。归因理论主要研究：①心理活动的归因，即心理活动的产生究竟为何。②行为的归因，即根据人们的行为和外部表现推论其心理活动，这是社会知觉研究的主要内容。③对人们未来行为的预测，即根据人们过去的行为预测他们以后在有关情景中产生怎样的反应。

1958 年，美国社会心理学家海德（F. Heider，1896—1988）创立该理论后，被尊为近代归因理论杰出代表的美国心理学家韦纳（B. Weiner，1935—），以其开拓性的研究成果有力地充实和发展了归因理论。

韦纳等人的成功和失败的归因模型认为，人们行为的成败要归因于四个方面的因素：努力、能力、任务难度和机遇。这四种因素可以按内外部、稳定性和可控性三个维度来划分。其中，努力是内部、不稳定、可控制因素；能力是内部、稳定、不可控制因素；任务难度是外部、稳定、不可控制因素；机遇是外部、不稳定、不可控制因素。

按韦纳的归因模式，人们对行为结果的归因会引起一系列的反应。把成功归于内部原因，使人感到满意和自豪；把成功归结于外部原因，使人产生惊奇和感激之情。把失败归于内因，使人感到内疚和无助；把失败归于外因，产生气愤和敌意。把成功归因于不稳定因素，以后的工作积极性可能提高，也可能降低；而将失败归于不稳定因素（如努力）则可能提高以后的工作积极性。把成功归于稳定因素，会提高以后工作的积极性；把失败归因于稳定因素会降低以后的工作积极性。

三、责任归因

责任归因（responsibility attribution）与控制归因之间的联系极为密切。人们认为主体应当对他所控制的事件及其能控制的事件负责任。对于一个事件所知觉的控制程度越强，那么所承担的责任也就越大。人们常常根据事件的以下情况做出责任推断：如果事件的发生是内在的和个人可以控制的，当事人应当承担责任；对于内在的、但主体无法控制的，则推断当事人无责任。不同的责任推断会激活相应的情绪反应，如：生气伴随着他人对某种消极状态负有责任的知觉而产生，而同情产生于他人对其不幸的情形没有责任（乐国安、李安，2007）。

维纳认为，推断事件的责任分三步走：第一步，分析事件的主要原因是情景还是个人。属于前者，责任判断过程停止；属于后者，初步判断个人可能应承担责任。第二步，分析原因是可控的还是不可控的。是后者，推断过程停止；是前者，进入下一步。第三步，进一步分析责任是否具有缓和因素。是则减轻责任或不予追究；不是则可以得出负责任的推断。

四、归因偏差

归因偏差是决策者的归因由于认知因素的影响而产生脱离逻辑的偏向。一般情况下倾向于把他人的成功归于外因（机遇、任务难度），失败归于内因（能力、努力程度），尤其是内因中的稳定因素；对自己成败的解释则完全相反。

基本归因偏差：自我中心偏差和一般归因偏差。自我中心偏差——或"自利归因"（self-serving attribution）或自谦归因（self-effacing attribution）。前者把决策的积极结果归因于自己的能力、智力、学识水平等内部因素，决策的消极结果归因于外部因素（Duval & Silvia，2002）。后者则是一种自我降低（self-diminishment）现象，即难做决断或后果不良时，怀疑自己的智力、能力、适应性等，继而更难决断和执行。

"行动者—观察者"效应：对自己的行为归因倾向于外因而忽视主体因素，而且只看一点，不及其余，所谓"当局者迷"；对他人行为的观察和分析则较清晰、全面和客观，所谓"旁观者清"。

立场性归因偏差，即往往从自己的利益和立场看问题而出现各种偏差，类似于儿童期的自我中心（egocentrism）①。

"迷信"归因偏差。把社会生活中并不具有任何社会意义的自然现象赋予其以一定的社会意义，并和自己或他人的行为相联系。如"喜鹊叫喳喳，好事到咱家""听到夜猫子（猫头鹰）叫霉运到"。把自己的命运和这些自然现象相联系，这样的归因只能是徒增烦恼、庸人自扰，影响自己的工作、学习、生活的正常进行，甚至可能恶化人际关系，做出非理性的行为决策。

现实和研究表明，归因偏差很普遍。翟恩波等（2004）采用自编行为归因问卷，随机对某市局看守所的99名（有效问卷）在押犯罪嫌疑人进行测试。结果发现，很少有人将作案失败归因于事件难度，青少年犯罪嫌疑人更是如此。其中诈骗犯罪嫌疑人在该项上的得分最高，其次是抢劫和贪污。总体上看，这种选择上的排序没有年龄、性别和犯罪类型差异。即所有的犯罪嫌疑人作案失败归因为：运气 > 能力 > 努力 > 事件难度。说明，刑罚的确定性等因素并不能有效降低犯罪行为人对同类犯罪事件成功的期望值。一有机会，他们仍会做出此类犯罪行为决策，并实施犯罪。

五、知识经验与衡量能力对偏差的影响

（一）知识经验

"知识就是力量"这句17世纪英国哲学家培根的名言已成为人们的共识。当代认知心理学把知识作为一个重要的课题纳入心理学的研究领域，主要研究人如何获得信息、信息如何表征并转化为知识以及知识怎样指导行为等问题。

当代认知心理学认为，知识是个体通过与其环境相互作用获得的信息及其组织结构。存储于个体之内的信息称主观知识（subjective knowledge），存储于个体之外的信息称客观知识（objective knowledge）。主观知识又分为陈述性知识（declarative knowledge）和程序性知识（procedural knowledge）两大类。陈述性知识用于回答"是什么"和"为什么"之类的问题，如概念、命题、定理、理论、学说等，通常以书面文字、图表和数学公式等明言符号表述，也称明确知识、显性知识（explicit knowledge）。陈述性知识是关于"知道如何做"的知识，

---

① 瑞士心理学家、认知心理学的早期代表、近代著名儿童心理学家皮亚杰（Jean Piaget，1896—1980）的"三山实验"：错落摆放三个山丘模型，让儿童前后左右观察，然后给他们看从这四个方位拍摄的"三山"照片，请他们指出对面"小人儿"看到的是其中哪张照片中的"三山"。结果，前运算阶段（2~5、6岁）的儿童不能从他人的角度观察和思考，缺乏观点采择能力。

即有关具体操作过程的实践性知识，也称隐性知识（tacit knowledge）、未明言知识（inarticulate knowledge）。这类知识未被明确表述或只能意会难以言传。在波兰尼①看来，人们知道的要比所能言传得多（We can know more than we can tell）。也就是说，对人的行为起作用的隐性知识远远多于显性知识，它好似隐藏在海水中的冰山，而显性知识只是露出海面的冰山一角。隐性知识虽难以言表，但不是绝对不能言表；现在不能言表，不代表永远不能言表。根据波兰尼的观点，陈述性知识是一般意义上的"知识"；程序性知识的本质是一种理解力（understanding），是一种领会知识，把握经验，重组经验，以期实现对它的理智控制的能力。

经验（experience）或"图式"（schema）指人们在同客观事物直接接触的过程中通过感觉器官获得的关于客观事物的现象和外部联系的认识，在人的直观决策中有接受信息和做出预测两种作用。在决策过程中，人们更重视那些发生过的、引人注目的事件，自己亲身经历或周围人经历过的事件。对于已经适应了的，众所周知的或频繁出现的负面事件，人们可能更容易接受。当决策者对决策问题知之甚少，或者认知水平较低时，其主观上对风险的认知会偏离客观的风险，表现为或过高估或过低估。而新的、不熟悉的风险，由于其产生的原因还不清楚，更不知如何控制，所以一般会被高估。美国"9·11"事件后，无论当时事件的亲身经历者，还是从电视中目睹其惨状者，都可能强化对此类事件的风险认知。地震之后的幸存者，会高估自然灾害的风险。因对"非典""禽流感""艾滋病""新型肺炎"的传染性和危害性缺乏了解，导致当时的心理恐慌。事实证明，这些疾病的传染性，以及所引起的后果远没有人们当时所预想的那么严重。

知识结构的差异可能影响个体对风险的认知，例如公众与专家的专业知识和经验是不同的。就一般而言，受教育程度越高，越容易理解和接受新事物，客观地分析和认识事物的风险。心理学家采用多种方法和研究范式，探究专家与新手、专业人士与公众之间在知识的组织、获得、提取和应用，特别是解决问题、做出决策方面的差异。研究发现，二者的差异主要表现为：第一，理解和表征问题上的差异。问题表征（problem representation）是指在头脑中对信息的记载、理解和表达方式。专家的知识是按一定的层级高度组织的，系统而有效；能很快发现和抓住问题的实质，并根据内在结构表征问题将其分类。新手

---

① 英国哲学家迈克尔·波兰尼（M. Polanyi, 1891—1976）把人类的知识分为两类：明确知识和隐性知识。并对这两类知识做出较细致的论述和分析比较（郁振华，2001）。

和普通公众储存知识的方式相对零散、孤立，对问题的表征多为表面而简单。第二，问题解决速度上的差异。专家能把当前的问题与有关的问题图式和原理知识联系起来，可集中精力运用策略更迅速地解决问题。新手获取新知识需耗费较大时间精力和努力。第三，问题解决过程中侧重点的差异。专家更注意问题的结构，从原理层面寻求解决；解决问题的程序是先"审题"，再运用已有知识、技能解决问题。新手和普通民众更关注事物的外部特征，注意问题的表面细节；拿到题目马上就去解决。特别遇到逻辑上不可能的问题或"无解"的问题时，仍尝试解决而不认真思考。第四，对问题解决过程监控的差异。专家具备自我监控的能力，这种能力是一种元认知（metacognition）能力，即对认知的认知。所以，专家能对自己的认知活动进行调节和监控，随时检查效果，采取修正策略，确认是否达到预期目标。第五，对同一风险的评估的差异。研究和实践证明，对同一风险的评估存在专家和普通公众的差异。专家可能避免高估小概率事件，但倾向于低估后果不严重、概率较高的事件，普通民众则倾向于高估后果严重、发生概率较小的事件；专家往往采用数学模式，借助于定量的特征来评估风险，而外行却更看重定性的特征（付蓉，2005）。凡是涉及复杂技术或专业知识的风险问题，一般公众因不具有专业知识，可能表现出过度反应，或其他非理性的态度和行为。

然而，风险认知与知识结构的关系并非绝对的、无条件的。常规问题的解决速度，毫无疑问专家比新手快得多；但复杂的新问题，两者的速度差别不大。因为专家可利用的知识较多，思考、比较的过程较长，在保证问题解决质量方面优于新手，在表征问题上花费的时间可能更长。时振刚等（2002）发现，有时候，对放射性有一定了解程度的人比不太了解的人对放射性更感到紧张，对核能有一定了解程度的人比不太了解的人更反对核能。有时，专家对事件，包括风险事件的预测和评估的准确程度还不及普通公众。

图式、经验对人类决策和行为的作用，可以是积极的，也可以是消极的。当现有环境中的刺激与人脑中原有的经验相吻合时，会使人类对刺激的加工更快、更准确，从而加速对事物的反应和抉择。相反，当环境中的刺激与人脑中原有的经验不符合时，它将延缓对这种信息的加工过程。研究者对"过去经验如何影响现在知觉"表现出很大的兴趣。下面的实验很能说明问题：

请说出下列句子中字母"f"出现了多少次：

These functional fuses have been developed after years of scientific investiga-tion of electric phenomena, combined with the fruit of long experience on the part of the two investigators who have come forward with them for our meetings today.

研究结果，大部分以英语为母语的人的成绩还不及其他人。他们普遍低估字母"f"出现的次数。正确的答案是11次，其中包括出现在单词"of"中的4次，而这恰恰是被他们忽视的。原因是，单词"of"中的"f"发音为"v"，说英语的人习惯上更难察觉到"of"中"f"的出现频率，除非有这方面的特别经验。这便是过去经验对当前知觉的影响。

主体的知识经验来自事件结果的反馈，在一定程度上还会影响人们的行为反应方式。例如，失业者、下岗人员对国内失业、下岗人数的估计超出一般市民估计的平均值。股民对股票市场的小小波动都十分在意，并因此而不断地买进卖出，这种行为可能很快就会导致市场价格非理性的偏离。此现象被卡尼曼用"神经质的青蛙"理论进行形象的描述。

以往成功或失败的经历影响决策者对风险的追求。先前成功的经验导致犯罪行为决策者今后更多地做出追求私利、违法犯罪的风险决策，并实施犯罪行为；相反，先前失败的教训多，则导致今后追求风险的倾向减少。美国心理学家、新行为主义学派的主要代表人物班杜拉（Albert Bandura，1925—）的社会学习理论提出"替代性"强化（vicarious reinforcement），即学习者看到他人（榜样）的行为被强化而习得某种行为。人生受时间和空间的限制，不能也不必"事必躬亲"，他人的经验完全可以作为决策和行为的参考。同理，犯罪成败经验，先前经验，可以是自己的直接经验，也可以是他人的间接经验，如看到别人屡屡得手（成功）或捕捉受罚（失败）。

根据著名刑法学家、台湾大学教授蔡墩铭（1979）的研究揭示，影响犯罪行为人做出犯罪风险决策和实施犯罪行为的特殊经验主要有：（1）犯罪经验。包括犯罪成功的经验和作案失利的经验。多次成功与失败的犯罪经历、体验，逐渐形成狂妄自大、胆大妄为，或自暴自弃、同流合污、执迷不悟等心态和个性品质。（2）法庭经验。惯犯、累犯、职业犯大多因一次次地犯罪、被抓，一次次地被传讯和法庭审判，对诉讼程序、举证质证等有一定了解，也有一定的伪装、防御、掩盖犯罪事实、应付审判的经验，这些人不会轻易认罪服法，也不会轻易放弃犯罪。（3）监狱经验。有的人"几进宫"，似乎已经习惯于被关押，甚至把关进科学化、人性化的现代监狱环境和管理当作是一种"休息"，为今后的犯罪"养精蓄锐"。他们不仅对刑罚无所畏惧，还与其他服刑人员交流犯罪经验，切磋犯罪技艺，共同对付监狱管理。监狱监禁使他们逐渐适应服刑生活，削弱了刑罚的威慑与改造效果。

（二）衡量能力

生活中人们通常不是也不可能都经过比较、估计之后做出决策，而是采用某种更简单、更容易评估的线索。例如，可供选择的方案 A 与 B，都具备某些较难衡量的特性（hard-to-evaluate attribute，HA，如目测其重量、肉眼看出它们的营养成分）和一个较容易衡量的特性（easy-to-evaluate attribute，EA，如体积的大小、数量的多少，个头的高矮等）你会如何选择？如果当 A 的 HA 特性比 B 好，EA 特性比 B 差时，A、B 放在一起进行比较，人们可能会选择 A；而当把二者分别选择时，人们却可能受 EA 特性的影响，选择自认为更有价值的 B。这种行为可能导致决策者在一个差的物品上花费更多的钱。这便是奚恺元（英文名 Christopher K. Hsee，1996）教授[①]"衡量能力假说"（measuring capacity hypothesis）的核心内容。奚恺元（1998）通过实验证明上述论断，并进一步诠释"衡量能力假说"的含义。

实验 1：愿为冰激凌付多少钱？

两个装有哈根达斯冰激凌的杯子。5 盎司的 A 杯装有 7 盎司的冰激凌（看上去几乎要溢出来）；10 盎司的 B 杯装有 8 盎司的冰激凌（看上去还没有装满）。您愿意为哪一份冰激凌付更多的钱呢？

如果人们喜欢冰激凌，那么 8 盎司的冰激凌比 7 盎司多；如果人们喜欢装冰激凌的杯子，10 盎司的杯子也要比 5 盎司的大。也就是说，无论您喜欢什么，B 都应当成为最佳选择。可是实验结果表明，当 A、B 两杯冰激凌放在一起比较时，人们的选择都是理性的；但是，当对这两杯冰激凌分别进行判断时，因缺少比较，人们反而愿意为分量少的冰激凌 A 杯付更多的钱。人均愿花 2.26 美元买 7 盎司的冰激凌，却不愿意用 1.66 美元买 8 盎司的冰激凌。

原因就在于冰激凌的实际重量较难判断，而冰激凌是否装满很容易判断，在没有比较的情况下，EA 特性起主导作用。现实生活中，无法或不便于将两个事物放在一起比较。可以认为，人们日常生活中的种种决策所依据的参考信息

[①]　美籍华人，芝加哥大学商学院终身教授、曾任中欧国际工商学院行为科学中心主任等职。是当代最有成就的行为决策学研究者之一，研究领域广泛，涉及行为经济学、行为决策学、管理学、市场学、心理学、幸福学诸多学科。卡尼曼在他的诺贝尔经济学奖（2002）获奖致辞中特别提到奚恺元的研究贡献。曾应邀在斯坦福大学、耶鲁大学、复旦大学、上海交通大学等许多美中一流大学做过演讲，好评连连。

往往是不充分的。

实验2：哪套餐具价值更高？

假设有一家商场正在清仓大甩卖，有两套餐具，其中一套24件：8个菜碟、8个汤碗、8个小碟，件件完好无损的，请问，你愿意支付多少钱买这套餐具？

另一套40件：其中的24件和第一套餐具完全相同，而且完好无损；另外还有8个杯子和8个茶托，但2个杯子和7个茶托都有不同程度的破损。请问，你愿意为这套餐具付多少钱？

结果表明，在只知道其中一套餐具，没有比较的情况下，人们愿意为第一套餐具支付33美元，却只愿意为第二套餐具支付24美元。为什么两套餐具中的24件完全一样，且都完好无损，第二套餐具比第一套多出了6个好的杯子和1个好的茶托，人们愿意支付的钱反而少了？原因只有一个，24件和31件，哪个多，哪个少？如果不互相比较，人们很难注意，这就是HA特性。但是，整套餐具是否完好无缺，这个特性（EA）很容易判断。

"衡量能力"概念是解开"共同判断"和"分别判断效用偏转"的关键，也契合了卡尼曼等心理学家所描述的：人的决策通常是非理性或有限理性的。比如在冰激凌实验中，人们其实是根据冰激凌到底满不满来决定给不同的冰激凌支付多少钱的。生活中许多可以观察到的现象与此相似，如麦当劳冰激凌蛋筒，平时卖2元、炎夏季节卖1元，整个螺旋形的冰激凌高高地堆在蛋筒之外，虽然三口两口就吃完了，但看起来就是感觉很多很超值。还有肯德基的薯条，许多人认为买小包划算，不过是小包的包小，看上去装得满满的罢了。

衡量能力的作用不仅体现在个人生活的决策中，政府公共政策方面的决策也离不开衡量能力。

实验3：联合国需要支援多少美元

太平洋上有一个小岛遭受台风袭击，联合国决定给这个小岛经济上的支援。

问题1

假设岛上1000户居民，90%的居民房屋都被台风摧毁了。如果你是联合国的官员，你会建议联合国支援多少钱？

问题2

假如岛上有 18000 户居民，其中 10% 的居民房屋被摧毁。如果你是联合国的官员，你会建议联合国支援多少钱？

结果，回答第一个问题的被试认为联合国应支援 1500 万美元；而回答第二个问题的被试认为联合国应支援 1000 万美元。

后面一种情况下的损失显然更大，应支援的数目也应当更多。假如被试同时回答两个问题，就会做出客观的决策。原因还是衡量能力的作用，人们往往习惯用某种比较容易评价的线索做出判断和决策。

衡量能力也是犯罪行为决策不能忽略的问题。衡量能力强，产生判断偏差的可能较小；衡量能力较弱，产生判断偏差的可能就大。面对着两种不同的收益——犯罪行为收益和从事正当活动行为收益，理性决策者应当把两个收益之间进行比较后再做出决策。

犯罪行为决策的一个前提是实施犯罪行为不会被发现，一旦成功实施了诈骗、抢劫、偷窃等犯罪行为，犯罪行为人必然获利。在犯罪行为决策的效益判断中，收益是比较容易判断的特性。现实中，许多犯罪行为人出现"效用偏转"现象，导致不能正确估计犯罪收益与正常行为收益价值的大小，不愿以正当手段和方式获得自己应得的利益，而是选择实施犯罪行为，以危害社会、危害他人的手段和方式为自己赢得"蝇头小利"而付出受到法律的制裁这样较大的成本。此现象正是衡量能力的作用。如何防止或减少潜在犯罪行为人做出犯罪行为决策？除了提高犯罪的侦破率、惩罚率，增加犯罪心理成本，使他们不敢、不能轻举妄动之外，普法中加强案例分析，增强他们的衡量能力也很重要（黄维民、李明立，2006）。

六、选择性知觉和预期

罗切斯大学酒精研究实验室的两位研究人员发现（普劳斯，2004，P16），在实验条件下，被试无论是否真的喝了含有酒精的饮料，只要被告知刚才喝的饮料中含有酒精，他们的心跳就会提速。真正影响被试心跳速率的不是酒精本身，而是他们是否相信自己摄入了酒精。这就是选择性知觉影响的最著名的实验之一。这也可以解释，为什么有的患者被误诊为癌症，从健康状态到走完剩下的生命历程，仅仅几个月的时间。

后续的研究更进一步，经测量将被试分为高程度"刺激寻找者"组（偏爱冒险）和低程度"刺激寻找者"组（相对较保守，习惯小心行事）。喝完饮料30 分钟后，被试玩驾车的视频游戏。要求他们在游戏中想象自己正在驾驶汽车，行驶在一条公路上，其间可任意加速超车。结果发现，凡是认为自己喝了酒精饮料的高程度"刺激寻找者"，其改变车道的次数、超车的次数均明显多于那些认为自己没有喝酒精饮料的高程度"刺激寻找者"；而那些认为自己喝了酒精饮料的低程度"刺激寻找者"则比那些认为自己没有喝酒精饮料的低程度"刺激寻找者"更加谨慎小心。说明，已有信念和预期对当前任务的认知有极为重要和强烈的影响。一些实验表明，在吸食大麻的人群中同样也存在这种很强的预期效应。

以上实验说明，人们的知觉、判断受已有信念和预期的强烈影响。对未来事件的决策取决于主体的预期状态，而预期状态既受获得的客观信息的影响，也受人们主观心理预期的影响，无论是一时冲动的情绪性行为还是形成定势的习惯性行为都是如此。

第四节　认知失调与犯罪行为决策

观念、信仰、价值观、态度、期待等多种认知因素以各种组合方式并存于人的当前意识中。当你同时经历两种或两种以上彼此间不一致的认知因素时，就出现了失调。失调即不协调（out of tune），是各因素间心理意义上的相互矛盾。认知失调时，主体会出现紧张、不安等消极情绪反应。犯罪行为人在犯罪前、犯罪时、犯罪后都会经受认知失调的困扰。

一、认知失调实验研究

1934 年，印度某地发生一场大地震。很快，一个可怕的谣言迅速传遍整个印度："此次地震之外的地区即将迎来一场更大的地震！"

为什么人们热衷于散布和传播这种毫无依据的谣言？

美国心理学家费斯廷格（Leon Festinger，1919—1989）的解释——地震以外地区的人们因自己的焦虑和恐惧而出现认知失调，谣言使他们"相信"自己的这种情绪不是空穴来风。

费斯廷格于 1957 年正式提出"认知失调"理论（cognitive dissonance theory）①。该理论得到实验研究结果的支持。费斯廷格和他的助手设计了一个"被迫依从"（forced compliance）实验：

被试在一个房间里不断地重复某些行为：将线轴从托盘中取出放在桌上，再放回原处。30 分钟后，再将板上的 48 个方栓一一顺时针转动 90 度……被试百无聊赖地坚持了 30 分钟后实验结束。毫无疑问地，每个被试都产生了消极情绪，于是，这一阶段的实验目的达到。

第二阶段才是真正的实验：请一部分被试向下一个进入实验室的被试说明，"你即将要做的实验很有趣"（这显然不是事实）。事后，凡是说谎的被试，分别得到 1 美元或 20 美元的额外报酬。

第三阶段：请每个被试就"游戏是否有趣"做出评定，从非常枯燥（-5）到非常有趣（+5）。结果组间差异非常显著。"1 美元"条件下的被试比其他两种条件下（20 美元组和未接受说谎任务的控制组）被试的评价要高得多，普遍认为这个实验非常有趣。为什么报酬多的被试对枯燥乏味游戏仍持有较低评价；报酬少的被试却变得喜欢这个工作了？

研究者的解释是：1 美元组被试产生了"认知失调"（头脑中有两个认知因素——"我不喜欢这个游戏"和"我对别人说有趣"），感觉自己为了区区 1 美元而说谎太不可思议了，那一定是自己真的觉得那个游戏有趣，这样，他们的行为被"合理化"，心理上的失调感消除。为了 20 美元而说谎的理由比较充分，他们不会产生认知失调，于是完全可以实话实说——游戏本身确实枯燥乏味。

什么情况下认知不一致会产生失调？第一，失调的行为是自己选择的。虽然开始时不情愿，但最终还是选择并做出"违心"的行为，无论是否为了得到额外报酬。如果被试没有选择的权利，就不会出现认知失调，也不会改变对这个游戏的态度。第二，需要有足够的投入。不是简单地告诉他人这个游戏很有趣，而是让对方相信并愿意参加。其中说谎者需要付出相当的精力和努力。第三，行为产生不愿看到的后果。"忽悠"另一个被试参加这个无聊的游戏并非被试的本意。如果只是告知别人这个游戏有趣而不是请他参加，或对方未被说服，认知失调便不会产生。第四，这种不愿看到的后果是可以预见的。如果被试没

---

① 20 世纪 80 年代以来，人们对认知失调理论的讨论转向新的方面。其中引起较大重视的课题有两个：一是认知失调现象与人格的自我评价之间的联系，因为越来越多的研究表明，认知失调感的发生通常伴随着人的自我形象的改变；二是认知失调感作为一种负性的情绪，它的发生伴随着何种特有的生理唤醒状态。

有想到他人会因自己的谎话而参加这个无聊的游戏（欺骗成功），也不会产生认知失调。所以，并非态度和行为不一致就一定产生认知失调。只有在行为是自己选择的、有足够的投入、会导致不愿看到的后果并且这种后果是可以预见的情况下，认知失调的紧张感才会产生。

二、决策后的不协调

两个小卖部卖同样的漱口水，但标价不同：一个 0.39 美元，另一个最初标价 0.25 美元，后来也调价到 0.39 美元。猜猜看，哪个小卖部漱口水的销售量更多？真相是最初标价高的那家。因为人们认为另一家价格涨得太快不合理。这是典型的决策前不协调的事例。认知失调或者产生认知失调的可能性是由已经做出的决策所引起的，便是决策后失调。

20 世纪 60 年代，诺克斯（Robert Knox）等人开始研究决策后的认知失调（post decisional dissonance）问题。研究发现，即将下注的人对他们挑选马匹的获胜概率的估计均值为 3.48（接近 50%），即对胜败概率的估计是客观的。而那些已经下注的人的估计均值则达到 4.81（70% 左右），即取胜的概率高于失败的概率。这一结论验证了研究者的假设——更相信自己已经做出的选择，以此减轻决策后的失调，证实了决断后效应（after the decision effect）的存在。

决策之前，几个各有利弊不分伯仲的选项的价值在决策者心目中大致相近，难做抉择。一旦做出选择，决策者对这些事物的态度评价就发生了改变，表现出对所选中项目更加偏爱，为的是减少失调和失调引起的不适感。在所做选择难于改变的情况下，还可能有意无意地贬低未选中的项目。生活中这样事例很多。如消费者更相信自己购买的商品质量最好，多付的金钱更值得；把自己宝贵的一票投给中意的候选人后，对此人获胜的信心更强了。原因都一样——避免自己做出决策后的不协调，以免会为了"一棵树"放弃了"整片森林"而后悔。因为一旦选择其中的一项就意味着失去其他的一项甚至多项。人们倾向于构建一个能证明自己决策是正确的"事后法则"。"事后聪明式偏差"称"后见之明偏差"（hindsight bias），就是把已经发生的事情当作相对不可避免和显而易见的事情，而忽略了自己的判断实际上已经受到已知结果的影响。犯罪行为人常采用这种心理机制"自欺欺人"，以此自我安慰，增加自我尊严。

研究发现，动机、认知、情绪等因素都对决策者的后见之明产生这样那样的影响。例如，自服务动机（self-serving）使个体在回忆时倾向于把事件的结果更接近正确结果，从而在事后判断中有意无意地做出虚假反应（Campbell & Tesser，1983）。高成就动机水平比低成就动机水平有更大的后见之明偏差；低认知水平更容易"事后诸葛亮";积极情绪状态决策者有更大的后见之明。

通常,人们越是对某种目标怀有坚定的信念,并为此投入很多的时间、精力,最终发现那个目标根本没有实现,或者没有实现的可能,引起的失调感越强烈。这种失调的消除非常困难,因为付出的努力无法挽回,付出的越多,受成本沉没效应的影响,心中越是难以割舍。即便改变原有的信念,也收不回曾经的付出。这时,便寻求新的解释,比如虽然失误,但大方向是对的,更加坚定不移地维护原有的信念,并且以更大的付出,奢望达成心愿,缓解心中的失调感。

避免决策后的认知失调,首先尽可能掌握更多信息,对各种备选方案进行全方位的客观评价,反复权衡,做不到最好,那就选择最满意的。其次,发现原来的决策是错误的,要马上停止,果断止损。

三、认知失调的解除与犯罪行为决策

当两个及其以上的认知元素之间存在不协调时,人们心理上的不愉快、紧张状态迫使个人设法解除这种不协调,使之协调化。因此,不协调是认知过程的动力因素。

（一）认知失调及其解除

认知失调理论可表述为:

> 与态度不符的行为→解释该行为的理由充分→轻微认知失调→态度不会改变或改变较小;与态度不符的行为→解释该行为的理由不充分→严重认知失调→态度改变较大

造成认知失调的原因是多方面的。如喝酒当时的快感与第二天的宿醉,即当时的满足与长期的后果相冲突（延期陷阱）;因开始时可预见却未预见而出现的负面后果（无知陷阱）;因投入太多不得不做出选择而且出现不想看到的结果（投入陷阱）;吸食毒品成瘾,由快乐到走向深渊,即高回报的行为逐渐演变成反向惩罚（恶化陷阱）;等等。

减少和消除认知不协调,人们通常会采取三种方法:改变行为或某一认知元素;强调某一认知元素的重要和不可动摇性;增加新的认知元素。

（二）犯罪行为人的认知失调及其对犯罪行为决策的影响

犯罪行为人的认知不协调基于两点:"我是聪明、理智的人",以及"我是

善良、正直的人"。而且力争使自己和他人相信这两点。可是自己确实犯了罪。认知失调和失调感带来的不愉快，使他们以各种方式方法减弱不协调。可以认为，正是由于认知的不协调，某种特定的不良行为的实施对不良心理乃至犯罪心理的产生起了促进作用。而这远不是能用行为对心理的反馈所能解释得了的。

反社会意识对犯罪动机和犯罪行为发生作用的机制与犯罪行为人的认知不协调有着密切的联系。有些犯罪行为人认为，人世间就是弱肉强食，尔虞我诈，人生在世，为了个人利益可以置一切而不顾。这样，他们就不会因认知不协调带来心理痛苦和压力，从而使犯罪变得轻而易举。他们的反社会意识的产生往往也与他们的认知不协调有关。在挫折面前，怨天尤人，总以为无公平可言。久而久之，反社会意识形成。

大多数犯罪行为人最终走上犯罪的道路，有一个演变过程。一些不良行为会对行为人的心理产生各种不良影响，减弱他对不良诱因的抵抗，增强不良的心理因素，进而诱发犯罪心理。一方面，不良行为的内容和结果对行为人产生吸引和诱惑作用，另一方面，为了减弱或解除不协调，行为人在心理上产生认同，改变了对该行为的看法，于是不良行为就有可能演变为犯罪心理和犯罪行为。

为减少或消除认知不协调，犯罪行为人会寻找各种理由为自己辩解。美国心理学家杰勒德和马修森做了一个实验。想要成为一直尊崇的团体成员，要接受一个考验。被试中一部分经受了较强烈的电击，一部分经受了轻微的电击。结果，接受强烈电击的被试对这个团体的喜爱程度更高。心理学家的解释是，人们并非喜爱痛苦，而是为了达到某个目的或目标经受了一次困难或痛苦的体验，那么这个目的或目标就变得更有吸引力了。这里，起作用的是认知不协调所带来的自我辩解。

同样，当一个人实施了犯罪行为时，也会通过自我辩解实现不协调的减少或消除："我是不得已而为之""谁让他伤害我的朋友""我是惩罚坏人""我不是偷是借用"。越是自认为善良公正的人，越是贬低受害者。

认知不协调的存在既会促使犯罪行为人通过自我辩解去冲破心理冲突而轻松犯罪，也能激发犯罪行为人通过自我辩解去从善向上，尤其是在犯罪后的改邪归正的过程中。因此，为了唤起犯罪行为人的自尊与良知，以促使其供认罪行，可采取激起或加重犯罪行为人的认知不协调的方式，使犯罪行为人知道自己所犯罪行对社会和他人的危害、对其家庭的连累和影响，同时，回忆起自己曾经有过的成绩和努力。减少或消除认知不协调，要么主动投案，接受处罚，悔过自新，痛改前非；要么"破罐破摔"。防止后者的出现，需要家庭、社会、司法部门一同努力，使其强调"我是一个好人"这一认知元素的重要和不可动摇。

第五节　其他

影响风险认知的因素很多，除了上述各种心理因素外，年龄、性别也起非常重要的作用。

年龄与某些类型的风险认知相联系。在消费领域，年长者比年轻者更多地知觉到身体风险。年轻女性对购买低社会风险/低经济风险的产品表现出更强烈的偏好。年龄在 18 岁到 24 岁之间的年轻旅游者的风险认知程度往往低于年长的旅游者（付蓉，2005）。

有研究者（DeJoy D. M.，1992）[1] 指出，青年驾驶员的乐观水平、冒险性有性别差异。男性比女性更具有夸大驾驶能力的倾向，对冒险性驾驶行为的风险知觉较低。

风险认知的性别差异。谢晓非（2003）以大学生为对象（276 人，其中女120，男 156）研究发现：第一，性别差异普遍存在于个体乐观与冒险倾向中。第二，女性的乐观倾向主要表现在更强的适应性和更低的消极预期等特征方面，而这种乐观特征具有防御的性质，一般不会导致冒险性的增加。第三，男性比女性具有更强的冒险倾向，这一点与传统观念对冒险倾向上的性别预期一致。

此外，性别还影响风险认知的水平。例如，女性旅游者对风险的认知程度往往高于男性旅游者（付蓉，2005）。在冒险导向的购买情境中，男性比女性倾向于承担更小的风险。女性对于潜在的风险更加关注和重视（赵正宣 等，2006）。女性发生车祸的比例低于男性，而且车祸发生比例下降的速率较快（Rundmo，1999）。

经济状况可能影响风险认知。张硕阳等（2004）研究发现，家庭收入与风险认知存在负相关。如收入相对较低的消费者比收入较高的消费者更容易知觉到财务风险。

---

① 谢晓非. 乐观与冒险中的性别差异分析 [J]. 北京大学学报（自然科学版），2003，39（2）：270 – 276.

第七章

情绪・犯罪行为决策之要件

风险决策研究经历了一个从最初完全理性假设条件下的标准化范式，到以有限理性、非理性为前提的描述性范式，再到以对环境的适用性为标准的进化论范式，情绪等人类内部因素逐渐进入研究者的视野，情绪在人类风险决策中的作用及其作用机制随着研究的深入被逐步完善。研究发现，许多决策都是在极富情绪色彩的情况下做出的。决策者常常依据情绪来评价某一特定风险和风险带来的收益，即使引发情绪的刺激信息与决策目标完全无关，决策者的偏好也可能出现明显偏向。以往人们对情绪的认识，大多基于情绪的消极作用和不良后果，认为保持冷静才能充分理解情境并选择最优方案。近年的研究开始关注情绪对决策的积极作用。

学者有关情绪对决策的影响方面的研究有助于了解情绪如何影响犯罪行为决策与犯罪行为，以及怎样遏制犯罪。

第一节　情绪在风险认知和风险决策中的意义与作用

情绪（emotion）是一种躯体和精神的复杂变化模式，包括生理唤醒、感知过程和行为反应，是客观事物是否符合人的需要时产生的。如愉快、悲哀、愤怒、恐惧……都是人的情绪反应。情绪总是伴随着一定的外部表现，如笑得前仰后合、哭得悲悲切切、吓得脸色苍白、恨得咬牙切齿、爱得刻骨铭心、气得怒发冲冠、愁得双眉紧锁……

根据进化心理学的观点，情绪在人类与周围环境的互动的基础上产生，是对环境结构的反映，具有适应价值。同时也是主体对环境结构的拟合和适应的重要媒介。

一、情绪影响决策

情绪在进化过程中扮演帮助人类生存、适应环境、达到目标的功能性角色。情绪的重要功能之一是提供主体对某个对象喜欢与否的信息，并主要通过三种方式影响决策：第一，对决策者的观念内容赋予某种色彩。一般情况下决策者倾向于关注或从记忆中提取与心境一致的信息。第二，干预决策过程。或助力于决策，提高信息加工能力和水平；或干扰信息加工，使处理问题的能力降低。第三，激发决策者的动机。越来越多的研究表明，某些情境下，情绪实际上可能是人们所掌握的最有用的信息，常常对决策起促进作用（李艾丽莎、张庆林，2006）。

二、情绪通过认知间接影响决策

愉悦情绪状态更容易激发人们对引起自己愉悦事物的回忆和想象，对事物也会做出乐观的判断和选择；相反，消极情绪状态下人们则更多地回忆令自己伤心的事情，做出悲观的判断和选择。庄锦英（2003）指出，情绪通过认知评估这一中介因素对决策发生作用。危险情境下主体的情绪反应常常偏离认知评估，并在决策与行为中起主导作用，使行为表现偏离常规。例如，焦虑、紧张等消极情绪导致主体失眠、精神状态不佳，无法正常思考问题和解决问题；恐惧使机动车驾驶人判断力下降，判断和行为失常，错把油门当刹车。

情绪对决策具有信号意义，而对于这种特定信号的认知和解读，在情绪和决策之间起中介和调节作用。从某种意义上看，每种情绪都由一种唯一的、特定的关系意义来界定。例如，报酬太低，基本需要得不到满足时会产生悲伤情绪；事件的不确定性高、可控程度低，尤其是当某个结果可能对决策者带来损害，或决策者感到无能为力时，就会体验到恐惧、焦虑。于是，悲伤情绪的基本意义结构是报酬太低；恐惧、焦虑的意义结构是不确定性高、可控制程度低。换个角度分析，当人们体验到悲伤的时候，就会更加关注报酬的来源；而当人们体验到恐惧、焦虑的时候，则更加关注不确定性的来源。

研究发现，高焦虑的个体对情绪刺激，特别是负性情绪刺激有较强的敏感性。如暴力犯罪行为人对愤怒面孔的反应更快。李志爱等（2014）为探讨暴力犯罪者对负性情绪刺激的注意特点，以重庆某看守所在押暴力犯罪行为人（依分类标准选取：谋杀、绑架、抢劫、纵火、强奸等）12 名、非暴力犯罪行为人（贩毒、财产犯罪等）11 名为被试。采用 2（组别：暴力组、非暴力组）×3（目标刺激：中性面孔、愤怒面孔、高兴面孔）的混合实验设计。行为数据显示：暴力组对愤怒面孔的反应要显著快于高兴面孔，而非暴力组对愤怒、高兴和中性这三个情绪面孔的加工均无显著差异。初步验证了暴力犯罪行为人对负性情绪信息更敏感。通过 jackknife 分析，暴力组对愤怒面孔的警觉早于高兴面孔，进一步验证暴力犯罪行为人对负性情绪信息的敏感度。然而，波幅分析发现，暴力组对愤怒面孔的注意偏向只存在于早期，之后便没有对负性情绪信息投入更多的注意资源。

李志爱等（2014）综合已有观点，对暴力犯罪行为人更关注负性情绪信息做出解释：第一，对社会情境中含有威胁气息的负性情绪信息的高敏感度使他们把认知资源投注于觉察这些负性情绪信息，夸大情境的威胁性，因对情境片面、错误的评估导致做出错误决策和与情境不符的行为反应，如暴力攻击。第二，暴力犯罪行为人也因过于关注负性情绪信息产生更多的负性情绪体验。第三，暴力犯罪行为人对负性情绪信息的过度敏感，有可能是他们对面孔情绪强度的识别存在缺陷（愤怒、恐惧、厌恶等负性情绪尤甚）。正常人对于越是高强度的情绪表达（无论是面孔还是词汇）越易于感知和识别。大量研究发现，具有暴力倾向的人和反社会人格的人，对中等强度和高强度情绪均无法准确识别。表现出低估正性情绪（高兴）面孔的强度，高估负性情绪（愤怒、厌恶）面孔的强度，认为图片上的面孔表达了更强烈的愤怒或厌恶。可能与他们的认知负荷小于常人有关。注意到威胁信息后，参与处理这类信息的神经中枢（主要是杏仁核）未能被充分激活，只在早期活跃，出现对威胁信息的警觉，而他们本身较多的负性情绪体验也加重了他们的冲动性。

情绪不仅影响对信息的选择和加工，还影响认知策略与风格。大量实验表明，愉悦等积极情绪状态下，主体较少注意加工对象的细节，较少付出认知努力；社会认知方面更容易受刻板印象的影响，行动上更依赖于常规；群体游戏中乐于模仿他人，乐于互助与合作。悲伤等消极情绪状态下，主体更关注当前刺激物的细节（Hertel，2000）；高焦虑的个体在给定的情景中更加倾向于注意威胁性信息，他们更看重失败的可能性，而把自己可接受的风险水平定得很低，宁肯止步不前失去机会也不愿意冒险；低焦虑感的决策者更加看重成功的可能性，因而冒更大的风险也在所不惜。

情绪对成就动机与风险决策的关系有调节作用。杨昭宁等（2011）采用 3（情绪状态：正性、负性、中性）× 2（成就动机：高、低）的被试间设计，首先通过《成就动机量表》测试后，根据得分排名，将被试分为高成就动机组和低成就动机组。其次，将两组被试分别随机分配为三组：正性情绪（诱发其愉悦）、负性情绪（诱发其悲伤）、中性情绪（对照组）。最后，完成纸笔问卷：

两项风险决策任务，一份情绪自评量表，一项对风险决策任务中被试可感知的风险程度评估。结果证实，情绪确实对不同成就动机水平被试的风险决策产生了调节效应。愉悦情绪使高成就动机者的风险寻求进一步增强，低成就动机者风险规避倾向降低；悲伤情绪则显著增强了低成就动机者的风险规避倾向。情绪在成就动机和风险决策中起到了一定的调节作用：改变了人们成就动机对风险决策影响的强度，并一定程度上改变了其作用方向。

三、情绪对决策和行为的直接影响

大量研究数据表明，情绪对决策行为有直接影响。例如，心境使人的判断简单化，只要根据自己的情绪状态就能做出快速判断和选择，无须整合判断任务外部各种信息，也不必要从自己已有经验中提取和加工。即"跟着感觉走"。再如，消极情绪使决策者更加关注于"振奋"，以此"修复"当前的消极心境。

不同情绪状态对决策的影响是有差别的。具有好心情的投资者和坏心情的投资者相比较，前者对自己的选择和判断过分乐观，容易做出冒险甚至违法犯罪的决策。比如，斗殴、吸毒、狂赌、飙车……他们无视将来遭受痛苦的可能性，只沉迷于这些行为带来的短暂欢愉。方学梅、陈松（2012）发现，不确定条件下，处在积极情绪状态下的个体更倾向于做出公平的判断，而处在消极情绪（愤怒）状态的个体公平判断较低。

研究发现，情绪影响个体在社会两难困境中的合作决策。例如，容易被激怒的人更倾向于选择"不合作"（Kassinove, et al., 2002）。崔丽莹、钱依文（2016）采用实验法研究正负情绪对社会两难困境中合作决策的影响，结果表明，积极情绪被唤醒时带来的愉悦使个体更具有社会偏好而选择合作；消极情绪被唤醒时的痛苦可能降低个体对合作的选择。

对消极事件有强烈情绪反应的被试更愿意做出低回报、低风险的选择。某些心理异常的犯罪行为人往往不考虑自己行为的后果，甚至明明知道高回报意味着高风险，仍然选择这个方案。虽然还不清楚此类心理异常的神经机制，但他们的异常表现与前额叶损伤的病人类似，可以推测可能与某种具体情绪障碍有关（前额皮质受损的病人缺少对恐惧的体验）。研究者（Hare, 1965; Patrick, 1994）发现，与正常人相比，反社会人格的个体对先前与痛苦电击相联系的条件刺激物的生理反应较弱；对即将出现的痛苦电击的生理反应也不强烈。当反社会个体暴露在令人厌恶的刺激物面前时表现出较少的消极情绪下的生理症状。

研究者（Hsee & Weber, 1999）指出，人们之所以高估他人的风险偏好，主要是情绪因素的作用。当人们对自己身边的真实的具体的人进行预测时，会以自己对风险的感受为基础（发生移情），即对风险的情绪反应影响风险偏好预测。

事实证明，情绪对认知的影响既有积极的一面，也有消极的一面。情绪过低，人的认知热情和认知能力使主体难以达到预期目的；情绪过高，人则表现为狂躁、疯狂，很难沉下心来认识事物。紧急情况下，以较高的情绪状态有利于主体精确计算和快速抉择；但有时也需要沉着冷静。一般情况下，多观察、勤思考，才能做出理性决策。

第二节　不同情绪状态对犯罪行为决策的影响

近年来，研究者不仅关注情绪对决策的影响，而且开始研究不同情绪状态、性质、类别对决策的不同影响。事实证明，不良的心境会使个体处于压抑、不满、企图寻求解脱的自我体验之中，从而推动犯罪动机的形成。

一、"喜者见之则喜，忧者见之则忧"——心境

据说，精神病学博士弗兰克曾经在纳粹集中营中被关押了很长一段时间，在饱受凌辱的煎熬中，他绝望过、恐惧过，充满对"生"的绝望、对"死"的恐惧，因为这里除了屠杀、血腥，看不到人性和尊严。他几乎发疯了。他知道，再这样下去，恐怕自己真的会精神失常。有一次，在去集中营工地劳动的路上，他产生了一种担心，晚上还能活着回来吗……为了强迫自己不再想那些倒霉的事，他开始"命令"自己幻想正要去演讲，那儿有明亮的教室，热情的听众，还有自己激情洋溢的讲说……渐渐地，他的脸上浮现出笑容。这是久违的笑容啊！弗兰克知道自己还会笑的时候，他坚信自己一定会活着走出去。

当他终于结束了厄运，从集中营中出来的时候，所有的朋友都不相信，生活在魔窟里中的人这样年轻、有活力！这就是心境的魔力。

（一）心境的意义

心境（mood）是一种持久、微弱，可影响人的整个精神活动，使人的所有体验都感染上某种色彩的情绪状态。宽广的心胸、积极向上的乐观精神是一剂良药，它使人走出痛苦，迎来新生，就像集中营里的弗兰克。从这个意义上讲，人是活在自己的精神里，生活在自己营造的"心境"里。

心境具有弥散性（diffusion）。当一个人处于某种心境时，就会以此情绪状态看待所有事物，并影响一段时间内的全部行为和生活。良好、愉快的心境，感觉花儿笑得很美，鸟儿唱得很动听，有人生"顺风顺水、万事如意"之感。即便遇到困境，也能积极面对，相信事在人为。相反，忧伤的心境则心灰意冷、百无聊赖，甚至万念俱灰。美好事物面前也可能视而不见、无动于衷。恐惧的心境令人风声鹤唳、草木皆兵。不仅如此，心境还能影响周边的人、感染身边的人，和他一起感受快乐、体验幸福，或者压抑、郁闷、苦恼、伤悲……正所谓"喜者见之则喜，忧者见之则忧"。

（二）心境与认知、决策、行为的相互作用

心境对决策和行为的影响，既可以通过激发动机直接发生作用，也可以通过个体的认知判断间接实现两种方式或独立或共同起作用。不同心境对人的行为的影响可能一样，也可能不一样。研究发现，无论是积极心境，还是消极心境，都可能促进或者阻碍亲社会行为和助人行为。

积极心境下人的社会认知会更加积极，人类的善良与合作本性更易于激发，从而增加亲社会行为和助人行为，这是"社会观模式"（social view model）的观点。但也不尽然。有时，即使个体是积极事件的接受者，也不能保证就会产生积极的自我意识。例如，某人意外地获得一个礼物，他的注意力如果不是对自己产生积极的认知和情绪，而只集中在赠送礼物的人或者礼物本身时，其积极心境下也不一定产生助人行为。

消极心境对助人行为的影响可能更复杂。有的研究发现消极心境促进助人行为，而有的则发现它减少助人行为。为什么会有这种情况？不同的理论给予不同的解释。

双重过程模式（dual process model）的观点是：积极心境下人更倾向于社交及其他积极的社会活动；消极心境下则容易产生自我中心倾向，使人更多地关注自我。因此，高社会性的情境下，积极心境能增加助人行为；消极心境下，只有能带来个人利益时才会有助人反应。

分离过程模式（separation process pattern）指出，积极事件产生的动机系统和消极心境产生的动机系统是分离的、相互抑制的，它们可能对助人行为的作用相互抵消，所以虽然经历了积极事件又产生了内疚或羞愧等消极情绪的人也不会增加助人行为。

注意焦点模式（focus mode）则认为，积极事件导致积极心境，消极事件导致消极心境。积极事件在激发积极心境进而导致助人行为时还借助于个体的注意焦点（Michael, et al, 1988），即发生在自己身上的积极事件产生积极心境时，行动者如果将注意指向他人，就会产生与他人相比的优越感，基于公平原则，就会更愿意帮助他人。相反，如果积极事件发生在他人身上，个体则会嫉妒、自私，由此产生的消极心境反而减少了助人行为。与此对应，当消极事件发生在他人身上，行动者的注意又是指向他人的不幸时，消极心境就能增加助人行为。但如果此时关注的是自己，则消极心境不但不能增加，反而会减少助人行为。进一步分析，消极心境下的个体在关注他人时比关注自我时更能表现出助人行为；由个人责任感导致的消极心境也能促进助人行为。原因在于：第一，注意的焦点在他人，能使个体产生移情，因而促进助人；第二，关注他人的个体更容易注意到他人的困境，于是也就更易于助人。

客观自我意识理论（theory of objective self-consciousness）强调主体自我意识的作用，在一定意义上弥补了注意焦点模式的不足。认为当个人是积极事件的发起者或接受者时，个体就产生了客观的自我意识。这种自我意识通过增加个体对自我的积极情绪和认知来增加助人行为。因此，个体积极的社会认知对象是"我"的时候，便产生助人行为（Duval, 1972）。杜瓦尔（Duval, 1979）等人进一步明确：个人责任感和客观自我意识的交互作用促进了助人行为。比如，当个体由于失职而产生内疚情绪时，尽管内疚是消极心境，但它却比其他消极心境更能促进助人行为。

心境保持模式（mood retention pattern）则提出，积极心境并不能直接增加行动者的助人行为。必须是在积极心境下产生喜爱、优越感等具体情绪后，主体为了保持这些情绪才实施助人行为。消极状态减缓模式（negative state mitigation pattern）则解释了消极心境下的助人行为。认为消极心境中的主体感受到的是自卑、痛苦，为了减轻这种消极感受会实施助人行为（Baumann, 1981）。但某些消极心境，如生气、挫败等情绪反而减少助人行为。可见，不同种类的消极心境对助人行为的影响并不简单，应从不同维度认识消极心境的作用。

实践证明，决策者所做的判断往往与决策者当时的心境是一致的。从心境对风险认知和决策的影响来看，心境是一种启动机制，影响决策者的风险知觉和冒险意图（Forgas, 1994）。已有的成功（收益）体验，带给决策者积极的心境；已有的失败（损失）的体验，可能会破坏决策者的积极心境。"一朝被蛇咬，十年怕井绳"，即使处于一个更积极、更快乐的心境下，他们也不再愿意冒险。

二、激情与应激

（一）激情与应激的意义

激情（intense emotion）是一种强烈、短暂、爆发式的情绪状态。激情状态下，人的内脏器官、腺体和外部表现，都会发生明显变化，通常表现为激愤、盛怒、恐惧、狂喜、极度的悲痛、绝望等心理体验，具有情境性、冲动性、盲目性等特点。从积极方面看，激情使人无私无畏、大义凛然、不顾一切、勇往直前，去冲锋陷阵、去超越人体极限、去做前无古人之事。战场上，为了胜利需要激情；赛场上，为了成绩需要激情；文坛中，为了脍炙人口的文字、激动人心的词句，也离不开激情。但是，激情状态也有很明显的消极作用。激情状态下，大脑皮质的调节和控制作用减弱，皮下中枢极度兴奋，人很难克制自己强烈的愤怒感、绝望感、喜悦感以及极度的悲痛感；主体常常出现"意识狭窄"（contracted of consciouness）现象，从而认识活动范围缩小，理智分析能力、自我控制能力减弱，虽然能意识到自己在说什么在做什么，但难以自控，因此出现各种过激言行。激情可以由某种重大事件引起，有时还可能由生活琐事引起。

应激（stress）是在某种意外的环境刺激下主体做出的适应性反应。例如，机动车驾驶人面对"突然冲上公路的行人"这一突发事件时的反应：迅速鸣笛、紧急刹车、向行人的另一方向猛打方向盘，等等。此时，需要驾驶人集中自己的智慧和经验，动员全部力量，瞬间采取行动，解除危机。这种高度紧张的情绪状态，人的身心发生一系列变化，如肌肉、心率、血压、呼吸及腺体，特别是内分泌腺的变化。正是这些变化使人集中精力和能量来适应环境的变化。但也可能带来不利后果。持续的刺激、反应时间过长等，都影响人的身心健康。"一鼓作气、再而衰、三而竭"就是应激的写照。

（二）激情与犯罪决策和犯罪行为

激情犯罪一般是指由于瞬间、强烈的消极激情爆发，理智失控状态下所实施的杀人、伤人、毁物等暴力性犯罪行为。这类犯罪往往是犯罪行为人以为自身利益受到侵害，或者自尊的需要没有得到满足，在外界情境的刺激下，原有的不良心理突发质变，受情绪的支配产生犯罪动机并实施犯罪，最终使自己的心理得到暂时满足。

激情犯罪是情绪犯罪的特殊形式——"情绪障碍"（emotional disorder）犯罪，也是心因性动机（psychogenic motivation）犯罪的一种。虽然由外界情境刺激引发，但犯罪行为人自身存在人格、情绪、认知等方面的缺陷。如偏激狭隘的认知水平、畸形的自尊意识、心胸狭隘、敏感多疑、争强好胜、爱慕虚荣、善妒逞能、社会责任感薄弱、缺少爱心和同情心、易受暗示、情绪不稳定、易冲动、自控力差等。他们的犯罪决策不能用理性来解释。因此，其犯罪行为具有很大的盲目性、情境性、偶发性、冲动性和疯狂性等。有的因认知缺陷，不懂法而犯罪，如出于义气，知情不举、隐匿不报，甚至帮助销赃、逃逸，以为反正犯罪的不是自己。有的具有抗拒、固执的逆反心理，对外界刺激过于敏感，在与人的争执中，因一时冲动，失去理智，在激情状态下实施攻击，造成对他人身心的伤害，他人、集体、社会财物的损失。激情犯罪的后果往往相当严重，犯罪手段残忍。某些激情犯罪行为除直接攻击目标外，还会牵连其他无关的人和事。

从激情产生到犯罪行为实施，有两种情况：一是不假思索，冲动之下实施侵犯和伤害，是一种典型的激情犯罪，也称突发型激情犯罪。预先没有确定的犯罪动机和侵害目标，其犯罪行为是因受到外界强烈的刺激，导致心理失衡的激情状态下实施的。这种刺激既可以是在犯罪人与被害人的冲突互动中产生的，也可以与被害人无关。犯罪行为人与被害人之间可能没有任何交集、素昧平生、无冤无仇，是完全无辜的路人，不幸成为犯罪行为人转向攻击的目标。二是不良情绪体验长期郁积，在某种刺激的引发下瞬间爆发而实施犯罪，也称蓄发型激情犯罪。犯罪行为人与被害人之间有恩怨情仇，矛盾集聚到一定程度，一旦出现某些强烈刺激，犯罪行为人长期抑制的积怨爆发，就会在激情状态下实施犯罪。蓄发型犯罪大多按既定目的逐步实施，有意识地自我保护，行为相对隐蔽。这两种情况下的激情犯罪都属于事先引起的被动型激情犯罪。另外还可能因实施犯罪行为过程中的应激反应导致原本就处于激情状态下的犯罪行为具有更大危害性。

许多心因性动机造成的犯罪，最初可能不具有反社会性质，例如自尊、友情、交往、游戏、成就等动机，但如果满足正当需要的手段、方法、行为造成损害、触犯刑律，就构成犯罪。如因自尊心受损和人际关系中的矛盾而产生的伤害、杀人罪；因友情、亲情而导致的包庇罪、窝赃罪；因交往不当造成的团伙犯罪；因游戏动机出现的戏谑犯罪；因成就动机而引发的侵犯著作权、专利权犯罪；等等。

（三）应激状态下的犯罪决策

应激犯罪（stress offense）是指在出乎意料的突发情境状态下，因高度紧张和压力导致行为失常所引起的犯罪。应激状态下犯罪人的行为决策是在出乎意料的紧迫情况下做出的，甚至决策者没有明确的决策过程。目的不明、计划不周、举止失措，是一种仓促间的应付。有三种情况：第一，犯罪人自身受到侵害、袭击时惊慌失措，自我防卫行为过当而构成犯罪；第二，在实施犯罪过程中遇到被害人的反抗或抗拒时，突然采取攻击性暴力行为（最初只为"劫财"，遭反抗后"害命"）；第三，突然情况下措手不及、应对失误导致过失犯罪。如司机对突然出现的危险产生强烈的恐惧，失去应变能力而酿成车祸。

激情或应激状态下的犯罪与有预谋、有计划的犯罪不同，往往"一时兴起"，"小事不忍酿成大祸"或应激不当，事后追悔莫及。

（四）激情、应激犯罪及法律规定

激情状态下的犯罪和应激状态下的犯罪同为情绪型犯罪。[①] 同属于"相对被动型犯罪"，即原本没有犯罪意向，特殊的情境状况促使行为人产生犯罪行为选择，最终导致犯罪。这两种犯罪都有当时情境的影响，也与主体自身缺陷有关。但它们又有区别（见表 7 - 1）。

表 7 - 1　激情犯罪与应激犯罪的区别

	激情犯罪	应激犯罪
所受刺激	不具危险性	具有危险性
主导情绪	暴怒	恐惧
心理动因	发泄怒气	自我保护欲望
心理反应方式	主动	被动

对激情犯罪的关注可追溯到 13 世纪的英国，到 17 世纪，通过一系列判例确定了激情犯罪的概念和原理。《英国 1957 年杀人罪法》第 3 条规定，在谋杀指控中，如果有充分证据证明被告人是因激情丧失自控能力，陪审团就应该确认：被告人所经历的激情足以使一个正常人做出与被告人相同的行为。《加拿大刑法》第 215 条规定：犯罪时因突然挑衅致情绪激愤而为之者，得减为非故意杀人。《德国刑法典》第 213 条明确规定故意杀人罪的减轻情节：因被害人对其个人或家属进行虐待或重大侮辱，致故意杀人者当场义愤杀人，或具有其他减轻情节的，处 1 年以上 10 年以下自由刑。《瑞士联邦刑法典》在总则 64 条、分则第 113 条规定：非法刺激或侮辱造成行为人愤怒和痛苦，法官可对其从轻处

---

①　情绪型犯罪包括反社会情感犯罪、激情犯罪、应激犯罪、挫折状态犯罪和消极情绪犯罪。

罚；因可原谅的强烈的情绪激动或在重大的心理压力下而杀人的行为给予从轻处罚。但不论是英美法系还是大陆法系，对情绪（激情）犯罪的立法规定，都是基于其种种前置条件，才会授权法律和司法判例进行从轻或减轻处罚①。

我国隋唐时期便有关于激情犯罪的立法。如隋朝的《大业律》中广义的激情杀人的规定；唐朝《斗讼律》中的"过失杀"等。

我国立法虽然没有明确规定激情犯罪的法律适用问题，但在司法实践上有关于对激情犯罪的司法判例。刑法学界有两种观点，一种观点认为激情犯罪应该从轻或减轻处罚。理由是：第一，激情犯罪的诱因源于被害人的过错或不当（无论是犯罪、违法，还是道德上的），对其从轻或减轻处罚符合社会或者道德的基本价值；第二，激情犯罪是行为人在激情状态下实施的非理性行为，缺乏意志选择的自由，应从轻或减轻处罚；第三，激情犯罪行为人是被判刑中唯一最有可能悔改的人，具有可教育改造的特质，应该对其从轻处罚，更应该通过立法以确定，使其成为法定的从宽情节。另一种观点不赞成对激情犯罪从轻或减轻处罚，认为被害人过错不是激情犯罪的必然诱因，而是归因于行为人性格缺陷。而这些人的性格缺陷说明他们具有极大危险性，不仅不应当从轻或减轻处罚，还应从重处罚，以矫治其性格和行为。

激情犯罪、应激犯罪虽然都与情境刺激有关，但情境中的不良刺激只是诱因，起引发作用，个体的心理缺陷、心理失衡才是犯罪的根本原因。如偏激狭隘的认知、消极的情绪、薄弱的意志力等。

第三节　不同性质情绪在犯罪风险决策中的作用

从生物进化角度可将情绪划分为基本情绪和复合情绪。人类有四种基本情绪：快乐、愤怒、悲哀、恐惧。这些是人与动物共有，有独立的神经生理机制、内部体验、外部表现、不同的适应功能。复合情绪由基本情绪的不同组合派生，有百种以上，其中最常见和最重要的有焦虑、抑郁、敌意等。研究发现，不同情绪状态对人有不同作用，对犯罪行为决策有不同影响。

一、积极情绪与消极情绪的意义

风险决策研究领域涉及的积极情绪主要包括：快乐（happiness）、高兴

---

① 胡学相，许承余．激情犯情节法定化的立法思考［J］．法学评论，2011，2：115－121.

（joy）、愉快（pleasure）、安详（serena）、自豪（pride）、得意（elation）等；消极情绪主要包括：痛苦（pain）、内疚（guilt）、愤怒（anger）、厌恶（disgust）、羞愧（shame）、恐惧（fear）、悲伤（sadness）、后悔（regret）等。

已有研究指出，处于某种情绪状态时，人们倾向于关注或从记忆中提取与自己情绪一致的信息，表现出情绪的启动效应，导致决策者的判断带有目前经历的情绪色彩。例如，愉悦情绪状态下的个体会记起更多令自己开心快乐的事情，即便是平平常常的事物，也会做出乐观的判断和选择；相反，处于消极情绪状态下的个体容易回忆起令自己伤心的事情，对事物做出悲观的判断和选择。这就是"心境一致性"（mood congruence）效应。实验条件下，积极情绪的唤醒，个体行为更具稳定的社会偏好，对他人有更多的信任，认为对手是友好的合作的，从而更倾向于与人合作。

积极情绪（positive emotions，也称正性情绪、肯定情绪）对风险决策的影响一直是决策研究的重点问题。积极情绪可激活大脑中存储的大量信息，使人的心理资源和行为资源得以扩展。心情愉快更容易调动主体的思维活动，提高信息加工速度，并采取启发式的信息加工策略，即自上而下的加工（bottom-up processing），节省大量认知资源，准确而快速地从贮存的信息中提取有助于当前问题解决的思想和方法。但可能比较依赖已有的知识结构，容易忽略细节问题。

大量研究结果表明：积极情绪的人对风险情境的知觉更确定，不认为高风险决策的后果一定会有严重的负面影响，尽管如此，也不一定愿意冒险。研究发现，积极情绪使主体在风险决策情境中表现出"谨慎乐观主义"（cautious optimism）（李艾丽莎、张庆林，2006）。

此外，积极情绪状态下决策者的参照点，即对行为的预期出现正向偏移，在他们看来，小的获益就是受损（可能认为收入小于自己的成本投入）。在具有高风险的犯罪行为决策情境中，积极情绪状态的决策者比中性或消极情绪的决策者表现出更强的风险回避倾向；而在低风险的决策情景中，积极情绪的决策者具有更强的风险寻求倾向（王沛、康琳，2008）。原因可能是在积极情绪下，决策者能冷静而全面地思考问题，风险较大时，哪怕收益再多，也不轻易冒险；风险较小时，只要有收益就值得一试。

同样是积极情绪状态，但对风险决策的影响却不一样。某些积极情绪（如希望）状态下的个体可能会高估小概率收益、低估中高概率的损失。

消极性情绪（negative emotion，又称否定性情绪、负性情绪）是在个体受到挫折后产生的使人灰心丧气、萎靡不振、悲观失望的减力的情绪，伴有苦恼、愤怒、憎恨、轻曲、惧怕等情绪表现。当消极性情绪经常占据主导地位，必然会损害个人身心健康，产生违背社会道德行为规范、影响社会进步的消极行为，严重的还会产生违法犯罪行为。

已有研究发现，抑郁程度增加，可导致决策者自动回忆起更多的消极信息，而且把现在的失败和曾经的失败相对比，更会自我贬低，继而形成消极心境。这时的知觉定势更倾向于忽视现实中的积极信息，而选择加工消极信息。抑郁、长期烦躁不安和高水平的生理唤醒，都有可能对加工过程产生干扰（李艾丽莎、张庆林，2006）。所以，消极情绪使个体的思维和行为变得更狭窄。恐惧使人只会产生某些特定的行为，如逃跑、攻击等。无论是焦虑还是悲伤都会降低决策者的信息加工容量。消极情绪状态下，处理信息的方式是自下而上的加工（top-down processing），人们更关注当前事物的细节问题，更倾向于注意威胁性刺激，甚至把一些中性的、模棱两可的情景和刺激当作威胁性刺激。消极情绪状态的决策者一方面信息加工容量和水平降低，对风险情境的知觉不甚明了，评估与风险情境相联系的收益时，更专注负面信息而高估风险；另一方面可能认为收益较少，对风险因素的评估不太乐观。他们更关注与风险相关的潜在损失而趋向于保守。但也不尽然，有时处于消极情绪状态下的个体更倾向于寻求冒险，通过增加获益的机会来改变自己原有的不良情绪，因此呈风险偏好倾向。

在实验条件下消极情绪被唤醒的个体，竞争性更突出，对他人的信任度降低，合作意向也会降低。甚至消极心境可能引发侵犯行为甚至犯罪行为。潜在犯罪行为人长期处在一种微弱、持久的抑郁、忧愁和不满等心理状态下，一种可能是消极对抗，如怠工、旷工、人际关系淡漠等；另一种是长期压抑的情绪状态逐渐增强，由量的积累转化为爆发式的反抗行为，如毁坏财物，与他人发生冲突、辱骂或伤害他人等。

积极、消极情绪之所以有如此大的差异，主要原因是两种不同情绪能使人构建不同的心理资源。消极情绪状态下，缩小认知和行为资源，以便建立应急资源应对困境，逃避即将到来的危险。这是个体免受侵害的自我保护机制，有其生物学意义。

研究发现，预期积极或消极情绪影响决策者的损失规避。克尔默（Kermer）等人（2006）的实验：一个50%概率赢5美元，50%概率输3美元的赌博游戏，您是否愿意参加？结果大部分人表示不愿参加。因为人们预期输3美元产生的悲伤、失望程度远大于赢5美元带来的快乐和高兴程度。正是由于人们高估了损失带来的消极情绪反应，才使得人们表现出风险规避倾向。同理，预期后悔会让个体更倾向于规避风险。

二、不同类型的消极情绪及其影响

近年来，研究者开始关注不同类型消极情绪对决策的影响。研究发现，抑郁、焦虑、悲伤、恐惧、愤怒等情绪对风险感知、犯罪行为决策的影响是不一样的。

（一）焦虑、悲伤情绪状态下的风险决策

焦虑（anxiety）是一种复合型情绪症状，表现为不安、紧张、担心、忧虑等。一般情况下由即将发生的事件引起。悲伤（sadness）是基本情绪体验，有哀痛忧伤之意。焦虑、悲伤的情绪状态下，决策者的情绪体验更分化，对决策任务形成不同的内隐目标，从而引起决策偏好的不同（Raghunathan，1999）。研究发现，高焦虑个体倾向于更多地注意威胁性刺激，并将一些模棱两可的刺激和情景解释为具有威胁性。诱发焦虑可增加个体对"低风险、低回报"选项的偏好。诱发悲伤，决策者则倾向于"高风险、高回报"博弈的偏好。如阅读报刊上具有悲伤内容的文章，人们会高估各种原因导致死亡的风险（疾病、山洪）。

但这种偏好模式依赖于决策者所处的立场，如果是代表自己做决策（自我立场），决策者的偏好与预期的情绪偏向一致；如果代表他人做决策（代理人立场），决策者的偏好一般不受情绪的影响。不仅如此，张双双（2012）实验研究发现，悲伤情绪在个体利益（自我立场）风险决策任务中表现出风险规避，而在非个体利益（代理人立场）风险决策任务中，悲伤、厌恶情绪均表现出风险偏好倾向。

（二）愤怒、恐惧情绪对风险决策的影响

常见的愤怒、恐惧情绪对风险决策有怎样的影响，学者的研究结果和观点不尽相同。有的提出恐惧情绪下的个体更可能高估风险并回避风险；有的则认为愤怒使人高估风险而做出保守选择。另一种观点指出，恐惧情绪状态下的个体可能高估小概率损失、低估中高概率收益。

庄锦英、陈明燕（2005）以实验的方法探讨消极情绪对决策的影响。研究者将89名被试随机分配到愤怒组和恐惧组。实验分5步进行。

第一步：交代决策任务。每个被试得到一张卡片，被告知卡片上的数字"5"代表实验结束所得到的报酬（单位：RMB）。

第二步，激发情绪。通过强迫选择问卷中具有污辱性和人身攻击性的选择题（所有选项均为贬义词），激发愤怒组被试的愤怒；通过被迫观看韩国恐怖片《狐狸楼梯》，激发恐惧组被试的恐惧。

第三步：被试做出选择——是否拿自己手中标有"5"的卡片，换主试手中标有"0"（什么也得不到）或"10"（可得到先前2倍的奖励）的卡片。其中0和10出现的概率相等。

第四步，填写并完成形容词检测量表（5分量表，表中给出的形容词所表达的均为消极情绪），被试自评何种情绪被激发，以及激发的程度如何。

第五步，预后处理。该实验是激发人的消极情绪，故需要进行处理，防止可能的心理伤害。

实验结果显示：两种情绪状态对被试决策的影响具有极其显著的差异，愤怒使更多的被试选择不交换，表现出较高的风险规避偏好；而恐惧对决策没有明显的影响。

诸多实验研究结果显示，愤怒使人对事件的熟悉性感知增加、重要性感知减少而降低对风险的感知，愤怒情绪状态下的个体倾向于认识事物的确定性、可控性，对风险的评估低于实际风险的概率，选择风险寻求。有研究（严霞、兰雅文，2009）显示，愤怒情绪状态下比恐惧情绪状态下更倾向于冒险。钱立英（2012）采用与庄锦英（2005）的研究一致的决策任务，但结果却不一致——愤怒情绪状态下表现为风险偏好，而且不受框架效应的影响。

研究（马什，2017）表明，恐惧的情绪状态可引发人的利他行为。研究者以"活体器官捐献者"这个具备"非凡利他主义"特征的人群为被试，通过精心设计的认知实验发现，这个人群总体上与对照组没有明显优势，但他们对人类恐惧表情的识别能力远远强于对照组。大脑扫描的结果显示，当看到恐惧表情时，他们大脑杏仁体明显活跃起来。杏仁体的功能恰恰与内分泌有关，与外部信息的识别和反应有关，尤其与人类对恐惧的认知直接相关。利他主义者杏仁体功能的活跃使得他们能够更好地识别他人的恐惧表情，然后产生感同身受的强烈共情。这些人并非勇敢、无畏，而是对恐惧、对痛苦更敏感，自己经历过恐惧和痛苦，更能体会到他人的恐惧和痛苦。当他们觉察到他人的恐惧情绪时，激发了助人、利他的"本性"，于是有了冒着巨大风险（且不论手术本身的风险，失去某个器官，如捐出一颗肾，就意味着今后可能会因肾功能问题影响自己的健康甚至生命），也要无私地、自觉自愿地为他人解除痛苦延续生命。

毛华配等（2014）指出，以往关于情绪与风险决策关系的研究大多是静态决策模式下进行的。然而，现实生活中决策任务并非一次性出现，而且事物总是不断地发生变化，决策者做决策时不得不面对瞬息变化的信息，进行多阶段的选择。动态决策情境下情绪对于风险决策行为的影响是否与静态决策情景下情绪对于风险决策行为的影响一致？基于静态决策的研究成果是否具有普适性？

为考察心境、即时诱发情绪在"静态—动态"决策情境下对风险决策的影响差异,他们以 88 名大学生为被试,以自我评定方式确定正性情绪者 20 人(22.7%),负性情绪者 23 人(26.1%),其余为中性情绪者 41 人(51.2%)。规定文字描述为静态情景,掷骰子为动态情景,分别以 2(情景:静态、动态)×3(情绪状态:正性、负性、中性)的被试内设计和 1(动态情景)×2(恐惧:诱发前、诱发后)的被试内设计,前者考察情绪(心境)在静、动两个情景模型下对风险决策的影响是否一致;后者考察具体诱发恐惧情绪在动态情景下对风险决策的影响。结果发现:①动态决策模型和静态决策模型下被试的决策行为显著不同,前者更保守(P < 0.001)。②不同心境被试在不同情景模式下的决策行为不同。中性、负性心境在动态决策情景下更保守;正性心境在不同决策情境下对风险决策行为的影响差异不显著。③诱发情绪在动态决策模型中对风险决策的影响有一定的时间差;恐惧情绪在动态决策中趋于保守。

不仅情绪的性质、状态影响风险决策,情绪的强度也影响风险决策。如大悲大喜之人更倾向于规避风险。

人们的决策实践和科学实验均证明,情绪与决策的关系相当复杂,绝非一一对应。在二者发生相互作用时,都离不开其他心理和社会因素的参与。决策者的情绪可能取决于决策者对各个备选方案的倾向与反应。反过来,这种情绪反应又依赖于决策者当前的情绪状态,如感到焦虑、悲伤等。因此,情绪对决策的影响机制要比人们先前认识到的复杂得多。立场不同,同为悲伤和焦虑情绪,决策者的表现是不同的。可以认为,决策者在选择是否使用某些情绪时有很大的灵活性,这主要取决于这些情绪与当前决策问题的相关度。事实上,情绪与决策之间确实具有相关性,情绪影响决策,决策亦影响情绪。基于此,学者研究并提出各种关于决策的情绪理论。

第四节 决策的情绪理论

20 世纪 80 年代以来,随着对情绪与决策关系研究的逐步深入和更加全面而深刻的认识,相关领域的学者更加关注决策时、决策后的情绪及其对决策的影响。研究者在效用理论的基础上相继提出若干预期情绪理论,如主观预期愉悦理论(subjective expectancy pleasure)、情绪信息等价说(feeling as information)、情绪启发式(affect heuristics)等,其中较重要的是后悔理论和失望理论;情绪泛化说和情绪维持说。

一、后悔理论

人们面临这样一个选择：确定会得到 1000 美元，还是通过掷硬币（出现人头）来决定是否获得 2000 美元？人们大多选择确定的 1000 美元，以避免没有猜对的后悔。现实中关于后悔的事例非常多，"悔不当初"的感受几乎人人都经历过。后悔（regret）是行为决策前后都可能出现的情绪体验，是一种基于认知的复合型消极情绪。

（一）后悔的表现与后悔理论的提出

如果某女士预期购买某种自己不熟悉的化妆品发生过敏时的后悔心情，就会放弃"求新求异"心理，选择自己熟悉的品牌。一位母亲预先想象到孩子将死于接种疫苗的后悔心情时，就会拒绝接受给孩子接种这种疫苗，尽管知道死于疾病的机会远远大于死于接种疫苗的机会。同理，如果人们事先得到提醒，一旦违规驾驶导致生命和财产损失时会后悔，他们就可能遵守交通法规（Parke，1996）。

卢姆斯、萨格登（Graham Looms & Roberd Sugden，1982）和贝尔（David Bell，1982）等人相继将欣喜和后悔纳入效用函数，分别提出后悔理论（regret theory），以此说明预期情绪在决策中的作用。该理论认为，影响决策的因素复杂多样，其中包含一些决策者自己都难以觉察的心理因素，所以人们不可能总是如期望效用理论假定的那样做出最优决策或最满意决策。凡是达不到令人满意的决策都可能感到后悔，即便这个决策结果还不错（王金风，2009）。后悔理论的核心思想是：决策者会对自己所处的现实状况与可能处于的状况进行分析比较，如果意识到自己选择的结果可能比其他选择的结果更好，就会产生愉悦、欣喜情绪；相反，其他未被选择的结果可能优于自己做出的选择结果时，就会产生后悔情绪。鉴于此，面临新的备选方案，决策者会回忆起曾经的经历，并且形成可能面临的欣喜或者后悔的预期。所以，决策者受到来自两个方面的影响：备选方案可能获得的结果；欣喜和后悔的预期。这些预期情绪将改变效用函数，决策者在决策中会力争将后悔降至最低，来减少不愉快。

后悔理论以两个基本假设为基础：人们都经历过欣喜和后悔的感觉；在不确定情况下做决策时，人们会预期这些感觉并将其作为决策时要考虑的一个因素。后悔的产生有两个前提：一是决策结果不理想；二是相信如果另做选择会获得好的结果。

研究发现，错误决策引起的失望超过了正确决策带来的欣喜（Loomes & Sugden，1982）。与损失相比，后悔的痛苦更甚。因为主体有内在的应该对自己决策所造成的损失负责的心理，这种心理特征称之为"后悔厌恶"（regret aver-sion）。对犯罪决策者而言，如果某种决策方式可以减少他们的后悔心理，则这种决策就优于其他决策。

后悔的研究已扩展到诸多学科和领域。如医疗、健康、组织行为、市场营销、法律、等等。研究内容集中在后悔的心理机制、后悔的调节策略和后悔对决策的影响。

1. 后悔的心理机制

后悔是经过高层次认知加工后产生的一种复杂的、复合型情绪体验。与喜怒哀惧这些基本情绪不同，复合情绪没有与之相应的、典型的外部表现（面部表情、声调表情和身段表情），以及跨文化的一致性。它通常更多地表现为一种内部心理状态，如预期自己失去一次机会或决策失误而感到沮丧、自责、失落、懊恼等。在对"有机会弥补过失"的渴望中，抑郁、焦虑情绪达到较高水平。

后悔与愤怒、嫉妒、内疚、羞愧、伤悲、失望等消极情绪的脑机制不同。神经认知科学研究发现，眶额皮质（orbitofrontal cortex，OFC）受损可能无法体验到后悔情绪。说明 OFC 是后悔情绪的神经中枢，对后悔体验有重要的调节控制作用。这种作用是通过"反事实性思维"（counterfactual thinking）① 机制实现控制眶额皮质将背外侧前额叶皮质（dorsolateral prefrontal cortex）、杏仁核（a-mygdala）② 等脑区联系起来（陈仁芳，2013）。此外，扣带前回（anterior cingu-lated cortex）、海马（hippocampus）等也参与后悔的产生和体验。OFC 通过调节人的认知冲突缓解基本消极情绪，产生"反事实性思维"这样的高级认知，才诱发后悔情绪。后悔情绪使人在以后的决策中学会后悔预期回避，以避免或减少决策的"非理性"。实践证明，后悔还与社会文化、人格特质等因素有关。

2. 后悔的调节策略

研究者根据不同维度对后悔进行分类。根据后悔情绪与决策发生的时间分为预期后悔和体验后悔；根据后悔的持续时间分为长期后悔和短期后悔；根据行为是否发生分为行动后悔和不行动后悔；根据失败决策的特征或阶段分为择

---

① 心理学界对后悔的研究是在反事实性思维框架下展开的。"反事实性思维"是指在心理上对过去已经发生的事件进行否定而构建一种可能性假设的思维活动。如"如果……就不会这样了"。反事实思维的框架下的"后悔"指事件的真实结果（what is）和可能发生的一个比真实结果更好的假设结果（what might have been）相比较，并伴随消极情绪的过程。于是，"反事实性思维"便视为后悔产生的机制。

② 杏仁核的功能：起类似于确定是否友好或敌意信号的阀门作用；对情绪特征进行测评，继而引发应激和准备战斗的状态；对攻击行为有重要作用。

劣后悔和拒优后悔；根据后悔的内容分为过程后悔和结果后悔，等等。体验后悔（experienced regret）是对已经做出的决策后悔。决策者设想，如果当时做另外的选择，其结果会比现在的结果好或更好。体验后悔激发人们强烈的改变现状、弥补过失的动机，而且这种对过去决策的后悔容易引起对未来决策的后悔。预期后悔（anticipatory regret）是做出决策之前的后悔，是指人们面对各种"反事实"比较（counterfactual comparisons）时，设想未来可能对做出的某种决策感到的后悔，并以各种方式把这种后悔降低到最小限度。现实生活中，最常见的是对决策结果感到后悔，学者对此普遍认可。对过程的后悔源于卡尼曼等人的实验研究。研究者设置了结果相同过程不同两种情况：两个投资者都损失了 1200 美元，其中一人因购买某只股票而受损；另一人则因一直持有同一只股票而受损。实验结果，大多数被试认为前者（积极投资）比后者（消极投资）更后悔。但有的研究与此结论相反。因此引发对"作为"后悔和"不作为"后悔的探究。

研究者针对不同后悔类型提出不同的调节策略和方法。对体验后悔的调节主要采取各种有效的心理防御机制来实现。如撤销决定或使决定逆转（购买的商品不喜欢，可找商家退换），推卸责任（可降低后悔，但可能引起失望等其他负性情绪），贬低其他备选方案（漏网的不一定是大鱼），合理化（寻找理由为自己的失误开脱）等。对预期后悔的调节是"防患于未然"，旨在尽可能防止后悔的发生或减轻后悔体验程度。主要措施有：收集各种信息，提高决策的质量；采取拖延战术，避免仓促之中做出错误决定；考虑各种可能的结果，"不打无准备之仗"，尤其要有最坏的打算；增加决策的合理性（遵循"常规"，不标新立异是最可靠的）；留有余地，保证决策具有可逆性。但有时可逆性更能引起"反事实"假想，因而更容易体验到后悔。可见，任何调节的方法、措施都不保证一定有效。后悔调节策略的研究对潜在犯罪人的决策有极大的启发和警示意义。特别是不要轻易做出犯罪行为决策，以免"预期后悔"或"体验后悔"。

3. 后悔对决策的影响

后悔影响决策的研究，主要有两大理论：预期后悔理论和后悔厌恶理论。预期后悔理论（anticipatory regret theory）指出，正因为决策前已经预期到未来可能后悔，在决策前和整个决策过程中，为避免后悔决策者或慎之又慎。其结果可能经过缜密思考、多方求证，做出一个最好或最满意的选择；也可能谨小慎微，畏首畏尾，错失良机。预期后悔使人倾向于做出较安全的选择，显示出风险厌恶，即保持现状。但现实中人们可能更倾向于做出"后悔最小化"的选择。后悔厌恶理论（regret aversion theory）认为，后悔厌恶是指当人们做出错误的决策时，会对自己的行为感到痛苦。为了避免后悔或失望，努力不做错误决策。后悔厌恶比风险厌恶和损失厌恶更具动机功能和更大影响力。

（二）"作为"效应与"不作为"效应

后悔可能在两种情况下发生：一是错误决策造成损失。后悔没有做出正确决策，认识到自己本该做得更好而感到的痛苦。二是决策太晚，错失良机而后悔。实践证明，人们在做出选择时往往会考虑该选择可能带来的后悔程度。第一种情况是"作为"带来的后悔；第二种情况是"不作为"带来的后悔。

研究发现，人们普遍因做出错误行为导致损失，比没有做出正确行为导致同样价值的损失更为后悔。卡尼曼和特沃斯基将这种现象称之为"作为效应"（action effect）。也有研究者（Kinnier & Metha, 1989）不赞成这种观点。他们发现，人们认为让自己最后悔的事不是做了什么，而是"没有做什么"，是岁月蹉跎、人生虚度，即"不作为效应"（inaction effect）。

进一步的研究（Gilovich & Medvec, 1994）指出，有关"作为"和"不作为"所产生的后悔心理存在着一种时间模式。短时间范围内，人们对"作为"产生的不良后果更加后悔；从长期角度考虑，"不作为"更令人追悔莫及。张结海（1999）针对这个问题提出后悔一致性模型，用以解释上述两种现象之间的矛盾。

施俊琦等（2004）认为，不同情境下人们对"作为"和"不作为"的倾向也是不同的。他们提出两种情境：象征性的情境（送生日礼物、选择工作、上大学、参加奥运会的比赛）和利益性的情境（投资基金、选择服务、投资股票、参加联赛）。假设1：在象征性的情境，人们倾向于采取"作为"行为；而对于利益性的情境，人们倾向于采取"不作为"行为。假设2：对于象征性的情境，人们采取"不作为"行为后产生的后悔程度高于"作为"行为；而在利益性的情境中，人们采取"作为"行为后产生的后悔程度高于"不作为"行为。

他们以大学生为被试，采用问卷法，要求被试在每个情境中从两种不好的结果选项中选择，并用5点量表分别评定出现这两种情况的后悔程度。研究结果验证了假设1，部分验证了假设2。结论是：不能简单地认为存在"作为"效应或者"不作为"效应。选择情境是否具有象征意义会影响人们是否作为的倾向，表明人们看重象征性的社会意义胜过对利益的考虑；象征性情境导致更倾向于选择作为，采取"不作为"行为的后悔程度远高于采取"作为"行为的后悔程度。

实践证明，后悔程度与实际结果接近意愿（想要达到的结果）的程度呈正相关。实际结果越接近意愿结果，后悔程度越强；当实际结果与意愿结果相去甚远时，后悔程度反而减弱，甚至几乎不会感到后悔。比如，学生上课迟到2分钟比迟到20分钟更后悔。运动会上，获得第二名的后悔程度大于获得第三名的后悔程度。原因是，只要再努力一点点、再快一点点就会大获成功；稍微早一点点就不会受到批评。但离成功的距离太远，再怎么努力也望尘莫及，那就没有什么可遗憾、可后悔的了。

犯罪行为决策者感到做出错误决策的后果比什么也不做带来的损失更为严重，在不确定情况下他们为避免后悔便可能消极行事，沿袭"老做法"；或者按兵不动，宁可失去机会。所以，在某些情况下，后悔可能使决策者放弃最好的选择。当理智和情绪冲突时，情绪可能占主导地位，直接影响随后对风险的选择。这也证明情绪对风险决策有直接影响。

后悔情绪体验不一定与决策错误后果的严重程度相关联，它更取决于人们对事件的认知评价。如果经过认知评价，即使某一决策实际没有造成任何严重后果，个体也可能体验到后悔情绪。

（三）后悔理论对其他理论和悖论的解释

后悔理论对风险偏好做出新的解释，认为风险就是在决策过程中，由于事前对自然状态的不确定性，人们的选择不可能完全达到最优化。所以，风险偏好是对这种可能性后果的考虑，这种考虑将在一定程度上决定人们的事前决策。古尔（Faruk Gul）把期望效用理论中的风险偏好作为其后悔偏好理论中的一种特殊情形，提出了后悔偏好理论（regret preference theory）。

与前景理论对这种风险规避倾向的解释不同，后悔理论仍采用经典效用函数，只是在其中加进了"后悔"这个新变量。从这个意义上讲，这种后悔预期与前景理论并不矛盾，是前景理论之外的另一个选择，同样可以解释阿莱悖论、埃尔斯伯格悖论、偏好逆转、对概率保险的回避等多种悖论。

二、失望理论

在提出后悔理论之后，贝尔等人（Bell，1985；Loomes、Sugden，1986）又相继提出失望理论（despair theory）或称预期失望理论（anticipated despair theory）。他们把决策中的情绪、动机因素合并到期望效用的结构中，认为人们不仅注重可能的结果以及结果发生的可能性，还关注这个结果与其他备选方案的可能结果的比较。失望是当同时有几个结果，而自己的结果较差时所体验到的一种情绪。结果间的差距越大失望也就越大。失望体验常常伴随着迷茫和无措之感。迷茫和无措使人产生惰性，产生对风险的厌恶。

和后悔理论一样，预期到的失望可以通过改变效用函数来影响决策，决策者可能不再想做任何选择，以免决策失误导致更大失望。如面对两个选择：

100%的机会得到8美元；67%的机会得到12美元。选择后者有损失的可能，若如此，会有多大遗憾？若成功则所得大于前者，会有多大快乐？经计算，选择后者失败产生的失望是选择前者并发现后者成功而产生失望的2倍以上（"8－0"＞"12－8"）。那么，似乎人们更应当选择前者——收益时规避风险。

后悔理论和失望理论都是通过比较把预期情绪引入决策过程。不同的是，后悔理论强调不同选择间的比较，失望理论则重在同一选择内不同结果间的比较。但这两种理论对所假定的预期情绪都缺乏直接的验证。

三、情绪泛化说与情绪维持说

后悔理论和失望理论均是对决策后情绪以及对决策的作用的解释。情绪泛化说、情绪维持说则负责解释决策中情绪的作用。

（一）情绪泛化说

情绪泛化说，也称情绪泛化假设（affective generalization hypothesis）。该理论认为，决策者的情绪状态会泛化到之后的决策判断。积极情绪状态下，决策者判断情绪效价相同但没有任何关联的风险事件发生的频率会减少；而消极情绪被诱发的决策者则倾向于判断类似性质事件的发生频率增加（Johnson & Tversky，1983）。例如，看到悲惨事件的新闻报道引发的悲伤，导致高估其他风险事件，以及所有不希望发生的事件发生的频率。

（二）情绪维持说

研究者（Isen & Patrik，1983）探讨积极情绪对风险判断和决策的影响，结果发现，愉悦情绪状态下的被试比控制组被试更倾向于在低风险任务下赌注，在高风险任务时则无此现象。由此提出情绪维持假设（mood maintenance hypothesis）。他们认为，决策者为了最大限度地维持其情绪状态，会尽力避免做那些可能带来与之相反体验的决策行为。处于积极情绪（高兴）状态下的个人更是如此，他们为了维持积极情绪，决策时尽量不去冒险，呈风险规避倾向；消极情绪（悲伤）状态下的个体则可能更倾向于寻求风险，增加收益机会而改变现在的不良情绪状态。

四、情绪的其他研究

情绪泛化说和情绪维持说被当作情绪与决策研究领域的基础理论。后来学者提出的相关理论假设都是这两种理论的延续和发展，如情绪信息等价说（emotional information equivalence）、情绪一致性反应假设（mood congruence effect）等。

之后，研究者尝试从系统机制的角度来解释情绪在决策行为中的作用。例如，躯体标记学说（somatic marker hypothesis）认为，情绪加工的重要部位在内侧前额叶，躯体在各种情景下形成情绪体验并以特定的内脏反应来表达，躯体正性或负性的标记所对应的内脏反应进而影响人的决策行为。

卡尼曼等人提出人脑存在认知和情绪两大系统，二者密切相关。心理学和神经生物学研究表明，认知和情绪虽然具有各自独特的功能和加工机制，但它们之间彼此依赖、相互影响。二者的交互作用表现在心理功能和神经机制两个层面。在心理功能层面上，积极情绪刺激比消极情绪刺激更能吸引人的注意；人们更喜欢先前关注过的事物。在神经机制层面上，一些脑区既参与认知加工，也与情绪加工有关。如杏仁核是处理恐惧情绪的重要脑区，同时也参与注意加工、联想学习等认知活动。小脑受损可同时表现出言语（认知）、情绪调节（情绪）和执行功能（意志与行动）方面的障碍。

第五节　情绪影响犯罪行为风险决策的实证研究

以天津市 5 所监狱的服刑人员为对象，探求不同情绪状态对风险决策的影响。

一、研究设计

研究假设：（1）服刑人员在两种不同的情绪状态（积极：高兴；消极：悲伤）下的风险决策存在显著差异，消极情绪状态下可能倾向于风险规避，积极情绪下可能更倾向于风险寻求；（2）服刑人员的情绪与框架效应在对风险决策的影响上，二者交互作用显著。

实验设计：采用 3（情绪状态：积极、消极、中性）×2（框架：正性、负性）的被试间实验设计。自变量：（1）情绪：被试间变量，通过情景回忆法，分别诱发积极情绪（高兴）、消极情绪（悲伤）和不给予任何刺激（对照组）。（2）框架效应：被试间变量，把被试随机分到正性框架组和负性框架组。因变量：风险决策测验得分。

研究工具：（1）情绪启动任务：通过情景回忆法启动与诱发被试积极情绪与消极情绪。分别呈现积极与消极两种指导语，请被试回忆或想象一件非常高兴（万分悲痛）的事件，再把刚才回忆或者想象的事件尽可能详细地进行描述。（2）PANAS（Positive Negative Affects Scale）情绪评定量表（中文版）① 评定情

---

① 该量表由 Watson 等人编制，包括 PA 和 NA 两个分量表，19 个描述情绪的词汇，采用 5 分等级评分，由被试评价体验到的情绪强度（分数越高代表强度越大）。

绪的诱发效果。

选择被试：控制冲动性人格变量的影响。将 1204 份《冲动性人格问卷》总分由高到低排序，剔除前 27% 与后 27%，从中间部分随机抽取 240 人为被试者。

实验过程：将被试随机分配到不同的情绪状态组（各 80 人）进行情绪启动任务。然后将各情绪组分别随机划分为正性框架组（40 人）和负性框架组（40 人）。分别填写正负两种版本的风险决策问卷①。

剔除无效数据后得到有效样本 216 个。其中被试者的年龄在 15 ~ 69 岁，平均年龄为 33.56 岁，男性为 112 人（占总人数的 51.9%），女性为 104 人（占总人数的 48.1%）。

二、研究结果与结论

描述性统计分析结果：（1）消极情绪组风险决策平均得分高于对照组与消极情绪组，积极情绪组风险决策平均得分高于对照组；（2）消极情绪、负性框架组风险决策平均得分最高，对照、正性框架组风险决策平均得分最低；（3）负性框架组平均得分高于正性框架组。

以情绪、框架效应为自变量，风险决策得分为因变量，单变量多因素方差分析、事后检验，不同情绪状态与框架效应对服刑人员风险决策的影响结果显示：

（1）情绪对风险决策的主效应显著（$F = 56.473$，$p = 0.000$），表现为积极情绪组风险决策得分显著高于对照组，且显著低于消极情绪组，即消极情绪状态下服刑人员更倾向于风险寻求。这一结果对情绪维持假说提供了支持。

（2）框架效应对风险决策的主效应显著（$F = 8.687$，$p = 0.004$），表现为负性框架组服刑人员风险决策得分显著高于正性框架组。

（3）情绪与框架效应对风险决策交互作用不显著（$F = 0.985$，$p = 0.375$）。可能与情绪、框架对风险决策的作用机制是平行的、互不干扰有关。即情绪对风险决策的影响不受框架的干扰，框架对风险决策的影响也同样不受情绪的干扰。这个结果与其他研究（周琴，2009）结果一致，却同另外的研究（刘永芳等，2010；张晓欣，2014）结果不一致。所以，关于情绪与框架效应对风险决策的影响的交互作用需进一步验证。

---

① 该问卷由钱立英编制，包括五项决策任务。每个任务都由无风险选项和一定概率受损或获益的风险选项构成，并有正、负两种描述方式。风险项得 1 分，无风险选项 0 分。

第八章

人格・犯罪行为决策之根本

惯犯累犯之所以频频犯罪，其自身的人格因素有至关重要的作用。他们的素质、修养、人生观、世界观、价值观等，决定了犯罪行为发生的内在可能性。即便"一念之差"做出犯罪行为决策，也与主体的人格特征、认知特点、情绪状态、信息不充分、时间压力、人际关系等不无关系，尤其是固执冲动、粗心大意等人格缺陷。一个思想觉悟不高、素养差、贪图名利、追求享乐的人，犯罪的可能性较大；相反，思想觉悟高、素养好，一切以国家、他人利益为重的人，犯罪的可能性较小，至少犯罪故意的可能性很小（马皑，2006）。

近年来，国内学者着眼于研究影响决策的人格因素，如决策者的认知风格、成就动机、自我评价及其更深层次的文化因素等（李纾 等，2000）。对犯罪行为人的人格特征、人格对犯罪行为决策的具体影响等也纳入犯罪预测、预防、控制、惩罚的研究范畴。

第一节　人格问题研究

人格是诸多学科的重要研究对象，哲学、伦理学、社会学、法学、心理学、生理学等学科从不同角度不同层面诠释人格的内涵，形成丰富的人格理论，并将其运用于不同领域。心理学对人格的研究是最系统、最深刻的。不仅揭示了人格形成和发展的规律，而且对人格的研究范畴、研究范式和研究方法进行整合。

一、人格的概念

人格（personality）一词源于 persona（面具）。道德意义上的人格指一个人的品德和操守；法律意义上的人格指享有法律地位的人；文学意义上的人格指人物心理的独特性和典型性。心理学研究者以不同的视角研究和定义人格。阿尔波特（Allport）在 20 世纪 30 年代已经总结出 50 种以上。如人格主要取决于一个人与生俱来的个性特点；人格是一个人在社会化过程中形成的个人特点；还有的强调人格既有先天遗传特点，也受环境的影响。总之，人格是构成一个人的思想、情感和行为的特有统合模式，这个独特模式包含一个人区别于他人的，稳定而统一的心理品质。

人格和人类行为的差异主要表现为三个层面：第一，人与动物的不同。人与动物的本质区别究竟是什么？以往人们研究认为人具有社会性，有语言、会思维，有复杂的情绪情感。后来的研究假设"可以预见未来"是人与动物的根本区别。因为只有人类才有对幸福的憧憬和感受。第二，人与人之间的不同。人与人之间的不同表现在很多方面，如智力和能力在类型、发展水平、表现早晚的差异，对事物的需求、态度、兴趣爱好、价值观、人生观不同，个体"社会—认知—情感"的动力学系统不同，等等。有些感受和体验相同或相似，因每个人的反映方式不尽相同，逐渐形成个人独特的人格特征。第三，个人行为在不同时间和不同情境下的差异。人格作为适应社会环境的个人方式，时常因角色转换而体现出不同的风格。如一个人对他人有攻击性，但对家人、亲友却十分和善，几近温柔。例如，穷凶极恶的杀人犯白宝山①，对母亲却很是孝顺。警方了解这个情况后，在他的家中将其抓捕。他说："我本来想拿枪打死他们（指要带他走的警察），可是，看着走进来的母亲，我放弃了……我不能让母亲伤心，更不能也不忍心让母亲知道我的另一面……

二、人格理论及其意义

人格理论是心理学不同流派解释人类行为差异的一种工具。不同学派从不同侧面论述和验证人格和人格特质。例如，对攻击和攻击行为的解释，精神分析流派主要研究无意识心理，认为人有无意识的死的本能、自我毁灭的无意识愿望，当目标行为受阻时，就可能采取攻击行为；生物学流派主要研究遗传素质和生理过程，认为攻击行为与遗传有关；人本主义理论主要研究责任感和自我认同感，认为人的本性是善良的，只有在基本需要得不到满足时，才有攻击行为；认知学派主要研究信息的加工方式，富于攻击性可能源于加工信息有偏差。可见，人格是一个比较复杂的系统。

---

① 见第二章第四节，二、犯罪行为风险决策具体过程。

第二节 与犯罪相关的人格特质

有关冒险行为、侵犯行为及事故倾向的分析表明，冒险行为与人格特质有关（有的人干脆就将冒险行为视为一种人格特质）。个体的冒险性倾向因风险情景不同而有不同的表现，同时也受个体内在素质的制约。研究指出，经常欺负别人的人大多脾气暴躁，容易被激怒，对外界的一般性刺激也很敏感，反应强烈。

一、寻求刺激的人格特质

"寻求刺激"（stimulus seeking）往往是青少年冒险和不良行为的主要原因。对感觉寻求现象的关注和研究可追溯到感觉剥夺实验（sense deprivation）。在严格控制的实验室里，被试戴上墨镜、手套，听不到或者只能听到最低限度的声音，看不出任何图形的形状，双手也不能通过精细的触觉感受刺激……两天后，被试因为无法忍受这种"感觉剥夺"而纷纷退出实验。有的被试甚至出现幻觉、烦躁、焦虑、易激怒。实验证实，人人都需要刺激（信息）的输入，需要与外界的交流，刺激贫乏、感觉剥夺的结果会引发一系列心理问题。在对此实验结果做出解释的基础上，朱克曼（Zuckerman，1994）提出"感觉寻求"（sensation seeking）概念，将此概念确立为一种独立的人格特质——感觉寻求是对多变的、新异的、复杂的、强烈的感觉和体验的寻求，并通过生理的、社会的、法律的、经济的冒险行为来获得这些体验的愿望。

朱克曼等人编制的感觉寻求量表（Sensation Seeking Scale，SSS）包括四个因子：（1）兴奋与冒险寻求（Thrill and Adventure Seeking，TAS）；（2）体验寻求（Experience Seeking，ES）；（3）去抑制（Disinhibition，Dis，DD）；（4）厌倦敏感性（Boredom Susceptibility，BS）。国内外诸多学者（Jonah，1997；Heino，1996；庄明科 等，2007）研究发现，感觉寻求与风险驾驶行为密切相关，感觉寻求的驾驶者更容易出现各种风险驾驶行为。与感觉寻求相反的人，即感觉回避的人更倾向于保持较大的车间距，而且有更安全的驾驶行为。

二、冒险与冒险行为

冒险和冒险行为是多学科共同的研究课题，相关研究成果有助于人们更好地了解冒险和冒险行为对决策的影响，尤其是与攻击、侵犯、暴力行为的关系。

冒险和冒险行为并非单一的特质，与动机、风险偏好类型，以及人格特质、个人反应模式、框架效应、信息呈现效应、任务复杂性、行动结果的价值不确定性等多种因素相关，受多种因素相关联的组合效应、人的基本需要和环境变量等因素的影响和制约（万奇峰，等，2008）。因此，应多维度、多视角地理解冒险行为。

（一）冒险行为

冒险（adventure；risk）指不顾危险地从事某种活动。如蹦极、高速赛车、野外生存、徒手攀岩、低空跳伞等。此外，投机、赌博、赌马等靠运气、有风险一类的活动也属于冒险。冒险也可解释为承受风险；不考虑主客观条件的盲动、蛮干。

冒险行为（risk-taking behavior）是"个体在具有不确定性的情景中对不同任务所做的选择"（万奇峰，等，2008）。冒险行为既可以是消极的，也可以是积极的。至于是积极的冒险行为，还是消极的冒险行为，又与个体自身遗传特点、同伴群体的影响、家庭教养方式和家庭经济地位等多种生存环境因素有关。良好的主体内、外因素的交互作用产生的积极冒险行为，是被社会广泛接受和认可的，如促进身心健康发展的登山、跳伞、潜水、滑雪、赛车等体育运动类冒险性行为。这类冒险行为一般需经过一定的训练，并采取一定的保护措施，既可保证人身安全，又可锻炼、愉悦身心和他人。消极冒险行为是带有破坏性，或者不被社会所接受和认可的冒险性行为，主要有：犯罪冒险，如偷窃、抢劫、攻击、故意破坏等行为；经济冒险，如赌博、风险投资；违规冒险，如酒后驾车、破坏公物；健康冒险，如吸烟、酗酒；性冒险，如过早性行为、不避孕性行为、乱交行为等。

有学者（Wallach & Wing，1968）研究发现，人们普遍认为同伴比自己更喜欢冒险。因此提出"冒险就是价值"（risk-as-value）的观点，即冒险比保守更具有文化性价值。冒险行为虽然并非人类个体和群体所必须，而且冒险者知晓这些行为极有可能对自身造成损失，但他们追求冒险过程本身和冒险结果对自己某种心理需求的满足，因而会义无反顾地铤而走险。

有关冒险行为及事故倾向的分析表明冒险行为与人格特质的关系，因此提出冒险和冒险行为是一种人格特质，具有相对稳定性。谢晓非、徐联仓（1998）发现，冒险倾向特征、个性特征、对风险性质的认知等因素相互影响。"冒险—保守"倾向变量与自评人格变量中独立（D）、自信（Z）及强烈的竞争意识（J）等变量的相关极高。克利福德（Clifford，1991）指出，中等水平的冒险行为与以下特点相伴随：有适宜的动机水平（50%的成功可能性），成功之后确立更高目标的趋向，有较强的失败承受力，能对失败做出建设性反应。

（二）风险态度与风险倾向

态度（attitude）是对人、观念和事物产生的肯定或否定的评价和行为倾向。表现为对事物的认知、情感和意向。态度一旦形成，就会影响一个人的判断和决策。态度是一种行为倾向，通过态度可以预测人的行为，同样，通过行为也可以推测和获知人的态度。

态度在风险认知中的作用主要体现在是否自愿承担风险，以及自愿承担风险的程度。对于自愿承担的风险，人们往往倾向于低估甚至忽略，而对必须承担的风险往往会高估。例如，那些吸烟者，自愿承担尼古丁带来的风险，心安理得地被人称作"慢性自杀"和使他人受到"二手烟"的伤害，却无法忍受诸如建立核电站、垃圾处理设施、移动通信装置等事物可能的危害。同样，人们普遍对日常消费品中不健康的化学成分的危害、转基因食品安全性忧心忡忡，却对自己身边发生的一些人由于饮食不良偏好死于不健康食品的现象司空见惯、熟视无睹。

有研究指出，对于自愿性的事件，个体可以在很大程度上控制其发生以及发展过程，而对于非自愿性事件，个体的控制能力相对减小。正是这种对事件不同的控制权导致个体对自愿与非自愿事件的风险评价差异（Wiegman & Gutteling，1995）。

风险态度（risk attitude）是指由于决策者个人的偏好、价值观等不同，决策者对于同一风险事件做出不同决策的现象。风险倾向是指人在面对不确定事件时的态度或行为。在风险型或不确定型决策问题中，决策者选择任何方案几乎都要承担一定风险，不同决策者对风险的态度是有区别的，或风险寻求或风险回避。同一风险事件对不同类型决策者的诱惑和约束不同，可接受的最大风险状态也不同。研究发现，风险倾向有文化差异①。

根据效用理论，风险态度可分为保守型、冒险型和中型三种：（1）保守型（风险规避）：对损失较敏感，对获益反映较迟钝；他们的期望收益大于期望效用，容易满足，有时宁可花钱买平安。故受风险约束效应影响较大。这样的人在各种诱惑面前往往非常慎重，"多少是个够？多少才算多？""不该拿的不能拿"。（2）冒险型（风险偏好）：对获益较敏感，对损失比较迟钝；他们的期望

----

① 见第九章第二节，三、社会人文环境。

168

收益比期望效用小，为满足自己实现最大期望效用的心理，决策时偏好选择具有较大风险的方案。反正也是"贪"，"能多贪就不少贪"。就连买保险，也倾向于买高风险高收益的"投资联结"类的创新型保险。故受风险的诱惑效应影响较大。(3) 中型：介于回避型和冒险型之间，受风险的诱惑和约束也介于二者之间。他们不大关注风险，基本上是按照期望值的高低选择自己的行动方案。随着自身经验水平和能力的提高以及对风险事件的了解，决策者对待风险的态度会发生变化，甚至可能由保守型转变为冒险型。典型的有"59 岁现象"等。

风险偏好、风险态度的变化还表现为面对收益和损失时的风险态度大不同。例如，绝大多数人满足于稳赚 800 美元，不会为了赚更多的钱而冒分文不赚的风险，表现出风险回避的偏好；面临损失时，人们的反应方式正好相反，宁愿"赌"一把，也不愿做一定会赔进去 800 美元的生意，表现出对风险的偏爱。实验（张玲，1999）发现，随着任务特征风险性的增加，个体由风险回避转向风险寻求。现实中最成功的彩票是得奖概率极低而得奖额极高的彩票，这样的彩票对发行者来说可降低成本而对公众又具有极大吸引力。走私、贩毒等犯罪行为，尽管被发现的概率较高、刑罚也很严厉，然而一旦成功就有极高的收益，犯罪行为决策者宁愿冒险也不愿失去机会。

（三）乐观与冒险偏好

个体行为除了受利益的驱使，也受自己的"灵活偏好"及个性心理特征的影响。个体的先天特性、后天的成长环境都不尽相同，因而每个人的个人偏好也不同。面对五彩缤纷的颜色，有的喜欢和选择红色，有的则可能把蓝色当作自己的最爱。在大千世界里，每个人都会根据自己的喜好、特点、需要确定自己的目标，做出自己的抉择。然而，现实生活中的外在激励效用能够强化或弱化已有的偏好，使偏好具有大众趋向性。经济、政治和社会活动提供了人们判断自己要求是否满足的标准，一个人的偏好选择，也会影响周围其他人的选择。个体之间的相互影响，久而久之，处于同一群体、地处一地的人们有了大致相同或相似的偏好。比如，口味上的"南甜北咸"，某些地区人们的"不怕辣""辣不怕""怕不辣"等。

美国心理学家阿特金森（John William Atkinson，1957）提出冒险偏好模式（risk preference model），以个体对成功的渴望（motive to achieve）和对失败的回避（motive to failure）两种倾向冲突的结果来解释个体的冒险行为。人与人之间在冒险性上的差异，与个体接近成功与回避失败的不同倾向有关。

乐观（optimism）是一种对未来事件正性预期的倾向，也是一种广泛地对人对事的态度。对事物持乐观态度的人，对未来发生的事件有积极和正向的预测，他们相信事件的发展会有一个好的结果，于是更喜欢冒险。如果乐观是对未来的积极预期，那么冒险就是预期之后的行为反应方式。乐观与冒险之间可能存在某种必然的联系。为了寻求乐观与冒险两类变量之间的一般性关系，研究者（谢晓非，2003）对北京、重庆两地大学生276人进行问卷调查。研究结果证明高乐观与高冒险相关，准确地说，乐观变量中的积极预期维度与冒险行为倾向相联系。

生活中，"好冒风险者"对风险的结果总是报以乐观、积极的态度，这些人承受风险的能力较强。在潜在的犯罪行为人当中，就有这种类型的人，他们强调犯罪行为风险的积极方面，认为干就有可能获益。一有机会，很快就会做出犯罪的决策。

三、攻击与攻击（侵犯）行为

攻击行为（aggressive behavior），也称侵犯行为，是人类社会普遍存在的一种社会行为，是指有意对他人造成心理、身体上的任何伤害的行为。表现为剥夺他人的权力，强迫被侵犯者放弃自己的财物、利益、名誉、贞操乃至生命的行为；也包括自杀、恐怖主义等其他有较大社会危害的行为。从社会生物学的角度看，攻击（侵犯）行为模式有：领土的保卫和征服、在组织完好的群体中维护等级和统治、断奶的敌意活动（由此造成亲子冲突）、反侵犯的侵犯行为等。不同行为模式的侵犯活动，其功能也大不一样。从某种意义上看，攻击行为是一种消极冒险行为。

（一）攻击行为的意义和作用

近年来，校园欺凌行为受到社会和学界的广泛关注。所谓校园欺负行为是指在学校校园范围内，力量较强的一方（一个或多个）对力量相对较弱的另一方（一个或多个）经常有意实施的有伤害性结果的负面行为。校园欺负行为在大学、中小学，甚至幼儿园时有发生。国外20世纪70年代末到20世纪90年代初，主要对欺负行为进行描述性研究；20世纪90年代初至今，对欺负行为的研究逐步深入，既深入研究儿童欺负的发生机制，也重视该领域研究的现实意义。例如，挪威、英国较早开展学校欺负干预研究，并取得了较大的成功。我国《治安处罚法》《民法通则》《未成年人保护法》都有关于校园欺凌的条款。2016年5月，国务院教育督导委员会办公室下发《关于开展校园欺凌专项治理的通知》，提出建设平安校园、和谐校园，专项治理中小学校学生之间因欺负、侮辱造成伤害的校园欺凌。2016 年 6 月，李克强总理提出要坚决遏制校园暴力这种漠视人的尊严与生命的行为。11 月，教育部等九部门印发《关于防治中小学生欺凌和暴力的指导意见》。2018 年以来，北京、广东、天津等地相继出台预防和治理校园欺凌的相关规定。我国校园欺负行为的研究起步较晚。张文新教授（1998）的研究相对更系统，不仅修订了 Olweus 的儿童欺负问卷，并进行干预实验（1999）。这些研究代表了我国该领域的水平和现状，近年来对欺负行为的研究呈快速上升趋势。

心理学主要从行为、情绪、认知三个方面界定攻击。第一，攻击是一种行为。初期学者大多揭示攻击行为在解剖学上的意义，如攻击是一种蓄意对他人实施伤害的行为。第二，攻击是情绪的表现，情绪影响攻击行为。需求受到抑制，愿望无法实现时产生的愤怒情绪，使人失去控制能力，更容易出现或促进攻击行为。因此攻击是愤怒的外在表现（Allen & Potkay，1981），是"易怒、冲动、敌对、愤怒等因素的综合结果"（Buss，1957）。第三，攻击是信息加工的过程。认知心理学家关注攻击的内在认知，认为攻击受行为者对信息加工过程的影响，而且这种影响可能起决定性作用。21 世纪以来，心理学家们开始将行为、情绪、认知三种因素综合解释攻击和攻击行为。提出，攻击性包括攻击行为（包括身体攻击、言语攻击）、敌意认知（对自身所处情景的消极的、偏执的认知）和愤怒情绪（且伴有生理唤醒）（L. Hamama & A. Ronen，2012）。近年我国学者更倾向于把攻击、攻击性界定为一种人格特征。

人生来具有内在攻击倾向，随着个体生理心理的发展，天性中的攻击会指向不同的目标。如果指向的是对外部环境的征服，攻击性可能转变为坚忍、毅力等积极心理品质；如果指向和发展的是那些损坏公物、伤害他人等不被社会赞许的目标，攻击性就会发展成消极的、有害的心理品质。在犯罪行为人、某些难与他人和睦相处的人身上可明显地看到这种攻击性的后果。因此，大多数心理学家都把攻击性看作是有潜在危害和容易导致犯罪的行为。

学界根据不同的标准将攻击划分为不同的种类。如从产生原因上分为怨恨攻击、需要攻击、施虐攻击、压制攻击、仿效攻击、反抗攻击、反社会人格攻击；从方式上分为替代攻击、代偿攻击、从众攻击、自我攻击、想象攻击、投射攻击、非特异性攻击。被广泛赞同和采纳的，是将攻击分为：敌意性攻击（hostile aggression）和工具性攻击（instrumental aggression）；愤怒的反应型攻击（angry-reactive aggression）和非愤怒的主动型攻击（non-angry-proactive aggression）；外显性攻击（explicit attack）和内隐攻击（implicit attack）。

攻击性是儿童社会发展中的一项非常重要的内容。许多对攻击行为的研究以儿童为对象，研究攻击行为的相关因素等。如关于儿童攻击行为归因的实验研究、亲社会与攻击性儿童在两类假设情境中的社会信息加工特点研究。克里克和道奇（Crick & Dodge，1994）提出的"儿童社会适应的社会信息加工模型"（a reformulated social information processing model of children´s social adjustment，SIP）通过研究儿童在社会信息加工不同阶段的认知加工特点，发现了许多与攻击行为相联系的认知缺陷和困难。

（二）攻击行为产生的原因分析

不同学派对攻击行为有不同的解释。精神分析理论认为，攻击行为是动物和人类与生俱来的本能。受"死亡本能"（death instinct）驱使，一方面，生存的内趋力表现为保持生命的紧张、亢奋和充满活力（生的本能）；另一方面，向外表现为杀人、抢劫、放火、放毒、毁坏物品、战争，向内则引起疾病和歇斯底里、自杀、受虐狂等（死的本能）。人体不断地从食物中获取营养，与此同时，把来自食物的能量转化为攻击能量。只有持续地将这些冲动以适当的方式释放、疏解，才能避免这些能量积蓄到一定程度而出现攻击行为，造成对他人、对社会的伤害。各种竞争、竞技活动，甚至暴力性游戏（如暴力性电子游戏）可以缓解人的攻击冲动。库钦斯基（B. Kulchinsky，1973）运用档案法研究发现，20 世纪 60 年代丹麦政府取消色情文学禁令后，不仅仅性犯罪率下降，就连一般性犯罪也由原先的 2.2‰降为 0.87‰。原因是，色情文学为人们提供了一种替代性满足的途径，性驱力的积累减少，攻击行为降低。这个解释、推断，为后来严格的实验研究所证实。社会学习理论的代表班杜拉（1977）认为，人的攻击行为并非天生，而是后天习得的，或者通过观察学习，从他人的攻击行为中习得了攻击行为，或者通过自身的攻击实践（离不开他人奖赏的强化作用），学会了攻击。而后者对个体攻击行为，尤其是破坏性攻击行为的作用更大。由此看来，暴力性电子游戏不仅不会舒缓攻击行为，反而助长了攻击行为。

影响人类攻击行为的因素无外乎内、外两个方面。攻击行为被激起的因素主要包括五个方面。（1）负面刺激：身体遭受攻击、言语侮辱、生活条件不利的变化或行动目标受阻。（2）正面效果的引诱（incentive instigators）：预期攻击行为会产生正面、有利的效果。（3）楷模的教唆（modeling instigators）：看到他人表现攻击行为。（4）教导性教唆（instructional instigators）：个体在社会化过程中接受法定权威的指导而呈现攻击行为。（5）妄想：个体被幻觉力量所操纵。

内部的人格特质、智力、生理因素及其机制的研究，为人们从根本上认识攻击行为，并为有效预测、预防和干预提供了重要线索和理论依据。研究发现，攻击行为与智力显著相关。智力缺陷影响人早期的社会认知发展，他们无法正确理解道德规范和法律规定。与其他群体不同，暴力犯罪行为人有其显著的个性特征（徐坤英，2007）。他们往往没有或缺少社会责任感和同情心，缺乏自尊和自信，人际交往能力差，更加喜欢寻找刺激；并且具有多疑、固执、情绪不稳定、易被激怒，受到挫折后更容易产生怨恨、愤怒、忧愁等不良情绪和个性缺陷，如果不能及时疏解或转移，就可能转向外部的攻击反应，可能指向阻碍其目的实现的人或物，也可能转向"替罪羊"，导致攻击和犯罪。

动物实验和临床资料表明，暴力攻击行为具有生物医学的基础（卞茜 等，2005）。脑损伤、认知障碍等都可能与攻击行为有关。额叶与暴力攻击行为的产生较为紧密，额叶损伤显现出更多的攻击性和暴力性行为。例如，实验研究发现，前额叶执行功能不良导致反社会和攻击行为增加；眶额叶损伤与攻击行为增加有关。但并不排除因持续不断的攻击行为，形成习惯（动力定型），逐渐改变了脑的功能。20 世纪 70 年代以来，人们认为颞叶是与暴力攻击行为密切相关的大脑中枢区域。但在颞叶癫痫与暴力的关系问题上一直存在争议。

事件相关电位（ERP）技术是研究认知机能的神经机制的一种简单易行且无创的方法。研究发现，攻击者的 P300 波幅较小，潜伏期更长（Barratt & Stanford，1997；Bond & Surguy，2000）。因而学界认为，可以把 P300 的潜伏期与波幅作为反映个体攻击性水平的指标之一（纪林芹、张文新，2008）。

第三节　冲动性人格与犯罪行为决策

冲动性、敌意和反社会倾向等人格特征对在博弈中承担风险有积极的预测作用。劳里奥拉（Lauriola，2005）等人的实验证明：冲动性、焦虑等负性情感与风险选择任务中的风险态度有关。研究（Levin，2001）发现，大五人格因素中的神经质（N）、外向性（E）、开放性（O）、愉悦性（A）和公正严谨性（C）均与决策行为之间存在相关，但各因素在预测被研究者行为时的作用并不完全相同。

一、冲动性人格的意义

对冲动性人格的界定至今未达成一致，其中有两类比较典型和有影响力的观点：

第一，从特质上解释冲动性人格。例如，冲动性人格是个体面对内部或外部刺激作用时，会迅速地、没有计划地做出反应，且不考虑该行为反应结果的人格特质（Moller，2001）；冲动性人格具有喜爱冒险、行动缺乏计划以及倾向于快速做决定三个特点（Eysenck，1977）。

第二，从结构上诠释冲动性人格。如迪克曼（Dickman，1990）从行为结果的视角将冲动性人格分为功能性冲动（functional impulsivity）和非功能性冲动（dysfunctional impulsivity）。前者属于适应良好的，能促进个体进行决策产生积极结果的行为倾向；后者则指个体不加思考、不计结果，可能使人陷入困境的行为倾向。巴瑞特（Barratt）认为，冲动性人格包括认知冲动性（注意力不集中，不关注眼前）、行动冲动性（一时兴起不计后果）与无计划冲动性（缺乏思考，不做规划）三个维度。并编制《冲动性量表－11》（Barratt Impulsiveness Scale，BIS－11，1959），该量表修订后的第11版包括30个题目，每个维度10个。

二、服刑人员冲动性人格的实证研究

（一）服刑人员冲动性人格测试工具

为探究服刑人员的风险决策特点，以及不同人格特征、情绪状态对风险决策的影响，我们首先对巴瑞特《冲动性量表－11》进行修订，以更适合监狱服刑人员。然后问卷法结合实验法、辅以访谈法，探究服刑人员风险决策的特点，冲动性人格、情绪、框架效应等因素对其风险决策的影响。

被试来自天津市5所监狱的服刑人员。其中初测有效样本158份，被试者的年龄在15~69岁，平均年龄33.24岁。正式施测有效样本589份，被试者的年龄在15~72岁，平均年龄33.27岁。初测使用原量表（由北京心理危机研究与干预中心翻译修订的BIS－11中文版，30个题目，采用Likert5级评分法计分），正式测验采用修订后的量表。

经项目分析，删除差异性检验未达到显著性水平、与总分相关较低的3个题目；两次探索性因素分析，删除原有的理论假设不符的2个题目，再对剩余的25个题目进行验证性因素分析。修订后的量表信效度良好，可作为研究服刑人员冲动性人格的测量工具（赵彦凯，2017）。

（二）服刑人员冲动性人格测试结果及其分析

由天津市监狱管理局培训中心警官协助，在天津市5所监狱的服刑人员中发放修订后的《冲动性人格问卷》。该问卷无计划冲动性、行动冲动性、认知冲动性三个维度的题目各为8项、8项、9项。共收回有效问卷1204份。被试者的年龄在 14～72 岁，平均年龄 32.85 岁，其中女性 315 人（占总人数的 26.16%），男性 889 人（占总人数的 73.84%）。

结果表明：（1）服刑人员冲动性总体上处于中等偏下水平（因无常模，故采用理论值 41.167 作为参考值）；三个维度平均得分均低于理论平均水平，按得分高低依次为认知冲动性、行动冲动性、无计划冲动性（以下结果表述时均按此顺序）。这个结果和结论与其他学者（刘喆，2012）一致。说明，被试中的大部分在做出犯罪行为决策前目的、动机明确，不是一时冲动。但也可能因被监禁，其人格特征有一定程度的改变或掩饰。

（2）性别、年龄差异显著。除认知冲动（$t=1.061$，$p=0.289$）外，总分和其他维度男性均显著高于女性（$t=3.360$，$p=0.001$；$t=3.786$，$p=0.000$；$t=2.409$，$p=0.016$）。造成性别差异的原因除了两性的生理机制不同外，主要是在各自的社会化过程中，接受并按照社会文化对性别角色的要求，以及主体的角色实践逐渐形成不同的性别心理特征。如果说，相当一些人的犯罪行为决策受冲动的影响，这个结果似乎在一定程度上可以解释为什么男性犯罪数和犯罪率高于女性。总分和各个维度上均表现为青少年显著高于中老年（$t=5.515$，$p=0.000$；$t=3.396$，$p=0.001$；$t=2.600$，$p=0.009$；$t=4.809$，$p=0.000$）。因青少年的心智发展还在逐渐成熟中，其认知水平，对事物的判断能力，以及行为的自控能力等均不很成熟。

（3）犯罪类型的差异显著。①重刑犯（刑期长）、轻刑犯（刑期短）两类犯罪行为人，除无计划冲动性维度外（$t=-1.663$，$p=0.097$），总分及其他维度均呈显著差异（$t=-2.291$，$p=0.004$；$t=2.623$，$p=0.009$；$t=1.972$，$p=0.049$）。②财产、暴力、性、其他各类型犯罪行为人，除无计划冲动性外（$F=1.381$，$p=0.247$），总分和其他维度上的差异均显著（$F=3.138$，$p=0.025$；$F=2.984$，$p=0.030$；$F=3.434$，$p=0.016$）。经事后检验，在认知冲动性维度上，暴力型得分显著高于财产型和其他类型；在行动冲动性维度上，性、暴力型以及其他类型得分显著高于财产型；在冲动性总分上，暴力型得分显著高于财产型。③初犯与再犯的冲动性总分及各维度得分均无显著差异。

（4）城乡差异显著。来自城、乡的犯罪行为人在行动冲动性上差异不显著（$t=1.012$，$p=0.312$），但农村得分高于城镇；总分和其他维度得分，农村显著高于城镇（$t=4.368$，$p=0.000$；$t=3.433$，$p=0.001$；$t=4.592$，$p=0.000$）。

（5）不同家庭经济状况、文化程度间差异显著。除行动冲动性维度外（$F=2.063$，$p=0.084$），总分及各维度得分在家庭经济的 5 个水平上差异均显著

（F = 7.961，p = 0.000 < 0.001；F = 7.139，p = 0.000 < 0.001；F = 5.341，p = 0.000）。经事后检验，在冲动性总分以及认知冲动性维度上，家庭经济好和较好组被试得分显著低于家庭经济一般、较差和差组被试，且家庭经济一般组得分显著低于家庭经济差组；在无计划冲动性维度上家庭经济好和较组好得分显著低于家庭经济一般、较差和差组。

除行动冲动性维度外（F = 0.996，p = 0.394），冲动性人格总分及各维度得分在不同文化程度上均呈显著差异（F = 17.461，p = 0.000；F = 14.748，p = 0.000；F = 14.928，p = 0.000）。事后检验发现，在认知冲动性维度上，"初中"组得分显著高于"大专及大专以上"组，"高中或中专"组得分显著低于"小学及小学以下"组、显著高于"大专及大专以上"组；在无计划冲动性维度和冲动性总分上，"初中"和"高中或中专"组得分显著低于"小学及小学以下"组，且显著高于"大专及大专以上"组。

根据迪克曼的观点，不是所有的冲动所带来的结果都是不利的，有些冲动利于人们适应并产生积极结果，而这在以往关于冲动性的研究中常常被忽视。

（三）服刑人员冲动性人格及其对风险决策的影响

以冲动性人格、框架效应为自变量，服刑人员风险决策得分为因变量，采取 2（冲动性人格：高、低）×2（框架：正性、负性）的被试间实验设计，单变量多因素方差分析法，进一步探究冲动性人格与框架效应对犯罪行为决策的影响。

从服刑人员冲动性人格问卷总分由高到低排序，前27% 与后27% 各随机抽取 80 名被试组成高冲动人格组和低冲动人格组，再将两组被试随机分配为正性框架和负性框架情境，填写完成正、负两种不同版本的风险决策问卷①。最后得到有效问卷 121 份，其中高冲动性人格组 60 份（正、负框架各半），低冲动性人格组 61 份（正30，负31），结果如下。

总体上：冲动性人格对风险决策的主效应显著（F = 38.658，p = 0.000）；框架效应对风险决策的主效应显著（F = 8.268，p = 0.005）；冲动性人格与框架效应对风险决策交互作用显著（F = 49.621，p = 0.000）。具体而言：（1）高冲动组风险决策均分高于低冲动组（t = 5.162，p = 0.000）；正性框架组均分低于负性框架组（t = −2.109，p = 0.037）。（2）高冲动负性框架组风险决策均分最高，低冲动正性框架组风险决策均分最低。

----

① 见第七章第五节，一、（一）（3）研究工具脚注②。

由此证明，高冲动性人格具有更高的风险寻求倾向。他们的自控力较弱，对决策可能造成的负面结果的评估不足。

第四节 人格缺陷与犯罪

犯罪心理学研究指出，许多犯罪行为人有明显的、相对稳定的人格缺陷，或称消极的个性特征。包括消极的性格特征、歪曲的心理调节结构、稳定的犯罪行为倾向、明显的社会适应障碍等。

一、消极的性格特征

性格（character）是指表现在人对现实的态度和相应的习惯化了的行为方式。性格与社会密切相关，其中包含着个人道德品质因素，是人格的核心。性格主要体现在对社会、对他人、对自己、对事物的稳定态度和言行举止等方面。

（一）对社会现实的消极态度

对社会、国家、集体：缺乏社会责任感、义务感，社会适应性差；有偏离社会主导文化和价值观的倾向；敌视、仇恨，压抑和反抗感；把自己的犯罪归咎于社会。

对他人（包括同伙、被害人）：缺乏信任、冷酷无情；猜疑防范、威逼利诱、尔虞我诈；坑蒙拐骗、虚伪狡诈、相互倾轧；残暴无情、心狠手辣，面对被害人的痛苦、哀求，他们不为所动，更不会收手。

对自己：无自尊之心和羞耻之感；狭隘自私、自我放任、自律困难；对生活和前途缺乏信心。或自以为是、唯我独尊，自私贪婪；或敏感多疑、盲目自负、悲观沉沦。

对事物：好逸恶劳，工作敷衍塞责、不以为然；对物品不珍惜。

（二）消极性格的情绪、意志与理智特征

情绪特征 主要表现为情绪冲动性强，理智性差；容易产生消极激情，导致攻击性的犯罪行为；消极情绪成为犯罪行为的动力性因素，不仅伴随着生理状况的变化，影响人的认知和意志的活动，而且表现在外部的表情、言语、动作和行为方面。

意志特征 意志薄弱，一方面表现为自制力差，冒险、侥幸心理突出，因犹豫不决、错失良机，给犯罪行为人可乘之机，给国家、集体利益带来损失；

或意志不坚定，受人蛊惑、威逼利诱而违法犯罪，或经不起物质诱惑，重操旧业，继续与社会对抗。另一方面表现为固执，明知不应该仍果断做出决策——用非法手段和极端方式满足自己强烈的、变态的欲望和选择犯罪，并"义无反顾"地付诸实施，且不认罪悔罪。

理智特征　不少犯罪行为人理智水平低，思维狭窄，不能正确认识和评价自己、评价他人、评价人与人的关系，不能预期自己行为的社会意义和后果。智力低下、对法律近乎无知的犯罪行为人更是如此。某些职务犯罪行为人、经济犯罪行为人错误地估计形势，过度自信，自恃手段高明，以为神不知鬼不觉；以为有"关系网""保护伞"便可高枕无忧。

二、反社会意识和反社会认知

反社会意识　反社会性是一种违反社会规范的个性倾向。反社会意识（antisocial consciousness）是反社会心理的意识形态表现。是以损害公众利益满足一己私利的价值取向为核心的各种错误观念的总称，也是个体做出犯罪行为决策和实施犯罪行为的精神支柱。

反社会意识与现行的国家制度、思想体系、核心价值观背道而驰，排斥社会传统规范、伦理道德和法律规定。主要表现为：①反社会的犯罪观。信奉自己的"犯罪哲学"，为所有的犯罪行为寻找"理论根据"和辩解的借口。如犯罪是生活所迫，是为了释放被压抑的能量，是代表"多数人"惩罚那些有罪但没有受到法律制裁的人，等等。于是心安理得、理直气壮地快速做出犯罪决策并立即实施犯罪。②反社会的人生观和幸福观。"宁可我负天下人，不可天下人负我"，为了"享受人生"不择手段。③反社会的英雄观。玩命、斗狠，"不能流芳百世，那就遗臭万年"。屡次犯罪，屡受惩罚，又强化了他们的反社会意识和反社会心理，逐渐形成浓厚的犯罪兴趣和犯罪癖好，使他们对于犯罪有"身不由己"的依赖，"刹不住车"，终于走上了"不归路"。惯犯、累犯、职业犯罪行为人由于长期从事反社会的违法犯罪活动，加之受到社会的舆论谴责和法律的制裁，其反社会意识渐趋系统化和定型化。

反社会认知　反社会认知（antisocial cognition）是指主体在处理个人与社会关系时，经常持有与社会规范相对立的观念，和寻求违背社会规范的处理方式。如对成功人士的嫉妒诋毁，对自己"生不逢时"遭受冷遇的怨恨不甘。为达目的，不惜损伤、牺牲社会和其他人的利益。反社会认知一旦形成定势，就会歪曲所有事物和现象，最终导致反社会倾向、越轨行为和违法犯罪行为的发生。

产生反社会认知的主要原因是社会规范教育和道德教育不足，个人的自我中心观念强烈，反社会的需要、动机、目的占优势所致。另外，对不正当行为的惩罚，如果掌握不当，也会产生负面效应，导致反社会认知。

社会学习理论认为，反社会认知和反社会行为是学习模仿得来。父亲冷若冰霜，打骂体罚，儿子就会认为人世间没有温暖，对人也难得热情，甚至恃强凌弱。当习得的规范与社会规范相违背时，自然也会影响正确的社会认知，形成反社会认知和反社会意识。

三、犯罪心理的调节结构

人格中的调节结构是以自我意识为核心的对个体心理与行为的控制、调节系统。犯罪心理调节结构包括：第一，不成熟或歪曲的自我意识。自我意识（self-consciousness）是人对自身及主客体关系的意识，是调节结构中最重要的成分。不成熟或歪曲的自我意识是犯罪行为人个性社会化缺陷的突出表现。如幼稚、盲目的自我认知和评价；因不善于调节控制自己的情绪而导致的激情犯罪。第二，扭曲的道德意识。道德意识（moral consciousness）是反映社会生活中人与人之间的道德关系、道德现象的观念体系，主要表现为"良心"和道德义务感、责任感。犯罪行为人践踏社会公认的是非善恶标准，崇尚反主流文化或副文化的生活信念。第三，错误的法律意识。法律意识（legal awareness）是社会法律关系和法律观念体系的总和，主要包括法律知识、法律态度和守法行为素养三个层次。而这些正是犯罪行为人所缺乏或与之相背离的。

四、社会适应障碍

社会适应障碍（social adaptation barriers）是因处境困难或应激源的长期存在而出现的一种慢性心因性障碍。一是产生抑郁、烦恼等情感障碍；二是出现退缩、生活无规律等适应不良行为；三是有睡眠等生理功能障碍；四是社会功能受损。社会适应障碍不同于精神疾病。由明显的应激性生活事件和所处的困难处境引发，且是一种短期、轻度的烦恼状态和情绪失调。表现为：第一，厌恶劳动，怕苦怕累，总想着不劳而获，宁可犯罪被抓，也不愿以正当职业谋生。第二，习惯于流浪生活，与臭味相投者共同流窜作案。第三，犯罪成瘾，只要有机会便情不自禁地去犯罪。第四，结成团伙，相互勾结，与社会防范体系相对抗，在有组织犯罪中失去原有的独立人格。

社会适应障碍的主要类型有以下四种。（1）以焦虑为主的适应障碍：个体常感受到周围环境的巨大压力带来难以摆脱的紧张不安等情绪困扰。为解除焦虑，易产生攻击性犯罪动机。（2）以抑郁为主的适应障碍：因不良境遇、挫折而情绪低沉，内心体验内敛，长久忧虑而产生嫉妒性犯罪动机。（3）以品行障碍为主的适应障碍：不能按社会规范行事，经常出现逃学、酗酒、盗窃、打架、欺凌他人等违纪、违法行为。遇到社会矛盾和人际冲突后，易产生报复性犯罪动机。（4）混合型的适应障碍：有情绪障碍与品行障碍混合以及抑郁与焦虑障碍混合等适应障碍，易产生多种不良动机犯罪。如抑郁与焦虑障碍混合型在遭受严重挫折后易爆发毁灭性动机和犯罪行为。

腐败行为可能与"双重"（bouble）人格心理有关。如人们痛恨腐败，但只要与自己无利害冲突便对某些腐败现象和腐败者视若无睹；有的人口头上高喊反腐败，行动上则疯狂地索贿受贿。如"手表哥"杨达才①等。

五、人格障碍

当一个人所特有的人格特征持久显著地偏离正常，并由此引起较严重的痛苦状态或明显影响社交和职业功能，称为人格障碍（personality disorder）。与精神障碍不同，有人格障碍的人，由于其内心体验背离生活常情，外在行为违反社会准则，经常给社会和他人造成损失，而本人并不因自己的行为偏差感到焦虑不安。与犯罪行为决策有重要关联的有反社会人格、犯罪人格、一时性心理障碍等。

反社会人格（antisocial personality）属于自然人格障碍（natural personality disorder），这样的人自我控制能力极弱，暴力倾向明显，往往从小就不守规矩，经常说谎、逃学、习惯性吸烟、酗酒，夜不归宿，欺侮弱小，甚至偷窃、斗殴、故意破坏他人的财物或公物，有的被学校除名或有被公安机关拘留、管教的经历。长大后反社会人格进一步强化，无任何责任感，感情冷酷而肤浅，常触犯法律，多次犯罪。如制造多起抢劫和杀人案的张君、石家庄爆炸案的靳如超、绑架吴若甫的王立华等，这些人属于极度危险的人物，刑满释放后重新犯罪的可能性极大。

犯罪人格（criminal personality）也称社会人格障碍（social personality disorder），是以反社会为特征的人格障碍。在理想、信念、世界观、人生观、价值观、能力、气质及性格等方面均有表现。犯罪人格的形成有个体生理素质和心

---

① 原陕西省第十二届纪委委员、省安监局党组书记、局长。此人常以"好干部"形象示人。2012年8月26日，杨达才在延安交通事故现场，因面含微笑被人拍照上网，引发争议并被网友指出杨达才有多块名表。2012年9月21日，陕西省研究决定开除党籍处理。2013年8月30日，西安中级人民法院对杨达才受贿、巨额财产来源不明一案公开开庭审理，同年9月5日获刑14年。

理素质的基础，也与所处的消极的社会环境有关。一般是早年时因贫困、辍学、游荡等原因，经常接触社会阴暗面，继而发展成偷窃、抢劫等刑事犯罪，在犯罪生涯中逐渐形成犯罪的嗜好、习惯、观念、态度，出现与犯罪相适应的情感反应等。如杀害 67 人、强奸 23 人的杨新海①，残杀 17 名少年的黄勇②等。

犯罪人格的形成普遍有一个前提，相当时间的犯罪经历。其中大部分曾经被刑事处罚过。

一时性心理障碍（a momentary mental disorder）包括意识、认识、成瘾、情绪等障碍。这些人可能因某原因形成"心结"，在无法释怀的情况下，就可能认"死理"、钻"牛角尖"。如周一超杀人的起因是"乙肝病毒就不能录取"的制度，他一时想不通，并萌发了他的犯罪意识，使他做出犯罪行为决策，并采取极端行为。

六、稳定的犯罪行为倾向

连续再犯者之所以表现出犯罪的不可遏制性，是因为他们已积习难改，形成稳定的犯罪倾向。

（一）犯罪动机泛化和深化

犯罪动机（crime motive）是引起和推动犯罪行为人实施犯罪行为以满足某种需要的内心起因，是犯罪心理结构中的重要动力因素。引起动机的内在条件是需要。需要（need）是有机体内部的一种不平衡状态。是人脑对生理需求和社会需求的反映，也是个体行为积极性的源泉。对犯罪行为决策者有重要影响的需要和动机有两种情况，一是直接导致主体做出犯罪行为决策的畸形需要和动机，二是与常人无异的一般性需要和动机。

有的需要和动机是正常的、合理的，如生活富裕、精神愉悦，有晋升的机会、获得他人肯定和表扬等。之所以导致犯罪行为，主要有三种情况：第一，

① 杨新海高三时离家出走。想靠自己的劳动过上好日子的愿望受阻，"不得已"偷东西。之后因盗窃、强奸被 2 次劳教，1 次服刑。从 2000 年 9 月起三年的时间，杨新海曾横跨 4 省，疯狂作案 26 起，杀死 67 人，伤 10 人，强奸 23 人，于 2004 年 2 月 14 日上午被执行死刑。

② 黄勇生活在一个偏僻的村庄，家境一般。自幼乖巧内向，不善表达，被人冷落。贫困乏味的生活，独来独往的性格，使他沉迷于文学作品和想象中。幼年时看过一部凶杀片萌生了当"杀手"的愿望。他用自己的才智改装了一台杀人机器，取名为"智能木马"。独居的条件给了他实施犯罪的机会。他以介绍工作、帮助提高成绩等诱饵，从游戏厅等处将青少年骗到家中，再骗他们说必须通过"智能木马"测试，然后将他们捆绑后勒死，埋在院子里。先后杀死 17 人，放走了第 18 位。经审判，以故意杀人罪判处死刑。

以非法手段获得财富或社会认可，如 20 世纪 70 年代为当英雄，用炸药（从仓库偷取）炸毁村中的一座不能称之为桥的"小桥"，也将自己炸成重伤的刘学宝。第二，需要系统中各个不同类型的需要之间的平衡关系被破坏，产生不协调，结果以不正当方式得到平衡，当侵犯了他人，危害了社会时，就构成了犯罪。第三，需要、动机过于强烈，为满足这些需要不择手段（抢劫、盗窃、诈骗、走私、贪污、受贿、敲诈勒索等），或者当这些需要的满足过程中受挫而对他人和社会施行报复。例如，轰动一时且至今影响极大的卢刚事件。卢刚品学兼优，1991 年通过答辩获得爱荷华大学物理与天文学博士学位。1991 年 11 月 1 日下午，持枪入校，开枪致 5 人死亡，1 人重伤全身瘫痪。之后饮弹自尽。整个过程不足 20 分钟。卢刚杀人起因是对学校将博士论文最高奖学金给了另一个中国留学生。

多数犯罪行为的动机源于某些不正当、畸变的需要。第一，强烈的物质占有欲和挥霍享受欲（大量的财物犯罪不是因为生活困难，而是为了享乐；有人追求物质利益，不单是贪婪、享乐，更重要的是为了满足自己的虚荣心，达到炫耀的目的）；第二，畸变的性欲；第三，畸形的心理需要，如报复、嫉妒、逞强斗狠、寻求刺激、在违法犯罪团伙中"讲义气"够"朋友"，贪腐犯罪行为人对地位、权力的超乎平常的追求；第四，错误的精神需要，如封建迷信以及权位欲、支配欲、领袖欲等。又如，当某些公职人员认为凭着自己的能力（权力与地位）应得到的未得到时，产生不安和紧张的心理状态。为了缓解和消除紧张与不安，他们寻找各种机会满足私欲，遇到合适的目标时，便在腐败动机的驱使下，做出腐败行为决策并付诸实施。一旦得逞，强化了其腐败的动机，又会产生新的更加疯狂的需要。在导致腐败行为的动机系统中，主要的心理诱因，一是当官发财的特权意识，明知腐败会受惩罚，仍冒险去做的偏离正轨的角色行为；二是通过以权谋私、权钱交易等手段增加收入，消除认知失调的错误心态；三是盲目攀比，以权力腐败求得心理公平的心理；四是"有权不用，过期作废""法不责众"的从众与侥幸心理；等等。此外，还有一些特殊的需求偏好，如贪权爱财好色等。不同的个人需求偏好决定不同的动机选择，这就解释了在同等客观条件下，有人始终不忘初心，洁身自好，有人却选择了犯罪。

犯罪动机是指引起犯罪行为的活动动机，它是行为人推动、引发犯罪行为的内心起因。一般来说，它历经犯罪意向（朦胧的犯罪意图）、行为动机（有了明确的指向和侵害目标）、犯罪决意（由意志决定转向意志执行）三个阶段。不良动机驱使下的犯罪决策和犯罪行为，大多是在偶然的、强烈的人际冲突过程中发生，表现为冲动情绪支配下的攻击性、报复性、毁灭性动机的犯罪行为。

在反社会情感支配下的犯罪决策和犯罪行为，是长时间的嫉妒情绪、有深刻渊源和背景的复仇情绪支配下的犯罪，一般是有预谋的。无论是突发性还是预谋性的不良动机犯罪，其后果都很严重。如杀人、投毒、纵火、爆炸等暴力性犯罪行为，作案手段凶狠残暴，对社会具有很大的危险性和破坏性，反映出仇视社会、无视道德和法律规范、个人至上、唯我独尊、冷酷无情、凶恶残忍、阴险狡诈等特点。

犯罪动机有不同类型：如"单一式"，即犯罪动机与犯罪目的一致，可"一因一果"，也可"一因多果"。这类动机可能与犯罪行为人消极而错误的观念意识、偏执而脆弱的心理调节能力有关。"复合型动机"是在多种复杂的犯罪动机驱动下从事某一性质的犯罪行为，间接地达到某种最终目的。是受多重动机驱使，实现"一举多得"，如入室强奸、杀人、掠夺财物并嫁祸他人；或"声东击西"，如进入银行柜台抢劫，将安保人员调到大厅，实为潜入金库偷盗。还可以分为"渐变型"和"突变型"。前者由犯罪意向→犯罪愿望→犯罪企图（动机），他们的反社会意识状态逐渐稳定，经过犯罪行为的反馈强化，可逐渐形成犯罪人格。后者由特定情境激发，其过程短暂、结构无序。

（二）与犯罪活动相适应的智能提升、犯罪谋略增加

有的犯罪行为人有相应的智能，使其犯罪成功的概率增加。如高超的"黑客"头脑和技术使其轻而易举获取利于犯罪的各种信息；清晰缜密的思维、能言善辩的口才、过目不忘的记忆，保证其整个犯罪计划的周密严谨，以及对被发现、被惩罚的风险的规避。随着犯罪的经历、经验的积累，那些相对智能一般的犯罪行为人也逐渐掌握了一定的犯罪技能、技巧和体能。如实施偷窃前的踩点、被害人的确定、跟踪、撬门扭锁、翻墙入户、同伙间的相互掩护等，越来越"炉火纯青"，也越来越难以回头。

惯犯、累犯、职业犯因犯罪经历长经验多，在长期的犯罪活动中，形成了具有个人特点的犯罪方式和风格，增长了某种犯罪的见识与谋略，使得他们能应付犯罪过程中的各种复杂情况，提高犯罪成功的概率。

（三）犯罪兴趣日益浓厚、犯罪行为习惯逐渐形成

兴趣（interest）是力求参与并探究某种事物的心理指向。犯罪行为人的兴趣是在其不良需要的基础上逐渐形成和发展起来的。主要特点：偏于感官刺激的兴趣，缺少高尚兴趣；多为追求新奇与富有刺激性生活的直接兴趣，缺少对未来结果向往的间接兴趣；兴趣的理智水平低且不稳定。例如，许多性犯罪者，精神空虚、追求感官刺激、沉醉于淫秽腐朽的文化之中，恣意模仿淫乱的生活

方式。有的群奸群宿，参与流氓团伙活动，奸淫或侮辱妇女；有的以摧残、凌辱妇女为乐事，以满足自己的性暴虐或性报复心理；有的伴随着金钱欲和赌博、吸毒等动机，实施性犯罪活动；有的则是一种变态的性欲，对被害人实施猥亵奸淫。

长期的犯罪生活经历，犯罪行为人把犯罪当作家常便饭，已形成不良的行为习惯，包括犯罪习惯和不良的生活习惯。他们无自尊可言，只要有机会，立刻就会做出犯罪行为决策，甚至会"情不自禁"毫无缘由地去犯罪。如财务犯罪者中，有的是青少年时期沾染上的贪小便宜、小偷小摸等不良习惯，逐渐走上犯罪道路；有的长期与社会、与他人对立，久而久之形成某些犯罪习惯。

频繁的犯罪活动，不仅积累了经验，提高了谋略，形成了兴趣，也逐渐成为习惯，由对犯罪目的物的追求转向对犯罪活动本身的成癖成瘾。犯罪活动的习惯化，再加上犯罪兴趣的增加，犯罪癖好的形成，使他们对于犯罪产生了"身不由己"的依赖，更强化了他们的犯罪动机。

第五节　影响犯罪行为决策的其他人格因素

影响犯罪行为决策的其他人格因素主要包括畸形的自尊、过度自信、错误的价值观和非正常的成就动机等。

一、自尊、自信与犯罪行为决策

适度的自尊、自信是成功的起点和秘诀，过高或过低则可能导致问题行为。

（一）自尊

自尊（self-esteem）是个体对自己生存价值的评价和感受。人们通过相信自己可以达到一定社会的价值标准获得自尊，而这种对自尊的需求可以保护人们免受威胁带来的焦虑。美国实用主义教育家杜威[①]认为，"被人尊重和信任的欲望是人类天性最深刻的冲动"。

对自尊与攻击行为的关系，学界有不同的认识。有的认为二者高度相关，有的则持相反意见。前者又有两种理论："高自尊异质性假说"和"自我中心被威胁学说"。

[①]　约翰·杜威（John Dewey，1859—1952），美国著名哲学家、教育家，功能心理学的先驱，美国进步主义教育运动的代表。提倡从儿童的天性出发，促进儿童的个性发展。

"高自尊异质性假说"（heterogeneity hypothesis of high self-esteem）认为，高自尊者可能比低自尊者更具攻击性。当自尊过于膨胀，且只关注自己忽视他人，可能更容易做出攻击行为。谷传华、张文新（2003）通过对我国儿童的调查分析指出，自尊越高者，越可能有欺负行为。当自尊呈畸形发展态势时，便可能以非法手段满足畸形自尊心和成就感的需要，最终走上违法犯罪的道路。这种畸形自尊实则是一种自恋（narcissism）。高度自恋导致攻击性报复现象在现实中比较常见。另一推测是自尊并不是攻击的"最佳预测项"，攻击性强弱的"预测可能项"应该是精神质等其他一些因素，这也是高自尊异质性的另一种比较有力的解释。

"自我中心被威胁学说"（doctrine of egocentrism threatened）提出，低自尊导致暴力和攻击行为。以往的研究认为，从有暴力倾向的母亲自尊较低，可推断有暴力倾向儿童的自尊水平较低；自尊降低，暴力行为增多，反之亦然。原因是"暴力是低自尊者提升自我的方式"，即低自尊者可能通过暴力，以对他人的欺辱，使他人"惧怕"反衬自己的"强大"而提升自我，获得内心平衡。另一种观点则认为，自尊心较低的儿童更容易遭受欺负。遭受欺负的儿童，其自尊受到打击后被严重削弱，由此产生认知偏差，自我评价、自我价值感越来越低，并可能形成习得无助感（learned helplessness）。而这种消极的自我概念又使他们陷入了受欺负的恶性循环当中。

以上两种假设均提示：自尊影响攻击行为。但这些假设并没有得到广泛和明晰的证实。由此，学界对自尊与攻击行为的关系的另一种认识：高自尊的人不一定有攻击性，甚至高自尊人群中的亲社会行为比比皆是；攻击和暴力并不一定是提高自尊的手段；自尊与攻击行为之间不存在显著相关。

虽然自尊与欺负行为之间的关系目前还没有完全明了，但是现实中确实有的人因自尊心太强而行为偏差甚至违法犯罪。比如，对他人的言语、态度过于敏感，怀疑对方不尊重自己而造成口角纠纷以致伤害。自恃清高，自尊心、成就感过强，现实状况不佳的人，感到生不逢时、怀才不遇的人，会不择手段满足自己畸形的自尊需要。如剽窃他人成果、盗版及其他欺诈手段成名成家。更有甚者，采取挑拨离间、写诬告信、发表危害国家安全的煽动性演讲等卑劣手段，引起社会轰动，达到扬名或升迁等政治目的。另一类人则恰恰相反，自尊水平较低，因"技不如人"或其他方面的缺陷而自卑，经常受辱，最终可能报复社会、报复他人去犯罪。

之所以对自尊与攻击行为的关系的研究结论有如此大的差异，至少有以下原因：第一，测量误差。研究者对攻击行为的分类标准、研究方法、工具（量表）不同，如有的测量的是总体自尊（global self-esteem），有的则是自尊的某一维度。第二，文化的影响。同样的自尊水平，因东西方文化不同，对决策和行为的影响亦不同。在我国文化背景中，气质内向、自尊较低的儿童通常比较胆怯、退缩，更可能受欺负，成为"受气包""替罪羊"。纪林芹等人（2003）在对中英两国儿童对待欺负的态度的比较中发现，中西方文化环境的差异的确不可忽视。中国人含蓄内敛、宽容谦让，对攻击行为一般持反对、谴责态度；西方人自信主动、崇尚竞争，可能把攻击视为一种力量的象征。第三，个体自尊的稳定性不同，自尊波动较大的人因其防御机制的作用导致焦虑、失望、愤怒等消极情绪继而影响人的攻击行为。特别是高自尊且不稳定者，其攻击和愤怒倾向最高。相反，稳定且高自尊者攻击性最低。（Baumeister，Smart，Boden，1996）。

影响攻击行为的因素较多，通常是多种因素综合作用的结果，简单的测量自尊高低并不能有效地预测攻击行为。

（二）自信与过度自信

自信（self-confidence）也称自信心，是个体对自己的能力、品格、力量、价值等的积极肯定和确认程度。通俗地讲，自信是对自身力量的一种确信，在自我评价上的积极态度。自信的人生活有方向、有目标，总是看事情的光明面。

所谓过度自信（over-confidence）是指当人们对不确定事件进行判断时，主观概率在一定范围内高于实际事件出现概率的心理现象。过度自信主要表现在判断决策过程中，是个体预测自己的能力和绩效优于他人的典型而普遍存在的心理偏差，也称"偏离校准"（mis-calibration）。潜在犯罪行为人之所以"轻易"地做出犯罪选择，原因之一便是过度自信，习惯于寻求各种证据证明自己的正确，缺乏对事物的冷静、客观分析，不重视随机因素的影响，自以为做得天衣无缝，可以瞒天过海或得到"庇护"。

过度自信者往往把成功归结于自己的能力，而对机遇和外部力量估计不足。他们在做决策时，过分依赖自己收集到的信息，轻视甚至否认他人的信息；在过滤筛选各种信息时，更看重那些维护或增强自信心的信息，忽视有损自信心的信息，导致对某些信息反应过度（over-reaction）或反应不足（under-reaction）；一旦形成一个较强的假设，会千方百计地将所有附加证据向有利于这个假设的方面解释。最著名的例子就是在"二战"中，美国人的过度自信，让日本人偷袭了珍珠港。过度自信的产生有其深刻的心理学基础，当个人面对不确定性时，无法做出适当的权衡，便容易出现行为认知偏差。当缺少全面、及时

和准确的反馈时，人们往往容易表现出过度自信（于窈、李纾，2006）

关于过度自信的成因，学者看法不一，主要有以下观点。（1）信息加工偏差，即强调信息搜寻策略和动机的作用。特维斯基与卡尼曼（1974）描述了一个叫作"效力幻觉"（the illusion of validity）的现象——过度自信地坚持错误。人们坚持错误的一个理由是他们产生了确认性偏差（confirmation bias），自认为知识渊博，充满智慧，相信自己的判断正确，他们在处理信息时，有意无意地优先处理与自己想法一致的信息（Larrick，1993）。在许多情况下，动机因素会加大这种偏差。（2）无偏差判断错误，即认为过度自信是由随机误差和不可靠的测量手段造成的一种回归效应，使得主体不能对获得的信息做出正确的评估。（3）任务难度，即过度自信的表现是研究者选择较难的问题造成的。有实验（Suantak，Bolger，Ferrell，1996）证明，过难的问题往往被认为是更难的，从而导致在较难问题上更加过度自信。如果使选择的问题水平与一般难度水平相当，则过度自信消失。但也有实验结果（Juslin，1997）与之相反，任务难度与过度自信之间的相关微弱。还有人提出，影响过度自信的可能不是问题的难度，而是正确率。对于正确率低的题目表现出过度自信，当正确率高时表现出不自信。（4）其他观点：一是当人们不能正确评估获得的信息时，自信程度高的人可能出现过度自信，而自信程度低的人可能出现不自信。二是过度自信源于人们对正面证据的偏爱。三是过度自信受社会文化的影响。跨文化系列研究表明：面对常识和概率判断问题，集体主义文化成员（如中国人）比个体主义文化成员（如美国人）更易于过度自信。

在决策和风险决策领域，人们公认"过度自信"影响决策的质量。过度自信的人，最有可能把决策建立在失真的设想上，导致决策失误。大量研究表明，人们在决策时存在着过度自信倾向，表现为高估高概率事件的发生概率，低估低概率事件的发生概率。事实证明，给人类带来了巨大灾难和惨痛教训的美国挑战者号航天飞机失事，苏联切尔诺贝利核泄漏事件，过度自信扮演了不光彩的角色。研究（黄涛、刘耀中，2006）发现，人们对自己的正确性有65% ~ 70%的信心，但实际上他们只有50%的时候是正确的。当准确度接近概率水平50%时，过度自信达到最大；当准确度从50%增加到80%时，过度自信会随之减少；当准确度超过80%时，人们会变得不自信。一项研究发现，专家做预测的准确率可能还不如普通人高。2013年美国一家电视台邀请43位棒球专家对世界棒球职业大赛进行预测，看哪两支球队进入决赛。结果，竟一个都没有猜对，让人大跌眼镜，随便猜准确率也不该是"0"吧?! 研究者认为，这可能因对自己的技术与天赋过于自信影响了他们的判断。

（三）过度自信的极端后果——过失犯罪

所谓过失犯罪（criminal negligence）分为疏忽大意过失（an oversight）和过度自信过失（overconfidence）。前者是应当预见自己的行为可能发生危害社会的结果，因疏忽大意没有预见，属于无认识过失；后者是已经预见但误以为能够避免，以致发生危害结果，属于有认识的过失。过失犯罪属于非自愿犯罪（involuntary crime），一般情况下不具有品德上的堕落和反社会性；行为人无主观故意，其危害结果并非行为人所追求；有一定的偶然性。尽管如此，过失犯罪仍有其必然性。这种必然性就是过失犯罪的心理原因——消极的心理品质和心理缺陷决定了他们的过失行为和罪过。

对过度自信导致的过失犯罪，可从三个方面认识：行为人是在非故意的心理状态下因过于自信的心理状态，导致了犯罪行为的发生；行为人的心理因素与危害结果发生之间存在因果联系，即在不良心理品质、心理状态下做出犯罪行为决策，引发犯罪行为；过失犯罪心理不是单一的消极心理因素，而是包括意识、态度、意志、注意、思维、判断、错觉、记忆、情绪以及无意识因素在内的多种消极心理因素综合产生作用的结果。

心理品质层面：由于行为人各种错误心理或不良心理品质所间接造成，如骄傲逞能、判断错误、不负责任、玩忽职守、官僚主义、特权思想、自私自利等。这些心理因素本身虽然不是犯罪意识，但却是产生疏忽大意或过于自信的心理状态，以致造成过失犯罪。例如汽车司机超速行驶发生交通肇事事件是出于炫耀动机或自信自己的车技高；医生出现重大医疗事故是出于自恃高明，漫不经心，草率从事的动机等。票据渎职犯罪行为人对发生票据损失的危害结果有一定的预见，但抱有侥幸和过度自信心理，以为这种情况不会发生。

动机与意志层面：过失犯罪行为虽无故意犯罪动机，但其行为动机要么主观与客观相背离，要么具有个人获利的不良动机，如为了多赚钱而超载、超速行驶导致交通肇事；出于私利，瞒报事故而造成更大损失。腐败者的拜金、拜物、徇私、享受、贪色，以及庇护、报复等。动机确定后，在执行决定阶段，意志力很关键。虽然不同于故意犯罪决意，但仍是过失行为的决意。动机与意志层面是过失犯罪心理原因的中间层或过渡层。

心理状态层面：缺乏对危害结果的注意，不以为然，任事态发展，结果造成重要灾难和损失。对危害结果注意的缺乏，不失为过失犯罪心理的本质特征。

避免或减少过度自信造成的偏差，需要反复思考：这个决策真的像看起来那样完美？它还有什么不足之处？如果出现什么意外情况或不一样的结果，如何控制？

二、价值观及其在犯罪行为决策中的作用

什么是有价值的人生和有价值的生活？人类生存的意义何在？人在生活中应该遵循怎样的准则？对于这些问题的回答表达的是个体的价值观。

价值观（value）是一个多维度多层次的复杂系统。是人们用以区分客观事物是否有价值的主观标准和指导行为的心理倾向系统，是个人思想意识的核心，也称"价值取向"（value orientation）①。通俗地讲，价值就是是否值得，如是"物有所值"还是"物超所值"？如果"不值"，人们就不愿也不会去做某事。价值观的表现形式：兴趣、信念、理想等。信念（belief）：坚信某种观点、思想或知识的正确性，并支配主体的人格倾向。理想（ideal）：是对未来可能实现的奋斗目标的向往和追求。兴趣、信念、理想都对行为具有巨大推动力。在传统经济学提出的"理性人"框架内，价值观问题可以被忽视，因为理性人的价值观只有一个，那就是追求价值的最大化——哪个方案具有最大期望效用值，哪个方案就是最佳方案。行为经济学视角下的决策主体是有情感、有认知偏好、有价值取向的真实的人，除了最大期望效用值以外，还有其他价值追求。

在风险决策中，价值观起定向作用。首先，价值观规定决策者对信息的取舍。大量的心理学实验证明，决策主体不是被动地接收和存储信息，而是根据自己的价值观，对那些认为重要的、有意义的、特征突出的信息优先地从其他信息中选择出来，对其他无关的、不重要的信息则"视而不见""听而不闻"，这就是决策中易获得性法则的认知心理基础。其次，价值观决定对决策目标的追求。不同价值观的主体，会选择不同的、对自己更重要的风险目标，这是在对决策目标的主观效用和环境中的信息进行比较、评估之后做出的选择。价值观的多种多样导致决策者的目标系统多元化、复杂化。许多犯罪行为人追求安逸、自由、舒适，贪色爱财，把吃喝玩乐当作人生最大的享受和追求，不择手段地为满足自己的需要而违法犯罪。腐败分子一般都把"以权谋私""权钱交易"当作自身价值的充分体现，当作自己人生的最大追求和乐趣，把手中的权力当作个人谋取私利的工具，并且不断地扩展、膨胀，导致权力错位，心理扭

---

① 有些研究把价值观与价值取向互换，二者的区别在于：价值观强调认知层面，注重人们判断事物价值的视角，具有系统性和静态性等特点；价值取向指向于具体事物或具体的行动选择，是个人价值观的体现，更强调主体与客体的关联性、主体对客体的选择。

曲。甚至对社会主义制度、共产党的领导、共产主义的前景等重大问题，产生不同程度的怀疑。认为"理想"太远、"主义"太空，要想不"远"，就抛弃"空"的，抓住"硬"（权力）的，捞取"实"（金钱）的。

刘轩等（2005）以服刑人员（242）为对象，金盛华等人编制的《中国民众价值取向调查问卷》（8 个维度，40 个条目）为工具，探究犯罪行为人价值取向的特点及其与普通民众（131）的差异。研究发现，犯罪行为人的价值取向按重要性程度排序依次是：公正公理 > 学习工作 > 公共利益 > 爱情 > 法律规范 > 家庭 > 金钱权力 > 从众 > 正义公平。犯罪行为人的价值取向与普通民众有差异。正义公理取向上，服刑人员要显著高于普通民众（$p < 0.01$），从众取向、法律规范取向上，显著低于普通民众（$p < 0.01$）。这可能与犯罪行为人更喜欢冒险、更固执的人格特征有关。

三、成就动机与犯罪行为决策

动机、成就和行为研究的先驱，美国心理学家阿特金森（John William Atkinson, 1923—2003）发现，个体在冒险性上的差异与个体接近成功与回避失败的倾向有关，在需要技能的条件下更是如此。由此，成就动机与决策和行为的关系进入研究者的视野。

成就动机（achievement motivation）是指推动个体去追求、完成自己认为重要的有价值的工作，并力求达到理想程度的一种内在动力，即对成就的欲求。个体的成就动机由希望成功和害怕失败两种稳定的倾向组成。阿特金森的成就动机理论指出，高成就动机个体倾向于中等难度的任务；低成就动机的个体则倾向于特别困难或特别容易的任务。并且认为个体的冒险倾向性是稳定的，不会随时间发生变化。后来的学者（谢晓非等，2004）提出，动态情境下不同成就动机个体冒险倾向较稳定，但随着行为的动态发展，个体的冒险行为发生变化，且呈现以下规律：成就动机高的个体逐渐在选择中等难度任务基础上选择更难的任务；个体成就动机低的个体则在选择较易难度任务的基础上也选择更难的任务，而且这种转变比成就动机高的个体要快。

成就动机不仅影响个体在风险情景中的反应方式，而且对"机会—威胁"认知有重要作用。学者（谢晓非、李育辉，2002）发现，强烈的争取成功的倾向导致人们对机会（opportunity）的积极认知；相反，对失败的回避倾向导致人们对威胁（threat）认知的强化。前者看到的收益多，在他们看来，原地踏步就是退步；收入不增加就是减少、就是损失。要想得到高额的回报，必须冒高风险；宁愿失掉现有的，也要为争取高收益而"赌"一把。后者则相反，守住自己的"一亩三分地"就行，决不愿为了不确定的收益失去眼前的或拥有的利益。

可见，争取成功动机对预测个体机会认知更敏感，而回避失败动机对预测威胁认知更有效。换句话说，争取成功动机主要影响机会认知，而回避失败动机则对威胁认知产生作用。个体争取成功的动机越强，在风险情景中的行为越倾向于冒险；个体回避失败的动机越强，其在风险情景中的行为倾向就越趋于保守。

当主体的成就价值观、较强烈的成就动机与现实中限制其获得成就的可能性之间冲突时，主体便有可能选择犯罪。

第六节　人格对犯罪行为决策的调节

人格特质代表相对稳定地选择某种方式的概率，即倾向性和选择性，可能是个体产生犯罪心理的基础，却不直接导致犯罪，犯罪行为人的人格与犯罪之间不存在内在的、稳定性联系。例如，在人格测量中发现某人攻击性强，不等于他会选择犯罪。人格与犯罪行为之间还有一个中介变量——犯罪心理或犯罪心理结构的作用。人格对犯罪选择是支持还是抑制，在结果上以犯罪行为的发生为表征，在过程中以有无犯罪意向为特点。人格有调节人的行为的功能，犯罪者与守法者的人格差异，就表现为对犯罪选择的调节状态（马皑，2006）。

气质类型与犯罪类型有关。气质类型虽然与是否犯罪没有内在联系，却与犯罪类型有一定的关联。如，贪污犯罪黏液质为多；诈骗犯罪多血质居多；暴力犯罪中，胆汁质的人较多；危害国家安全罪中，胆汁质与黏液质混合型更多。不仅如此，气质类型还影响犯罪行为决策的过程和特点。如胆汁质的人更容易受环境和情绪的影响，他们的犯罪行为决策往往更缺少理性，甚至明知是犯罪和被抓捕，仍一意孤行；黏液质的人考虑问题相对全面、细致，一般情况下，在深思熟虑后才做出决策和实施犯罪行为，对事后如何规避被抓捕的风险有相应的计划和措施。

同样的攻击、冒险倾向，其表现方式各不同。冒险倾向、攻击性人格特征，可能采取犯罪行为，也有可能以其他方式表现。如运动员、军人、警察、安保等职业中也有一些人的攻击性相对较强。

因此，我们可以根据人格去解释同样文化背景下不同个人具有不同行为选择的原因，但不能得出犯罪者的人格与犯罪之间通常存在稳定性联系的结论，某种稳定的人格特征和行为倾向可能是个体产生犯罪心理的基础，但不是直接导致犯罪的原因。

第九章

情景·犯罪行为风险认知与决策之外因

人的心理和行为反映个体内在心理特征，同时也受外界环境的影响。风险特征、所处自然环境、社会人文环境、社会心理环境等外部情景因素是犯罪行为风险认知、犯罪行为风险决策的重要因素。如安晶卉、张建新（2004）所言："人格特质平均值或总分相似的两个人，可能会有着完全不同的内在变异方式。对个体内在变异稳定性和独特性的关注，必然要涉及个体的'社会—认知—情感'动力学系统。这个心理系统要将情境纳入其中，以便说明为什么人面对不同情境会做出不同反应。"

第一节　风险特征在犯罪行为风险认知与决策中的作用

风险既是一种客观存在，也是人们的主观感受。风险自身的特征，同样是人们对这些特征的主观认识。根据美国心理学家斯洛维奇和费希霍夫（Slovic & Fischhoff, 1980）的研究，风险特征有两个维度——"熟悉性"和"忧虑性"。熟悉性（familiarity）影响人们对风险发生可能性的主观估计，包括：不可观察的/可观察的；意识不到的/意识到的；有长期影响的/有即刻影响的；新的/旧的；未知的/可知的。忧虑性（worry）影响人们对风险后果严重性的估计，包括：可控的/不可控的；不可怕的/可怕的；非灾难性的/灾难性的；后果不严重的/后果严重的；公平的/不公平的；个人的/有社会影响的；对后代影响不大的/对后代有影响的；容易降低的/不容易降低的；风险在减小的/风险在增加的；自愿的/不自愿的等。

一、可预见性与发生概率

通常人们对确定性风险能做出正确的估计。因为这类风险可以确定事件的结果和概率，因而也称概率风险（probability risk）。而对那些不熟悉、不可预见的（unforeseeable）、不确定性风险则会过高估计。时勘等（2003）采用分层抽样的调查方法，对全国 17 个城市的 4231 名市民进行了 SARS 疫情中风险认知特征和心理行为的研究，结果表明，引起民众恐慌的主要因素在于 SARS 病因的不熟悉和难以控制，以及"愈后对身体的影响和有无传染性"的不熟悉。

人们还可能过高估计那些突然发生的、具有轰动效应的风险，而过低估计每天发生的、随时随地可见的风险；过高估计当前的、迅速发生的、一次性破坏较大的，或者对人们的社会生活影响大的风险；对长期发生作用的、潜伏性的、损失不明的风险事件估计不足。如偶尔发生的一起多人死亡的空难，造成大量房屋倒塌、人员伤亡的地震，还有水灾、火灾等更令人震惊，人们会高估其风险。所以，人们乘坐飞机会主动购买人身保险，却很少有人愿意在出差或旅游乘坐其他交通工具时购买人身保险。飞机起飞和降落时，所有乘客都会按照要求使用安全带，而在乘坐机动车辆时，尽管规定使用安全带，自觉遵守者却寥寥无几。同样，飞行员非常关注自己的身体状况、精神状态，绝不可能疲劳驾机、酒后驾机；而机动车驾驶人却无视不准疲劳驾车、酒后驾车的交通法规，置自己和他人的生命安全于不顾，因此交通事故不断，违章事件致人死伤常常发生。同样，因不良饮食习惯致人生病、死亡的事件经常发生，人们并不感到震惊。

潜在犯罪行为人对其犯罪行为的获利和可能的损失，有的是可以预见的，如我国近年来对各种案件的侦破率，受到刑罚的可能性的大小等。如果案件的侦破率高，他们会有所顾忌而收手；否则就可能胆大妄为，做出犯罪行为决策并付诸实施。

二、风险的损失程度

人们对风险造成的损失大小的主观估计，受事件是否演变为灾难、灾难的大小，以及人们对事件感到震惊的程度等因素的影响。有时会重视损失概率小，损失程度大的风险；忽略损失概率大，而每次发生导致的损失程度相对较小的风险。

人们对事件感到震惊的程度往往取决于事件本身的性质。现实中，并非大概率事件风险都会被高估，小概率事件风险都会被低估。有时，起决定作用的是死亡（损失）率，即人们在对风险进行评价时，更多地关注风险的损失程度。研究发现，人们对概率小但死亡率大的事件风险估计过高，如百年不遇的特大洪水、造成重大伤亡的列车相撞事故等。而对概率大但死亡率小的事件风险估计过低，如行人不遵守交通规则，闯红灯发生的伤亡。

"明火抢劫"会被发现而受罚，敢于冒这个风险的人不多，犯罪者自以为"暗偷"不为人知，可瞒天过海。家长对孩子一次又一次的违纪、小偷小摸当作"小节"，对学校、老师的告诫不以为然，直到铸成大错，成为"罪犯"，才如梦初醒后悔不及。某些职务犯罪行为人，今天贪点，明天拿点，自以为不显山不露水，长此以往，性质起了变化，由"失德"到"犯罪"。

三、风险的可控程度

人们普遍倾向于低估那些以为自己可以控制的风险，高估那些自己无法控制的风险。例如，对人们难以控制地震、水灾、森林火险等事件的风险会高估；相反，对乱扔垃圾、随便丢弃不可降解的塑料袋造成的环境污染不以为然。

对风险的可控程度不同，处在风险情景中个体的风险偏好也不同。当个体可以控制他们的行为或事物互动的结果时，个体有明显的"收益"取向，对可能获得的好处的追求远远胜于对可能损失的规避；但当个体无法控制行为或事物的结果时，个体属于"损失"取向，即对可能损失的规避远远胜于对可能好处的追求。通常人们总是倾向于避免做出冒险的决策。一旦风险不可避免，人们会选择自认为风险最小的选项。

也有一种倾向值得关注。自然风险是不可控制的，因而很难避免。对这一类风险，人们一般不会把它造成的后果看得很严重；对抢险救灾的结果很少表现出不满意。但人为的风险由于往往被视为故意的，可以控制，也可以避免，因此人们会认为其情节更加恶劣。如对犯罪率上升，腐败现象依然存在，人们的不满意感较明显。

四、风险情景特征

风险的发生以风险情景为背景。研究者（谢晓飞等，2002）从以下三种思路定义风险情景的特征。（1）风险情景的"性质"：获益或损失。（2）风险情景的"类别"：以不同的风险种类描述风险情景，如投资风险或犯罪风险所导致的感受完全不同。（3）风险情景中的"量"：回报的大小或损失的多少等。他们以北京两所大学179名本科毕业生为被试，考察情景的性质、类别、量这三个特征对个体冒险倾向的影响。假设风险情景的"获益"和"损失"特征、风险情景的"类别"特征和风险情景"量"的特征都将影响个体的冒险倾向。

"损失"和"获益"情景以偿还债务、交纳罚款（损失）、赢钱（获益）三个具体的情景描述来实现。

情景1 交通罚款

假设你一周前违反交通规则撞伤了人，现在被告知要缴纳罚款，你有两种方式来接受处罚。请从下面各对选择项（A和B，其中括号内是小额的情况）中选择你更愿意接受的一种处罚方式（见表9-1请在划线处填写A或B；选择时将各对选择项视为彼此独立）。

表9-1

题目	选项A	选项B	你的选择（A或B）
1	交纳¥400（20）	50%的可能交纳¥2000（100），50%的可能不用交纳	————————
2	交纳¥600（30）	50%的可能交纳¥2000（100），50%的可能不用交纳	————————
3	交纳¥800（40）	50%的可能交纳¥2000（100），50%的可能不用交纳	————————
4	交纳¥1000（50）	50%的可能交纳¥2000（100），50%的可能不用交纳	————————
5	交纳¥1200（60）	50%的可能交纳¥2000（100），50%的可能不用交纳	————————
6	交纳¥1400（70）	50%的可能交纳¥2000（100），50%的可能不用交纳	————————
7	交纳¥1600（80）	50%的可能交纳¥2000（100），50%的可能不用交纳	————————

情景2 偿还债务

描述方式与缴纳罚款完全相同，仅以"偿还"替换其中的"交纳"。

如第1题：

选项A 偿还¥400（20）；

选项B 50%的可能偿还¥2000（100），50%可能什么也不用偿还。

你的选择（A或B）。

情景3 赢钱情景

描述方式与前者相同，仅以"稳获"替换其中的"交纳"或"偿还"。
如第 1 题：

选项 A　稳获 ¥400（20）；

选项 B　50% 的可能稳获 ¥2000（100），50% 的可能什么也得不到。

你的选择（A 或 B）。

结果显示，风险情景的"性质"特征、"类别"特征、风险情景"量"的特征均影响个体的冒险倾向，但三类特征对个体冒险倾向的影响是不同的。表现为"获益"情景下比"损失"情景下更倾向于冒险；同为损失的还债情景和交通罚款情景，被试的冒险倾向也不同，后者比前者更冒险；人们更愿意在小额上冒险，说明个体的风险态度审慎而理性。研究发现，风险情景"量"的特征与情景有交互作用。该研究得出"个体在获益情景更为冒险，而在损失情景更为保守"的结论，与特沃斯基和卡尼曼所提出的期望理论不相一致。

第二节　所处环境对犯罪行为认知与决策的影响

从心理学的角度讲，环境是指在人的心理之外，对人的心理形成发生影响的全部条件，既包括个人身体之外存在的客观事实，也包括身体内部的运动与变化等。其中社会环境、地理位置、生活环境、信息传播、风险沟通等因素的作用尤为显著和重要。

一、地理位置与生活环境

当地某家报纸刊登过三则有关事故的报道，分别报道了发生在读者身边和他处的事故，并且伤亡各有不同。其中一则发生在 10000 公里以外，事故夺去 39 人的生命；一则发生在 1000 公里以外，致 7 人死亡；还有一则发生在据此 100 公里左右的地方，有 1 人死亡。您认为人们会如何评估它们的风险？

格莱瑟（Dirk Glaesser, 2003）发现，人们对三例事故的风险评价是等同的！也就是说，人们并没有根据伤亡人数的多寡判断事故的风险程度。说明人们对发生在身边的风险更加关注，并相对高估其风险程度（胡海滨，2007）。尽管第 1 例事故伤亡更惨重，但因为发生在遥远的异国他乡，与当地公众关联度较低，被认为与发生在周围的第 3 例事故在风险程度上没有什么区别。这个发现引起学者对地理上的相近性对风险认知重要意义的研究。

　　所谓地理的相近性，是指事件发生的地点与决策者所在地之间的距离。一般性的威胁、与自己毫不相干的人的损害，不会引起人们的震惊。而自身或者相关人成为受害者就大不同了。当属于同一公众群体的某个人或某些人受到威胁时，同胞们很快感觉到危险，并做出相应的反应。战争时期，人们对本国士兵的伤亡非常关注，尽管对方伤亡的数字大大超过了自己。在法西斯政权、军国主义政府的宣传下，本国人民常常因同样的原因表现出与政府和军队的共同对外。又如，核能发电污染少安全性高，但常常遭到市民的反对，谁也不愿将核电站建在自己家门口。

　　1951 年 11 月 23 日，达特茅斯学院与普林斯顿大学的橄榄球队在普林斯顿大学的帕尔默体育场进行了一场比赛。现场混乱不堪，双方队员不停地犯规，结束时，两队几乎收获了同等数量的黄牌、红牌。之后的一段时间，两所大学报纸上刊登了指责对方队员的报道，两所大学的学生对究竟发生了什么，谁该负责等争执不下。此事件引起学者的注意。达特茅斯的社会心理学家哈斯托夫、普林斯顿的研究员坎特里尔（Alberd Hastorf & Hadley Cantri，1954）做了一项实验（这是一项有关选择性知觉的经典实验）。他们以达特茅斯学生（163 名）和普林斯顿学生（161 名）为被试，请他们观看当年比赛的录像，回答："从您观看的比赛现场或比赛录像、媒体报道的情况，您认为哪支队伍最先挑起了争端？"结果验证了研究假设，多数学生认为挑起事端的是对方队员。只有 11% 的人认为双方都有过错。对对方犯规次数的估计超出对方实际犯规次数的两倍以上。有的"观众"甚至没有发现自己球队队员犯规。重复实验的结果大同小异。为什么双方的知觉差异这么大？哈斯托夫和坎特里尔认为，人们总是更关心和关注自己身边的人或事，而且，对这些信息的选择及其原因选择造成的偏差常常无意识，这就是"选择性知觉"效应。该项研究给人们的启示是，地理位置决定人与人之间的空间距离，也决定人与人之间的心理距离。

　　此外，信息对决策主体的价值也影响人们的风险认知。人们对国外自然灾害的新闻报道和感知，往往会随着灾害事件的遇难者与自己的空间距离和文化的异同而变化。例如，在美国人眼里，一场灾难的遇难者是 12 个亚洲人、11 个中东人、9 个拉丁美洲人，还是 3 个东欧人、1 个西欧人都是一样的，他们会做出同样的风险评价。原因很简单，地理上的相近性，引起人们心理上的相近性。

二、信息传播

　　研究者发现，凡是涉及公众利益的公共风险事件发生以后，相关信息的缺乏必然引起公众的高度焦虑。人们接收信息的渠道，信息传播的时间顺序、方式和范围都会影响个体的风险认知和决策（刘金平 等，2006）。

（一）大众传媒与文艺作品

当今的社会是一个信息化社会，大众传媒、风险沟通成为影响风险认知的环境因素之一。报刊、广播、电视等对某些事件的长时期报道，使许多人不去追究或者自动"屏蔽"事物的真相而形成某种概念，甚至产生"群体极化"（group polarization）现象①。虽然信息化为人们提供了获得信息的多种渠道，但大众传媒的作用仍不容忽视。

风险事件是一种信号，公众在风险事件的知晓过程中，如何获得相关信息，并对这些信息做出解释，都离不开风险沟通。如果风险沟通的方式不当，极易导致公众认知偏差。据统计，《纽约时报》1974 到 1978 年间，报道各种事故的具体伤亡数字的情况如下：每年死于车祸的 5 万人，死于工业意外事故的 0.45万人，无一例因辐射相关事故亡故。但调查结果却是，公众认为最危险的是"辐射"。为什么会这样？是什么让公众对"辐射非常危险"印象深刻、反应强烈？这些都源于报刊每年对这三类事故的报道：车祸 120 条，工业意外事故 25条，与辐射有关的事故竟高达 200 条。可以推测：媒体报道对公众产生了严重误导。

人们对科学技术本身的风险，对科学技术普及和发展带给社会、带给人的风险的认知与客观的风险之间存在着很大偏差。造成这种认知偏差的原因之一，是与科学技术，特别是新技术所具有的正反两方面信息的沟通与传播有关。由于人们对这种风险认知的偏差，有可能反对科学技术的利用。

时勘等人（2003）对 SARS 信息的风险认知及心理行为的研究发现，负性信息（包括患病信息和与自身关系密切的信息）更容易引起民众的高风险认知；正性信息（包括治愈信息和政府防范措施的信息）能降低个体风险认知水平。2008 年发生在四川汶川等地的 8 级大地震，引起国人的关注和相当一些人的恐慌，其中的一个原因就是与媒体的宣传报道有关。当然，也与不同的人选择了不同的信息（正性的或负性的）有关。例如宣传、呼吁多年的"保护环境""爱护地球""节约能源"，人们并不一定意识到它的意义，不会主动承担责任，甚至仍然固守已有的生活方式。只有生活在贫水地区、严重沙漠化地区的人，或者目睹"无水"的危机，直接或间接感受到环保、绿色的重要，才会真正认识风险、危机的存在，并自觉行动起来。反复进行反腐教育，一些官员仍我行

---

① 群体极化是指在一个组织群体中，个人决策受群体的影响，容易做出比独自一人时更极端决定的社会现象。

我素，直到看见一个个高官纷纷落马，腐败者"伸手必捉"，才意识到问题的严重性，意识到党和政府的反腐决心，他们才会选择或主动坦白，或有所收敛。

（二）危机报道与犯罪

研究指出，媒体危机报道可能影响犯罪。媒体夸大或失真报道造成社会恐慌，一些心理十分脆弱的人可能因无法承受压力，出现崩溃或歇斯底里的状态而犯罪；一些胆大妄为的不法之徒会利用这一混乱提供的宽松管理环境和被害人处于恐慌的状态，趁机以种种手段敛聚钱财或发泄内心对社会的不满（张洪良，2007）。几乎每一次危机发生，都有人趁机大发"国难财"，如"非典"时期，口罩、消毒液脱销，并非物品奇缺，而是有人借机"囤积"，以高出原价几倍、十几倍的价格售出，非法牟取暴利；汶川地震期间，有人利用权力将他人捐助的财物占为己有，更有甚者将某些物品进行"倒卖"，非法获取暴利。

由于媒体在报道中无意"泄密"，起了向犯罪行为人通风报信的作用，最终导致解救人质失败的事件时有发生。[①] 过早泄漏消息，可能导致危机事态恶化或升级。有些新闻报道为追求所谓的"真实"，对骚乱和破坏场景的大肆报道，在一定程度上对犯罪行为决策起到了推波助澜的不良作用。此外，媒体报道的相互不一致和不及时，为不法分子制造谣言提供了条件。影视作品在揭露犯罪的同时，也起了"教唆"犯罪，或者向潜在犯罪行为人"传授"犯罪技艺、反侦查技术的作用。

三、社会人文环境

处于不同社会人文环境中的人对风险的认知和评价是不同的，因为不同的社会文化背景有不同的社会行为与发展模式。学者们有的强调从认知者的实际社会背景的多样性角度来理解风险的可接受性，有的主张在特殊的文化背景下，研究不同群体对风险的认知。20世纪90年代以来，研究者开始关注风险倾向的跨文化差异问题。研究发现，并非所有场合、所有问题情境都受文化影响。有些研究结果也与人们的"常识"不尽相同。比如，人们通常会认为美国人更冒险，中国人倾向于保守。研究者（Hsee & Weber，1999）通过比较中美被试不同情景（投资、医疗建议、学业分数）下的决策发现，中国被试有时表现得比美国被试更冒险。然而，被试冒险倾向的差异只表现在经济投资领域，其他领域则没有显著差异。如获益情景下，在"肯定得到一定数量的钱"与"50%的

---

① 参见《信息时报》（2003－01－23）刊登的文章："美籍台长激怒普京被免职直播俄人质危机泄机密"。

可能得到更多的钱，50%可能得不到钱"中做选择；在损失情景下则是"肯定损失一定数量的钱"与"有可能损失更多钱或者无损失"之间做选择。结果发现，无论何种情景，获益还是损失，中国被试都比美国被试倾向于接受风险选项，表现为更冒险（more risk-seeking）。

有学者（Weber & Hsee，1998）对中、德、美三国的谚语（可体现一个国家文化的沉淀和传承的文化产物）进行分析，发现集体主义倾向高的中德两国的谚语比个人主义美国的谚语更鼓励冒险。为什么只在经济领域，中国被试比美国被试更"冒险"？李洁、谢晓非（2007）分析发现，中国谚语中更多的是鼓励经济领域的冒险（例如投资风险），而不是社会风险领域的冒险（朋友打电话时间太长，影响你休息，这可能存在潜在的影响友情的风险）。但真正的、深层次的原因还有待于进一步考察。

21世纪以来，我国学者在不同文化对风险认知、风险决策的影响方面的研究越来越多。如凌文轻、方俐洛（2002）研究不同社会文化（中、日、美）对风险认知的影响。他们分别在北京（988人）、大阪（924人）和洛杉矶（800人）三城市抽样，以"核能发电"和"X光胸部透视"两个方面作为科学技术的风险对象。前者属于"恐怖性的高风险""非自愿性风险"；后者属于"非恐怖性的低风险""自愿性与非自愿性之间的风险"，研究结果如下。

对核能发电的风险认知与评价：在核能发电的效用性、安全性、好感度，核电站的接纳度几个维度上，均为中国人评价最高，并且表现出对政府的高度信任；对核能发电的事故或灾害发生机率高低的估计、一次性死亡人数的估计，均为中国人最低；对核电站事故原因的归属，认为有关政府部门应负主要责任的，中国人最少，美国人最多。这可能与中美两国人民对政府的不同信任度、人们不同的法律观念等有关。对核电站灾害特性的认知，日本人最悲观。可能与日本是一个小岛国，人口密度大，一旦发生灾害，后果更严重有关，也可能是因为"二战"中受到美国两颗原子弹的袭击，至今人们仍心有余悸。

对胸部X光透视的风险认知与评价：X光透视的效用性、安全性、社会接受度，中国都排在第一位，原因可能是在我国这项技术历史较长，为一般市民所熟知并已经适应；对一般科学和技术的关心，中国仍为最高，这对我国科学技术的发展是有利的人文社会心理基础。对科学技术的评价，虽然三国市民都对科学技术给人类生活所带来的益处予以高度肯定，但也有相当一部分人对科技的过度发展所带来的负面影响表示了担心。其中美国人担心的比例最低，这也许是美国对新技术的生产和产品的安全性和环保性要求较高的缘故。中、日、美三国的比较结果表明，科学技术的风险认知和风险沟通有社会文化的差异。

其他学者（李洁、谢晓非，2007）的研究也得出了类似结论，并且发现，无论态度还是行为，中国人比美国人对风险的容忍程度更高。说明文化背景对风险认知有预测作用。对于不同文化背景下被试不同的风险和风险认知倾向的解释，"文化决定社会关系说"（the theory that culture determines social relations）从文化的沉淀和传承分析提出，较高的集体主义程度、相对稳定的社会关系，即便遇到风险也会获得强大的社会网络给予的经济的、精神的支持，所以不怕冒险。缓冲假说（cushion hypothesis）认为，中国人之所以更倾向于冒险，与中国目前经济的迅猛发展，为人们提供了更多的机遇，鼓励"大众创业、万众创新"有关。竞争可能有更多的收益，人们倾向于冒险。从由文化决定的社会关系方面解读，作为具有典型的集体主义文化特征的中国社会和中国人，更强调和看重人与人之间的关系和相互依赖与支持。一旦冒险失败，可以借助他人和社会的帮助渡过难关，相互间的帮助对风险起"缓冲"作用。借助"概然思维差异"（probabilistic thinking differences）观点，中国被试有可能对概率的知觉不如西方人精确，或者说中国人不习惯用"概率"的表达去描述事件而风险倾向更强。

张延燕、许百华（2004）研究发现，种族、收入水平、地域差异等亚文化因素对犯罪行为风险认知和决策的影响强于主流文化。如有组织犯罪由于犯罪组织内部形成了较为稳定的同主流文化相对立的价值观，组织成员之间意气相投，沆瀣一气，相互强化了反社会心理，降低了罪责感；犯罪组织内部分工协作，以各种方式编织保护网，提高了犯罪成功率，降低了犯罪行为风险，犯罪行为人做出犯罪行为决策时毫不犹豫，在实施犯罪时无所顾忌。

四、社会舆论与社会处境

（一）社会舆论

社会舆论（public opinion）是指一定范围内公众的意见和看法，是社会大多数成员的整体知觉、共同信念、共同意志的外化，有预警、建构、摧毁、批判、监督、控制等作用。社会舆论可以是社会公众自发的、横向形成；也可以先由政府部门或某个社会组织有意识地通过大众传媒广泛、自上而下形成；还可以先源于大众，通过多种媒介下情上传，再由政府或有关机构认可的方式自下而上地形成。

社会舆论对人的影响无时不在无处不在。一方面，公众借助于公共传媒形成强大的公众舆论，对国家权力、政府决策的制定、执行过程和结果实行监督制约，对政策的制定者、执行者进行监督，上至国家最高行政领导下至基层公务员，都要接受社会舆论的监督。一旦出现有损公众利益的行为，就要受到社会舆论的谴责和问责。另一方面，公众舆论对民众具有鼓舞和约束作用。社会的存在和进步都需要借助于一定的社会规范、社会舆论限定社会成员的行为，鼓舞维护社会公德和公益的行为，约束和制止损害公德和公众利益的行为。

正确的社会舆论可褒善贬恶、扬美抑丑，形成一种强大的社会心理"场"，对社会成员的价值取向、行为方式产生极大影响。例如，社会舆论赞扬见义勇为，促使更多的社会成员自觉效仿，逐渐形成良好的社会风气。对有损公德之事、之人的指责，如公共场合吸烟行为和行为人迫于舆论的压力而修正自身行为。

不同时期有不同的社会舆论，如"五四"时期提倡"新文化"，影响一代人的思想和行为，许多人因此走上争取民主与进步的道路。如果社会舆论对腐败犯罪不满、谴责、举报，使之成为人人喊打的过街老鼠，潜在犯罪行为人便有所忌惮和收敛，不会轻易选择犯罪。

（二）社会反应

社会反应（social response）是指社会群体、社会大众对犯罪行为的反应。社会反应体现的是社会各阶层对犯罪行为的认识和态度，是犯罪行为生存的舆论环境和道德评价。积极正确的社会反应，会有效地阻止潜在犯罪行为人做出犯罪选择，从而遏制犯罪的发生，或把犯罪的社会危害降到最低。因为在这样的社会环境中，虽然不能给犯罪行为人定罪判刑，但犯罪行为人的不道义行为将受到否定和谴责。一旦犯罪，被贴上标鉴，想要重新融入社会需要付出更多更大的代价，这种社会舆论和社会反应对行为人有极大的威慑作用。相反，消极错误的社会反应，犯罪行为不但得不到否定和有效遏制，反而是一种积极刺激，犯罪行为人有恃无恐、变本加厉；潜在犯罪行为人亦步亦趋，使社会环境恶化、社会治安状况差，社会成员的安全感越来越低。

（三）社会处境

社会处境（social situation）是影响个人或团体所处的某种社会心理或社会行为的特定社会环境，也指与个人和团体有一定联系的其他团体和其他人。社会心理学认为，社会处境是某种社会心理或社会行为产生的具体条件，是影响人们的社会心理和社会行为的直接原因。

各种资源分配、占有的不公平构成现代"社会分层"（social stratification）①的基础。社会资源占有的类型②、数量决定了各个阶层在社会结构中的地位。改革开放以来，我国社会逐渐出现和形成了两个极端阶层：由经济、政治、知识"精英"构成的"优势群体"（dominant group）；由失地农民、农村贫困人口、进城务工人员、城市下岗失业人员及所有在"贫困线"以下的人员构成的"弱势群体"（disadvantaged group）。具有较多财富和经济能力的人在社会中具有较大的优势，有更多的机会获得更多的财富和社会地位。相反，经济能力较低的人争取财富和地位的机会相对较少，他们可能会越来越"弱"，越来越贫困。这个人群的社会处境不利（social disadvantage），贫困的家庭环境、缺乏必要刺激或刺激贫乏的环境可能造成工作成就、学业成就等方面的落后。

我国现阶段虽然没有职业和阶层的高低贵贱之分，但在社会生活和公众认知中，社会歧视现象依然存在。如城市居民对进城务工人员的歧视；有的"40""50"下岗职工无论生活多困难也不愿从事社会为他们提供的，他们认为"低贱"的工作岗位。歧视加重了社会不公平，对贫困差距起了推波助澜作用。而贫富差距拉大必然出现社会心理失衡，导致不良后果。

马皑等（2010）发现，归因偏差、对处境的感受、挫折体现等原因造成的角色、道德、利益、手段等冲突，可能导致弱势群体成员违法犯罪。21 世纪以来，各种恶性事件增多。如石家庄爆炸案（2001），南岭"山村血案"（2009）、北京大兴"灭门惨案"（2009），富士康"13 跳"（2010），发生在校园内的欺凌事件、杀人和自杀事件等。已经发生的突发群体性事件中 80% 以上牵扯到社会弱势群体。不合理不合法收入的存在，尤其是腐败案件的频繁发生，使低收入者对所有当权者有一种普遍的怀疑心理、厌恶心理，进而将这种不满转嫁到社会、政府头上，产生对政府、对社会制度的不满。

但社会处境不利并不一定导致犯罪。而社会处境良好的人，也可能违法犯

---

① 分层是地质学的一个概念，指把地层构造分为高低有序的若干等级层次。社会学家借此概念，提出社会分层理论。所谓"社会分层"是按照一定的标准划分社会成员在社会体系中的地位层次结构、社会等级秩序现象。特别是指建立在法律、法规基础上的制度化的社会差异体系。德国著名社会学家、现代社会学的奠基人马克斯·韦伯（Max Weber，1864—1920）主张以财富、权力、声望三个维度划分社会阶层的标准（蔡娟，2012）。以财富、经济划分为不同的阶级；以权力、身份划分为阶层（地位群体）；以声望划分为政党。

② 最重要的资源有 10 类：生产资料资源、财产或收入资源、市场资源、职业或就业资源、政治权力资源、文化资源、社会关系资源、主观声望资源、公民权利资源以及人力资源。

罪。如通过对服刑人员犯罪类型的分析发现，职务犯罪、金融犯罪的人大多处于优势群体；抢劫、偷窃犯罪的人大多社会处境不利。

第三节　社会心理场

犯罪行为既不是来自遗传，也不是个人的"发明"，而是在交往过程中，通过与他人的相互作用习得的。犯罪行为的学习包括犯罪技术、犯罪动机、态度、价值观等。在社会化过程中，一定群体对破坏法律行为的认可、赞许超过了对违法犯罪行为的否定、指责时，就可能引起个体的犯罪行为。

一、社会心理氛围

美国心理学家詹巴斗（Philip Zimbardo）的一项试验：把两辆一模一样的汽车分别停放在一个中产阶级居住的社区和下层人员居住的相对杂乱的街区。停在杂乱街区的那一辆当天就被人偷走，而停在中产阶级社区的那一辆一周后仍完好无损。然而，当詹巴斗把这辆汽车的玻璃敲碎一块后，仅仅过了几个小时车就不见了。而那辆停放在杂乱街区的汽车，一开始就被研究者打开顶棚、摘掉车牌。以这项试验为基础，美国政治学家威尔逊（James Q. Wilson）和犯罪学家凯林（George L. Kellin）提出了"破窗理论"（broken windows theory）。他们认为，环境中的不良现象如果被放任，会诱使人们仿效，甚至变本加厉。比如有人打破某建筑上的一块玻璃，没人修复，也没人追究，就可能有更多的人打碎更多的玻璃，甚至搞更大的破坏。因为这些破碎的窗户给人一种无序的感觉。现实中胡乱涂鸦未被清洗、乱扔垃圾无人收拾，都会使破坏者越来越多，环境越来越差。公众"禁声"麻木不仁的氛围中，犯罪就会滋长、蔓延。"破窗理论"的启示：任何不法行为，即使是个别的、偶然的、轻微的，如果大家充耳不闻，放任不管，就是纵容更多的人去"破窗"，去胡作非为。最终导致更多有损他人和社会公序的行为，使整个社会陷入混乱无序状态。

社会风气对人们的风险态度、对犯罪行为风险决策的影响很大。如果求人办事，请客送礼塞红包成为一种社会普遍现象；特殊行业特殊事情的"潜规则"盛行；无论小事大事，公事私事，合法之事非法之事，都得按"规则"来办……这种极不正常的社会风气，人人深恶痛绝却个个效仿；"礼尚往来"固然不错，但是"衙门口朝南开，有理没钱莫进来"的思想和做法，在现代文明社会仍然盛行的话，行贿受贿等各种犯罪行为都可能发生。

腐败现象已经成为一个世界性的社会难题。据《小康》杂志的调查，2007年最受公众关注的十大焦点问题，反腐排在第五位。中国焦点 2008 "我有问题问总理"，反腐败问题同样名列前茅。此后每年两会热点话题都与反腐有关。

如果腐败呈现出普遍化、流行化、社会化的趋势，可能是获得一种"文化"上更有力、更稳定的支持。集团性腐败①、体制内腐败，腐败的扩散都与"圈子"心理、"法不责众"心理有关。众人都腐败，不腐败的人成为"异己"，被排斥打击，逼迫他们不得不同流合污。群体腐败以及人们的"羡腐"心理意味着腐败可能渗透到一些人的日常行为模式之中，成为一种社会风气和生活方式。"腐败文化"的滋长蔓延，集体性腐败对腐败者的压力和风险降低，大家都腐败，彼此心照不宣、各行其是，甚至互相关照、沆瀣一气，利益均沾，最终可能从分散的腐败行为人发展成为有组织的犯罪集团（李抒望，2007）。例如厦门远华特大走私案，涉及省（部）级干部 3 人，厅（局）级 26 人，县（处）级 86 人，这种"窝案""串案"正是"圈子"心理的反映。

二、标识行为与忧后心理

"寻租"（rent-seeking）②、权力腐败本是一种违反社会道德规范、不为社会公众所容纳的偏离行为，但有时可能因社会群体所赋予的某些消极的社会标识而变得极端化。诸如"为人不做官，做官都一般""当官没有不捞的，不捞的是暂时的或时机未到的"，等等。在这种消极的社会标识作用下，某些本来工作动机不纯或者特权意识严重的人，立即产生认同，愈发地有恃无恐、变本加厉。即便当时没有偏离行为的人，也可能会在偏离行为的某种标识下以偏离者自居，因为是这个群体中的成员，理应属于这个群体，应在行为上与群体中其他成员一致。一方面，因"物以类聚""人以群分"心理与有偏离行为的群体紧密结合；另一方面，为了在这个群体中"被认同"、不被排斥而使其行为更加偏离正常。逐渐地对这种标识产生自我认同，从而有意无意发生身份转化，于是产生了类似的、越来越强烈的标识所暗示的那种偏离行为倾向性或偏离行为反应。

李凯林（2005）指出，"前腐败心理"是反腐败最棘手的习惯势力。前腐败的表现，一是某些公职人员对腐败的认同和趋从心理，对腐败行为不以为然，麻木不仁、随波逐流。二是公众对与己无关的腐败的漠然，对与己有利的腐败

---

① 是指掌握公共权力的特定群体在共同私利的驱动下，形成利益联盟，使得本应服务和服从于公众利益的公共权力蜕变成谋取集团利益的工具，使权力逐步私化、商品化。

② 指人们凭借政府保护而进行的寻求财富转移的活动。

的容留。有的人看到自己的前任从权利岗位上退下来后威风不再、尊严丧失、生活水平下降，更贪恋特权的好处，更害怕失去后的"人走茶凉"。他们越是意识到现在拥有特权时所带来的种种好处，就越是害怕自己失去这些特权之后的情景，从而在内心深处产生一种强烈的不安感、危机感和忧后心理。于是，就趁自己还在位时能多捞就多捞，免得以后没有捞的机会。

三、群体认同与偏爱

人与人之间的交往需要一定的成本，每个人社会认知、社会交往的成本各不相同。个体不可能直接与社会发生关系，必须从属于某个群体。这个群体就是他交往的圈子，在这个圈子里，每个人都有自己的位置，犯罪群体亦然。在自己所属群体中个体的交往成本是最低的、可预见的、相对稳定的。

关于群体认同（social identity），有的理论倾向于是从群体水平上解释，即研究组间水平的差异。如美国社会学家萨姆纳（William Graham Sumner，1840—1910）的内群体（internal groups）与外群体（external groups）概念，还有内群体偏爱现象、社会认同理论、群体服务偏向理论等。其中社会认同理论（social identity theory）是能够同时解释内群体偏爱和外群体偏爱的比较全面的理论，该理论指出，群体内成员通过社会比较，倾向于在某些维度上夸大群体间差异，表现为对内群体有更积极的评价和更多的偏爱，从而找到一种归属感和身份满足感；在对内群体的积极认同，寻求积极自我评价的同时贬抑外群体，以维持或提高个体自尊（Tajfel，1986），这就是内群体偏爱（ingroup favoritism），即个体在态度和行为等方面表现出来的对自身群体及其成员的偏爱。最早进行内群体偏爱实验研究的是谢里夫（Sherif，1961）。研究者将参加夏令营的素不相识的儿童分组开展有竞争性质的活动。儿童表现出对自己小组的集体荣誉感，对竞争对手则表现出不友好。最后为了争夺有限的资源时，双方越来越敌对，"自己人"之间则越来越同心协力。其他类似的研究也得出相似的结论。群体服务偏向（group-serving Bias）观点认为，一旦形成"我们"的概念，就会产生群体服务偏向，更加关注内群体的积极信息，忽视内群体的消极信息。并且可能产生对外群体不友好的态度和行为。由于过分关注和偏好内群体，还容易使外群体产生怨恨，从而造成群际关系紧张和冲突。

另一些理论主张从个体水平上解释内群体偏爱现象，如下位比较理论（downward comparison theory）和自我保护假设（self-protection erection）认为，自尊水平较低或面对外界威胁时，通过对外群体的歧视贬抑，更加认同内群体，并有效地保持积极的自我形象。

研究发现，社会处境不同，其内群体偏爱的特点和表现也不同。弱势群体成员不仅有内群体偏爱，还存在一定程度的外群体偏爱（outgroup favoritism）倾向。在认知、情感与行为上都有意无意地表现出对外群体的积极评价。最早发现这一倾向的是洋娃娃实验：研究者请黑人儿童在白人洋娃娃和黑人洋娃娃中选择自己喜欢的。结果他们多数选择了白人洋娃娃，认为白人洋娃娃更好。现实中这种外群体偏爱现象普遍存在。比如，选举领导者，女性更支持男性候选人当选；女性对女性的评价比男性对女性的评价更低；老年人对老年人的评价比年轻人对老年人的评价更消极。那么，是否意味着社会地位相对较低的群体成员有外群体偏爱？这种偏爱是对外群体的认同还是对"权威"（优势群体）的屈从？抑或是一种逃避危险和责罚的方式和策略？迈克（Michael，2005）发现，优势群体成员在行为上也有对弱势群体的偏爱。他们的外群体偏爱是发自内心地对外群体认同，还是迫于"压力"？

研究者（Greenwald，1998）编制的内隐联想测验，测量不同种族、不同性别的内外群体偏爱程度。结果表明，弱势群体成员在内隐水平上接受内群体的某些维度上的劣势；同时无意识地在认知、情感、行为上表现出对优势群体成员的偏爱。说明外群体偏爱不是防御性的，而是把社会对弱势群体的刻板印象内化为自己的态度和行为。虽然低社会地位可能会增加弱势群体对优势群体的敌意，但对外群体中优势群体的积极评价不断提高。而优势群体成员表现出的内隐偏爱外群体行为，同样不是为了"掩饰"自己的态度，不是因法律规定和种族间频繁的交往而减少偏见和歧视（Jennifer，2005）。

这种外群体偏爱，实际上是个体对客观世界中的某一对象和现象所持有的评价和行为倾向即态度。拉姆伯特等人在加拿大蒙特利尔让一些英裔大学生与法裔大学生听录音，然后凭声音来判断说话者的个性特征。告知录音是 10 个人朗读同一篇文章，其中 5 人用英语，5 人用法语。但实际上是 5 个人分别用两种语言朗读。当时英裔加拿大人的社会背景优于法裔。结果：（1）对同一个朗读者，当他以英语朗读时，比用法语朗读时能获得更好的评价。（2）法裔比英裔更高估计英语朗读者的特征。结论：一个人容易根据现成的态度去判断他人；态度一旦形成，就会严重地影响一个人的判断，包括外群体偏爱。

有组织犯罪由于犯罪组织内部成员的内群体偏爱，潜在犯罪行为人对其他犯罪者的"追随"，对其他人、对外群体的羡慕、偏好，有可能使他们也选择犯罪。

四、服从

服从（obedience）是"主体在特定社会情境中，通过对客体提供的社会信息的概括、判断和推理，为寻求奖赏或免受惩罚而产生的与客体一致的行为或态度"（宋官东，等，2008）。社会心理学视角下的服从是指个人按照社会要求、团体规范或别人的愿望做出的遵从他人的行为。美国社会心理学家 F. H. 奥尔波特（Floyd Henry Allport, 1890—1978）关于服从的现场调查发现，75% 的汽车司机都能绝对服从交通规则，拒不服从者仅占 0.5%。

（一）对权威的服从

社会心理学家米尔格拉姆（S. Milgram, 1963）在美国耶鲁大学进行"服从的经典研究"证明"权威—服从"（obedience to authority）的科学性。实验以登广告的方式招募志愿者 80 名（其中 40 名为事先安排好的助手）。实验前以抽签方式决定角色，学生或教师。实际上，真被试者（40 名志愿者）抽到的都是"教师"，40 名助手担任学生。实验中，要求"教师"对"学生"的"学习不能"等不良行为予以"惩罚"（电击），出错越多，惩罚越强。

"教师"目睹（只是看见）电击设备，实验中听到遭受电击后学生的"惨叫"。电击越强烈，"学生"越痛苦，叫声越惨，并伴随着头"撞墙"的声音（当然不是真的，听到的是播放的标准化录音，但真被试不知实情）。

结果显示：当电压增加到 300V，听到"学生"惨叫时，只有 5 名被试者（教师）拒绝再提高电压；当电压增加到 315V 时，又有 4 名被试者拒绝；电压为 330V 时，又有 2 名不再继续；之后，在电压达到 345V、360V、375V 时又各有 1 名被试者提出中止。整个实验共有 14 人（占被试者的 35%）做出反抗，拒绝执行主试者的命令。另外 26 名被试（占被试者的 65%）按照实验者的命令，坚持到实验的最后——电压强度达到 450V。实验一结束，被试个个如释重负，说明他们是在极度紧张的情况下不得不"服从"实验者指示，其内心冲突非常强烈。为什么这么多的人克服强烈的心理冲突选择服从？

实验前，米尔格拉姆对他的同事——一批心理学家做了对实验结果的预测，大家认为，能狠下心来坚持加大惩罚力度，直到最大伏特数的"绝对服从者"仅为 1%。一旦允许自己决定以多高的电压惩罚学生时，几乎所有人选择的电压强度不会超过 45 V。为什么正式实验情况下服从者高达 65%？是什么力量导致被试表现出如此非理性的行为？

根据小亚历山大等人（C. N. Jr. Alexander & P. Lauderdale, 1977）提出的

情境同一性（situated identity）理论，对应于每个社会情境和人际背景，都有一套与之相匹配的社会行为模式。这种行为模式与其情境相一致，故称"情境一致性"。米尔格拉姆从被试的角度分析认为：第一，实验是耶鲁大学发起的，没人怀疑它的科学性和伦理性；第二，这是一项有意义的工作，作为志愿者，又拿了相应的报酬，应尽力配合完成实验，表现出相应的社会角色行为，即教师有惩罚犯错学生的权利；第三，学生和老师是抽签决定的，我也可能是学生，他人也会这样对待我；第四，我只能屈从于心理学家的安排，我什么都不清楚；第五，他们告诉我，电击是痛苦的，但没有生命危险；第六，好好表现，得到专家的表扬。正如米尔格拉姆本人所言，大多数受试者是在一个较复杂的背景之下来看待他们行为的，即对社会是善意和有用的，表现出对科学真理的追求。当权威披着科学的合理合法的外衣时，人们会认为权威给予的任务是神圣的，没理由不服从。于是，看似电击受害者的行为是邪恶的，但在心理学实验室情境下，其意义大不同。何况，"我"执行的是研究者的指令，责任不在"我"，即明知自己的行为对他人造成伤害依然服从——"责任转移"。

当然，他人的支持、行为后果的反馈也很重要。只要有人"反抗权威"，被试就觉得有了"支持"，就会因不必再忍受内心冲突去伤害他人而拒绝服从。被试移情的强烈程度、对权威的合理性的怀疑等个性因素也是影响服从的不可忽视的原因。如有的人服从是"惯例行为"，没有独立思考和行为的习惯，一切都以他人意见、特别是领导者的意见为准。客观上，对方地位高、权势大，不得不、不敢不服从；主观上则与个人的道德水平、个性特征有关。好坏不分、是非不辨的人，喜欢讨好、巴结人的人，或者为了报答对方时，都会无条件服从。犯罪群体中，此现象非常普遍。

人们对权威的服从一般有三种情况："权威—遵从""权威—顺从"和"权威—盲从"。"权威—遵从"（conformity to authority）是指屈从于权威的意志和权利；为顾及权威者的颜面而适应或迎合权威的行为或态度，产生顺从行为，即"权威—顺从"（compliance to authority）；有时可能是对权威的盲目服从，即"权威—盲从"（herd Behavior to authority）。

（二）对群体的服从

对群体的服从也称遵从、从众心理（herd mentality），是指个体出于现实的或主观臆想的他人或团体的一致性压力时，有意无意地在知觉、判断、观点或行为上遵从于他人或团体的社会心理现象，即跟随他人（follow the others），俗称"随大流"。

从众一般有四种类型：（1）表面从众，内心接纳，即表里如一的从众；（2）表面从众，内心拒绝，即权益性从众；（3）内心接纳，表面不从众，即表里不一的假不从众；（4）内心拒绝，表面也不从众，即反从众。从众的基本动因，一是渴望获得正确的信息，尤其当信息量不足、个人缺乏判断事物的标准和难做抉择的情况下；二是为了获得群体中其他成员的好感和认同，维持良好人际关系；三是减缓群体压力，解除自身与群体之间的冲突、增强安全感。

从众心理也是一种群体效应（population effect）①。社会心理学家阿希（Solomon Asch，1907—1996）等人的研究与实验证实，群体成员的行为通常有跟从群体的倾向。当发现自己的意见和行为与群体不一致时产生的紧张感，促使他与群体趋向一致。之所以整个"班子"集体腐败，往往与此有关。

分析发现，对群体服从的原因很多，归纳起来无外乎三个方面。第一，群体特征：群体规模越大、凝聚力越强、群体对"异己者"的容忍度越低，从众越容易发生。第二，情境因素：当信息欠缺或模糊不明、权威人士影响大时，从众者增多。第三，个人因素：知识经验不足、智力较低者，更易"人云亦云"；资历较浅、职位相对较低或自信心不足、习惯"随波逐流""趋炎附势"之人，会权衡利弊无原则地从众；研究和观察发现，女性比男性更可能因相信他人胜过相信自己而从众。基于上述情况，一些原本正直、廉洁的好干部，可能为了维持良好的人际关系现状，或者不愿意感受到与众不同的压力，不得不与多数人一致；有的为了实现团体目标，只好大家"团结"一心。也有的是"讨好"别人，为了取得团体中其他成员的"好感"，保住自己的头上的"乌纱"等原因，放弃个人的正确意见，选择"同流合污"。个体决策时因信息量少、主观性强，偏见和偏差在所难免。是否群体决策可以避免这些偏差，做出理性的决策？研究结果给出的答案是否定的。群体决策不但没有纠正个体决策的偏差，反而有加强这种偏差的可能（郑全全，等，2001）。犯罪团伙中凡是由群体所做出的犯罪行为决策，可能比个人决策的准确性更高，但也更趋于冒险、

---

① 群体效应是指由于群体对个体的约束和指导，群体与个体之间、个体与个体之间彼此相互作用，在心理和行为上发生一系列的变化。主要有：（1）社会助长（促进）作用（social fac ilitation），是指他人在场或与他人一起活动时，个体行为效率提高，出现增质增量的倾向。原因是：①多数人共做，个人被他人评价的意识增强，兴奋水平提高；②相互模仿，竞争动机增强；③单调的感觉和由于孤独造成的心理疲劳减少。（2）社会抑制（致弱、促退）（social inhibition），指个体因他人在场而工作效率降低的现象。（3）社会惰化（逍遥、懈怠）（social loafing），大家一起做时个体的活动积极性与效率下降的现象。（4）社会趋同效应（social convergence effect），易受群体影响做出和大家一致的决定。

更极端，更不理性。

（三）服从的社会心理机制

现实中，许多人为了免受惩罚或寻求奖赏而服从权威或群体。比如，孩子为了获得"小红花"而端坐；机动车驾驶人为了不被罚款而遵守交通规则；犯罪团伙成员为保全自己或家人的性命，出卖良心、杀人越货……但服从的结果可能达不到人们的预期。孩子端坐未得到"小红花"；为保命出卖良心的人最终被"灭口"。可见，服从是一种不确定性条件下的决策行为。

社会心理学还有一个与华生的"情绪化的小艾尔伯特"实验一样"臭名昭著"的实验——模拟监狱实验。研究者是斯坦福大学心理学系著名的社会心理学家津巴多（P. Zimbardo，1972）和他的助手。他们以每天 15 美元的报酬招聘自愿参加实验的大学生，经严格的心理测试，选取其中 24 位最成熟、情绪最稳定且反社会倾向最低的应征者，分别扮演"囚犯"（18 人）和"狱警"（6 人）。整个研究设计和处理均与真实监狱一般无二。两组被试很快进入"角色"，他们越来越像真的狱警或囚犯，甚至有过之而无不及①。

为了被试的安全和心理健康、行为正常，实验不得不提前终止。虽然后来对被试进行了专业的心理辅导，但很难说他们每个人能否完全恢复正常。环境的影响，尤其是对环境的主动自愿适应，有可能会从根本上改变一个人。同时说明，角色规范②是影响被试极端行为发生的重要因素之一。

无论是对权威的服从，还是对群体的服从，都可能存在一部分出于人"无可奈何"或"身不由己"。

第四节　犯罪市场的存在

"供"与"求"需要的产生和满足都离不开市场。有市场有供应，人们才有选择；仅仅有供应没有需求形不成市场；同理，虽然有需求但没有供给，这个市场也不存在。供小于求时，给什么要什么，人们无从选择，此时，没有市

---

① "囚犯"表现出越来越被动、依赖、压抑、无助、自贬等消极情绪与行为；"警卫"则开始用侮辱、威胁"囚犯"被试的非人道方式取乐，甚至罚"囚犯"做俯卧撑，拒绝他们上厕所等。被试的深层人格结构开始出现动摇，实验不得不提前终止。

② 角色规范（role norm）是在长期的社会生活中形成、每一角色都必须遵守的行为准则。个体在特定的社会和互动中，通过角色学习，掌握角色的行为规范、权利与义务、态度与情感、知识与技能。

场，正如计划经济条件下我国的消费与供给情况。供大于求时，人们不去选择，商品必然积压，最后不得不退出市场。当市场里大部分货物都无人问津时，只好"关门大吉"。

犯罪也有市场。从某种角度分析，犯罪市场里，犯罪者（如窃贼、行贿受贿者）是消费者、是商品的"需求"方，犯罪对象（如财物、权力）是"商品"，犯罪对象的所有者（受害者）是"商品"的"供应"者，他们没有选择是否做交易的权利，只能被动地接受。"没有购买，就没有杀戮"这个广告词深刻地揭示由于人类对某些"奢侈品"的需求，造成某些动物受到伤害，甚至有的物种濒临消失。人们购买自行车，只要能骑、便宜，不需要任何手续，一些"旧货市场"成了自行车销赃的市场，很长一段时间，偷窃自行车屡禁不止，几乎家家都曾经丢失过自行车，相当一些人购买过来历不明（甚至明知道是被盗）的自行车。

某些人对失窃的财物（有可能是非法所得）不报案，甚至在犯罪行为嫌疑人被捉，公安人员前来取证时矢口否认，这就给了犯罪行为人可乘之机；有的受害人或因个人名誉（如被强奸、轮奸、鸡奸者）不想报案、或因受到威胁不敢报案等，都是对犯罪的放任、纵容。某些人的"轻信"和"贪小便宜"，或者不负责任、粗心大意，也给一些犯罪现象创造了条件。犯罪市场中的"消费者"就在众多的商品和商品的持有者中选择他们最想要的、最容易得手的。换一个角度看，犯罪者是商品持有者，是"供应"方，某些人是商品的购买者、是"需求"方。这些人中有的是受害者（买到假货、受到欺骗、被毒品侵害），有的人既是受害者也是受益者（贪了便宜、得到方便），还可以是施害者（雇凶杀人的雇主、买赃物的人）。这些人的存在，使犯罪市场需求旺盛，"供应"方所有的"商品"（赃物、杀人手段、害人信息、高官厚禄）不愁找不到"买家"。犯罪市场也遵循经济规律，也追求效用最大化，以满足犯罪行为决策者对色、财、权等的需要。

第十章

道德人·犯罪行为决策与犯罪行为的防控

犯罪行为在触犯了法律的同时，也侵害或践踏了他人和社会的利益。所以，犯罪行为也是一种违背道德的行为，而道德上的堕落恰恰是酿就犯罪行为的初始条件。潜在犯罪行为人在犯罪过程中，有可能经历一场"善与恶"的矛盾与斗争，内心的道德冲突可能异常激烈。冲突的结果，一些潜在的犯罪行为人会放弃犯罪。

"经济人"假设（包括古典经济人、新古典经济人、泛经济人等）作为一种理论抽象，认为人的本质都利己自私，具有理性，在制度约束下谋求自身利益最大化。"道德人"假设也是一种理论抽象，突出和强调人是道德活动和道德关系的承担者（冯继康、赵昆，2002）。

第一节　道德人·经济人：伦理学与经济学的冲突？

斯密在主张"理性人"的同时也承认"道德人"的存在。在《道德情操论》（1759）[1] 一书中，这位经济学的主要创立者、市场经济理论的开创者，从人的"同情心"出发，建立了道德哲学体系（肖遥，2006）。斯密不仅提出经济人具有"自利性"的一面，而且看到具有"双重性"的人的另一面——社会性。作为"经济人"，有利己趋向；作为"道德人"，其本性是利他。"经济利己"和"道德利他"两种看似矛盾实则不然，它们分别反映的是人的不同侧面，

---

[1]　在亚当·斯密的思想体系中，利己与利他的作用和地位明显不同。《道德情操论》（与《国富论》齐名）一开始便明确："无论人们会认为某人怎样自私，这个人的天赋中总是明显地存在着这样一些本性，这些本性使他关心别人的命运，把别人的幸福看成是自己的事情，虽然他除了看到别人幸福而感到高兴以外，一无所得……"斯密肯定了人天然具有利他（具体表现为同情心）和利己两种情感。

是对人的本性做出的不同回答。

一、利他——人之本性

人性之善恶，现代已演变成"利己"与"利他"的冲突与争论。心理学视域中的利他行为（altruism）是指自愿帮助他人而并不期望得到任何回报的行为。例如，主动为没有经济条件读书的孩子匿名捐款，在危急关头救助伤患人员后悄悄离开，等等。

（一）生物学的挑战——自然选择的利他

生物界有三种类型的利他：亲缘选择性利他，互惠的利他，群体选择性利他（郑也夫，1999）。

亲缘选择性（kin selection）利他行为发生在亲族中的个体之间。通过遗传，儿女的基因（gene）一半来自父亲，一半来自母亲，同胞兄弟姊妹间在理论上也享有一半的共同基因。生物个体以减少自己生存或繁衍机会的方式，牺牲自己"成全"兄弟姊妹。这种利他行为的实质仍以自身基因的传递为目的，而且提高了亲族的总体适应度（inclusive fitness）。就这样，一代又一代，亲族内的利他行为得以持续。蚂蚁、蜜蜂是最富利他精神的物种，因为它们与自己的兄弟姐妹、伙伴共享的基因大于1/2，高出绝大多数物种亲代共享基因的比例。

互惠（reciprocal selection）的利他行为在一种或两种动物的长期交往过程中建立。例如，当某只吸血蝙蝠没有吸到血又非常饥饿时，其他吸到血的蝙蝠就会吐给它一点儿血。同伴成了自己的"食物银行"，靠着互助赢得了群体生存的机会。这样的事例很多，如哺乳类动物之间为了清洁和避免疾病，互相舔毛打扫皮毛卫生。一些小鱼小虾，在为其他物种的大鱼清除身上的寄生虫的同时，也解决了自己的生计问题。大鱼和清扫鱼的关系始终是融洽和稳定的，哪怕有时会有个别骗子假装清扫，咬掉大鱼的鱼鳍，大鱼也从不借机吃掉清扫鱼，一直保留着原有的利他基因。

群体选择性（group selection）利他行为的出现是因为在长期的自然选择过程中，具有利他性的群体（物种）比其他群体（物种）获得了更大的生物学上的利益，因此更有可能在竞争中生存和繁衍。换句话说，凡是保留下来的群体（物种），有可能是具有群体选择性利他行为的群体（物种）和个体。大量科学观察发现，野兔、白蚁、狒狒等动物的群体生活中都不乏亲社会举动。

动物的利他行为是一种本能，之所以在进化过程中得以保留和遗传，说明这种本能有其不可替代的优势。人类的利他行为似乎更受文化因素的影响。所有民族的早期文化都有各种各样的禁忌和行为规范，目的就是打击那些极端利己的个体，建立整个社会共同遵守的行为准则，使人类社会中无论有没有血缘关系的群体都不再回归自私。

（二）文化与本能的对峙——伦理道德的利他

马克斯普朗克研究所的心理学研究人员做了一个有趣的实验。他们把儿童用的毛巾整齐地挂在一根高 2 米的尼龙绳上。一个研究人员故意笨手笨脚地把固定毛巾的夹子掉了一地。只见所有的婴儿都做出想"帮忙"的举动。其中一个兜着尿布的婴儿，手脚并用地爬过去，抓起其中的一个夹子，想把夹子递到实验人员手里。而这些婴儿从来没有"看见"其他人的助人行为。艾森伯格（Eisenberg，1984）通过对 24 个 1～2 周岁的幼儿 9 个月的观察发现：当看到别人痛苦时，大约有 1/3 的儿童表现出利他行为。他们会尝试轻拍或拥抱对方，给对方玩具等方法安慰同伴。幼儿早期表现出来的利他行为可推测，利他行为可能具有内隐性或无意识性。因此，人们有理由相信，人类有良善的本能。

利他行为具有四个特征：（1）以有益于他人为目的。有时可能会放弃自己的需要成全他人，满足他人的意愿。（2）不期望得到奖励和回报。（3）出于自愿。利他者自愿无偿地为他人提供时间或其他资源。（4）有使自己陷入困境或带来损失的风险。可见，与侵犯行为相反，利他行为是为了他人方便和获益，不图他人回报的助人行为。

利他行为分为两种：日常情境中的利他和紧急情境下的利他。前者是日常生活中经常遇到的普通事件时的利他行为，如让座、捐助等。后者指生命、财产受到威胁时的利他行为，如救灾、救助溺水者。有一定的危险性，因情况特殊紧急，利他者可能缺少经验和无法预测结果，需要付出较大的代价，甚至可能牺牲生命。

随着对利他行为认识的逐渐深入，人们开始意识到，人类的利他也是由基因决定的。这个基因既是生物学意义的遗传素质，也是人类特有的社会道德造就的属性。就本性而言，人同时具有一定的"利己性"和"利他性"；而文化造就的"利己"和"利他"是人在其社会化的过程中，通过观察、模仿等方式习得的。人类不只是学习维持生存的技能，还要掌握一定的社会规范，在内在无私动机和外在道德要求或奖励的作用下，表现出符合社会规范的行为。就这样，"利他"逐渐成为个体的自觉行为。

在现实生活中，有的人平时给人的印象不佳，如玩世不恭、冷漠尖刻，但却能救人于危难之中；有的人平时表现良好，也能主动为他人提供帮助，但在紧急情况下却可能出现置别人生死于不顾，迅速逃离现场；有的人愿意与别人分享一些资源，但对自己有重要意义的资源却不愿分享。这些现象表明，利他行为可能存在着与外显行为不同的内隐机制。

二、心理学家对利他行为的阐释

1964 年 3 月某天凌晨 3 时 20 分许，美国纽约郊外某公寓前，一位叫吉诺维斯的年轻女子在回家的路上遇袭。听到她绝望地喊叫："有人要杀人啦！救命！！救命！！！"附近住户纷纷亮起了灯，打开了窗户，有人大声警告："放开这个女孩"！凶手吓跑了。当一切恢复平静后，凶手又返回抓住了她……这回，她的呼救不再有人回应……

整个事件持续了大约半个小时，她的邻居中至少有 38 位到窗前观看，但无一人伸出援手，直到最后有人报警。警察到来后发现已经太迟了，她已经没了呼吸。凶手逃走，迟迟不能归案。

这件事引起纽约社会的轰动，也引起心理学工作者的重视和思考。

（一）利他行为发生机制

当人们面临紧急情境时，是提供帮助还是避免介入？当事人要经历一个判断和决策的过程。皮利文（Piliavin. J. ）等人提出了一个模式描述这个过程（图 10 - 1；李梅，1996）。

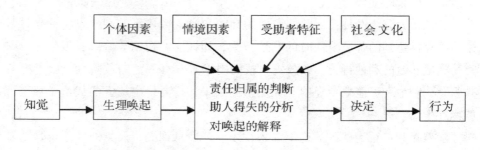

图 10 - 1　利他行为发生机制

当知觉（目击到）一个紧急事件时，主体首先产生生理唤起①，事件越严重，唤起水平越高。被唤起的个体在这种不愉快体验的推动下可能采取利他行为来降低这种唤起。但主体是否做出利他行为决策并付诸实施，应激状态下的

---

① 应激状态下个体的生理反应表现为交感神经兴奋、垂体和肾上腺皮质激素分泌增多、血糖升高、血压上升、心率加快和呼吸加速等。同时伴有情绪反应。

生理唤醒很重要，但还取决于主体对责任归属的判断、助人得失的分析、对唤起的解释。

1. 对唤起的解释

皮利文认为，紧急情境中，利他个体的唤起水平高于其他个体。应激反应是刺激物同个体自身的身心特性交互作用的结果，不仅由刺激物引起，还与个体对应激源的认识、个体处理应激事件的经验等有关。主体在生理唤起的状态下，凭借自己的经验、行为方式（与个人品格有关）和对引起生理唤起事件的认知，确定当前事件是否需要自己提供帮助。

2. 对助人代价的评估

人们是否对他人，特别是不相识的人提供帮助，还要看在助人时，自己会付出怎样的代价。如果自己此时很忙，提供帮助可能耽误时间或者失去某个机会，人们就可能不愿助人，尤其不会主动助人。越南战争时期，一个年轻女士（实验者的助手）向参加示威活动的男士提出帮助生病男友的请求。

共三种情况：（1）将男友从一群人中抬出来；（2）将男友送到附近的救助站；（3）将男友抬到 7 英里外的家里。

第一种情况属于低代价，98% 的被试提供了帮助；第二种情况是中等代价，66% 的人愿意帮忙；第三种为高代价，只有 19% 的人愿意这样做。

不仅如此，有的人在是否助人时还会考虑自己助人的收益（精神的或物质的）。

3. 责任归属判断

如果旁观者对受助者目前境况的原因归于受助者本人的可控因素，对其救助的可能性大大减少。比如人们会帮助一个因病倒地的人，但对一个醉汉却袖手旁观。因为后者自作自受，不仅不会引起他人的同情和救助责任，还会产生对他的厌恶之情。

主体对责任归属的判断、助人得失的分析、对唤起的解释取决于个体、情境、受助者特征和社会文化四个因素。

（1）个体因素

首先是良好的心境。心理学实验研究证明，成功的体验、其他意外收获（如获得免费食物、赠品）带来的好心境增加了人们的助人倾向。不仅如此，好天气带来的愉快心情，也使人更愿意助人。研究发现，无论积极心境还是消极心境，都可能促进或者阻碍助人行为①。城市过载假设（city overload hypothe-

---

① 详见第七章第三节，一、（二）心境与认知和决策、行为的相互作用。

sis）指出，大都市的人不及乡间小镇的人助人行为多，造成这种差别的不是价值观不同，而是都市人因生活压力选择独善其身，袖手旁观。

其次是内疚感的产生。内疚是一种行为与自身社会角色不相符时自我否定性的消极情感体验。为了寻求自我价值的肯定，个人出现内疚体验后，会想方设法消除内疚。

研究者随机从正在大街上行走的人中间选择被试（他们并不知道在接受实验研究）。

实验情景：实验者突然在被试面前掉下一堆索引卡片，被试有机会提供帮助。

实验条件：①偿还内疚：手捧卡片的实验者与被试擦肩而过，结果卡片散落在地；②泛化内疚：实验者手中的卡片被被试撞掉地上，实验者很不高兴地自己捡起来走了；③同情：被试看到实验者的卡片被另一个人撞掉，但那人继续走自己的路，作为事件的目击者，被试可以提供帮助；④控制条件：卡片意外地在被试面前散落，其他事情都不发生。

研究结果见表 10 - 1（金盛华、张杰，1995，P360）：

表 10 - 1　内疚和同情对助人行为的不同作用

提供帮助（%）	条　　　件			
	控制 16	偿还内疚 39	泛化内疚 42	同情 64

为什么"同情"情境下人们更有善的举动？心理学家认为，可能在自己没有过失，目睹了他人过失而不去弥补的情况下的助人，更有利于通过助人确认自己的道德价值——我更有爱心和能力，并从助人中体验到快乐。

最后，人格的影响。例如，高积极情绪和高自我效能感的人更喜欢关心和帮助他人；自我控制能力强的人，如果认为助人可以得到社会和他人赞许的话，更倾向于迎合社会期望而乐于助人；而那些内向的、自我控制低的人较少受他人评价的影响。金盛华、张杰（1995）研究发现，信教的学生比不信教的学生更愿意花时间参加公益性活动。当陌生人需要帮助，又有潜在危险时，挺身而出的男性多；较安全的情境中，女性提供帮助的比例大一些。一般情况下，男性更容易帮助女性，尤其对高颜值的女性，女性则一视同仁地对待不同的求助者，只要认为对方需要帮助。

有研究指出，见死不救的重要原因之一是"多元无知"（Pluralistic ignorance），即大多数人缺少专业知识和能力对突发恶性事件的性质、受害者情况做出准确判断。有心相助，见其他人无动于衷便以为伤者无大碍不必出手；或者以为"碰瓷"的可能性较大，没必要引火烧身。其他旁观者也这样想，于是纷纷观望并心安理得。而军警人员、医生等的责任感、专业能力使他们成为施救者。

此外，曾经得到他人帮助的人，出于"回报"更可能出现同样的行为。

（2）情境因素

遇到需要紧急救助的情况，如果只有自己一人，人们会意识到自己的责任，义不容辞地马上报警或前去帮助。否则就可能内疚、有罪恶感，付出很高的心理代价。有人在场则出现"责任分散"甚至连自己应当承担的责任都意识不到。吉诺维斯事件就是一个很好的证明：人们看到众人目睹了这个事件，估计已经有人报警了，或者以为一定有人采取了行动。结果大家的"等""靠"，最终酿成悲剧。受这一事件的启发，社会心理学家达利（John M. Darley）等人开展了一系列实验，他们以调查游戏偏好为名，招募一批大学生，请他们或独自或与一个陌生人一起，在房间填写问卷。期间工作人员在隔壁房间发出巨响，假装从高处摔下，并观察这些学生的反应。结果显示：独自一人的被试有70%前去救助；和陌生人一起的被试出手相助的仅20%（有的人是在听到"伤者"的痛苦哀号2分钟左右才起身）。结论是：发生恶性事件时，旁观者越多，越不利于人们提供帮助，即使提供帮助也耗时较多，这便是"旁观者效应"。原因之一便是责任分散（diffusion of responsibility），即人们有意无意地认为其他旁观者中总会有人救助，自己是与他非亲非故的小人物，没有这个义务。即便出了事儿，社会道德的谴责和见死不救的罪恶感也不会落在自己头上。"旁观者"身份下，保持观望和冷漠似乎是最合算的选择。一般情况下，他人在场对利他行为往往有负面影响，在场人数越多，利他行为越少。

不仅社会情境影响利他或助人行为，自然环境因素也会发生作用。良好的气候及环境使个体心情愉快，对他人或事物有积极看法，往往会增加利他行为发生的概率，而酷暑、冷风、暴雨等恶劣环境会减少利他行为的发生。

（3）受助者特征

人们对与自己有某种关系的人、某种特征（肤色、态度、身份等）相似的人，以及有吸引力的人，往往被救助的可能性较大。一般情况下，女性、弱者、年幼者更容易引起同情而获得帮助。如一个残疾人沿街乞讨获得的帮助大大多于四肢健全者。这也是为什么有人专门"租"或者"雇"残疾儿童为他们讨要的重要原因，更有甚者，将拐卖而来的儿童致残后充当他们的"摇钱树"。人们更愿意向单独女乘客伸出援手，而那些单独的男性或一对夫妇获得的帮助相对少得多。受助者的外部特征也是一个重要因素。外表有魅力的、相貌和善的人得到救助的可能性更大。

（4）社会文化因素

主要是社会对助人者的赞扬和支持。许多国家和地区都有对助人奖励的相关规定，我国设立了"见义勇为"奖，弘扬正义，鼓励人们的利他行为和自我牺牲精神。

以上因素的共同作用，使主体做出最后决定并付诸实施。所以，不能简单地将"见死不救"看成是人心不古、世风日下。从社会心理学角度分析，自然环境、社会情境、时间压力、利他对象的特点是影响利他行为的重要变量。

（二）有限理性、生态理性的解释

由于人的知识水平、推理能力、信息收集及处理能力等方面的有限性，决策者不求"利益最大化"，达到"满意"即可。于是，常常"走捷径"，以模仿别人的行为来改进自己的处境。"从众"尽管有这样那样的偏差，但却和模仿一样，都是人们社会化过程中不可或缺的。通过模仿和从众，一方面学到了一定社会的道德行为规范，另一方面，也改变了自己的原有观念和行为方式（这种改变可能是迫于群体或他人的压力，不得不为之）。有时，常常因为他人的"善举"，使得一些犯罪人终止了犯罪；一些潜在犯罪人做出了明智选择，放弃了犯罪。

王健，彭晓娟（2008）在西蒙有限理性模型的基础上，通过一个动态模型来解释利他行为的产生和发展。假设人群中存在两种人，利他者（altruist）和利己者（selfish）。利他者的行为可以使其伙伴获得收益 b，但利他者本人必须付出代价 $-c$。假设 $b > c$。当人群中的两个个体相遇时，他们的收益矩阵可通过表 10 - 2 来表示。

表 10 - 2　利他行为收益矩阵

	A	S
A	$b - c$; $b - c$	$-c$; b
S	b; $-c$	0; 0

在这个博弈中，双方收益情况有三：第一，当事人选择利己行为（S）的收益大于选择利他行为（A）的收益，当另一方选择利他行为时，当事人的收益最大；第二，双方都利他，大家都有付出也有收益；第三，双方都选择利己行为，他们的收益均为 0，小于双方都选择利他（$b - c$）。

假设在每次的博弈结束后，人群中有一部分模仿别人，改变自己（利他或是利己）。结果，多数人自然倾向于模仿人群中收益最高的行为——利他①，于是利他者的比例会逐渐上升。

一个社会人们的利他水平较低时，政府、社会应对自私行为加以惩罚，以抵消利他者与利己者竞争时所处的不利局面，从而促进利他水平的上升；而当一个社会的利他水平达到一定程度时，在模仿机制的作用下，即使没有惩罚机制的存在，利他水平也会维持在一个比较高的程度。

三、"经济人"假说的贫困与消解

人类社会的各种利他行为是否可以超越"自利"的动机？"经济人"的自利最大化能否解释人的利他行为？对此，经济学家们争论不休。贝克尔等人试图用不断完善的"经济人"假设给出完满的答案。扩展后的"经济人"假设将相关道德规范和包含道德因素的"利他"纳入其中。然而，对"利他"的解释仍力不从心。如1998年诺贝尔经济学奖得主阿马蒂亚·森（Amartya Kumar Sen，1933—）所言："随着现代经济学与伦理学之间隔阂的不断加深，现代经济学已经出现了严重的贫困化现象。"

为更好地解决这个问题，学者们提出"广义效用函数"（generalized utility function）概念，其中决定效用的偏好包括经济偏好、情感偏好、审美偏好、道德偏好、信仰偏好等在内的所有偏好。主要观点：当个体追求自身效用最大化时，也包含了对道德（利他）偏好需求的满足。以新的"经济人"假设视角对"利他"做出解释——利他行为是行为人在约束条件下满足自己的利他偏好的最大化行为（管毅平，2003）。人类只为他人，不求任何外来奖赏的利他行为取决于行为主体内部"自我奖赏"机制的作用。这个内在的自我奖赏可能是以潜意识的形式存在，行为主体意识不到，是社会反馈的内化。即这种内在行为完全出自利他者的自觉愿望。小到邻里的互助，大到危急情况下的见义勇为，甚至献出生命。陈飞燕身怀六甲，跳入水中救人；周波为救落水儿童英勇献身；2008北京残奥会中国橄榄球运动员陈君，2002年为救1名女生，与6人搏斗，造成高位截瘫……这样的事迹层出不穷。可见，经济人假设和道德人假设并不矛盾；经济学与伦理学也没有根本的冲突。

---

① 当 b > c 时，利他行为给社会带来的总收益大于总成本。只有这样的利他行为才是对社会有利的，应当受到鼓励。

第二节　道德人与经济人的整合统一

一、"道德人"的内涵

"道德人"假设是在"经济人"假设的基础上提出来的，认为人在追求物质利益的同时也能承担对社会、组织、群体和他人的道德义务和责任，并且能够以道德自律的方式进行自我治理。所谓"道德人"（moral man）是指在良善的道德环境中，按照理想的道德形象和道德要求逐渐养成的，具有道德人格和行善能力的，集真善美于一身的人。

"道德人"假设的前提是"人之初，性本善"。人类早期就是靠着人与人之间基本的良善和相互信任，相依为命，分工协作，保证人自身的生存和发展。"道德人"假设的价值基础是"以民为本"、为他人谋福利。

"道德人"的特征之一是"利他"，其中最显著的特征是"纯粹利他"，包括三层含义：行为主体的利他性；行为主体的理性；行为主体追求群体利益的最大化。

（一）行为主体的利他性

"道德人"假设中的利他，包括动机上的利他和行为上的利他；有"纯粹性"利他，也有"利人利己"性利他，如互惠性利他和亲缘选择性利他。这种假设基于对人类动机、行为的特点及其二者之间的相互关系的认知。人的每一个动机（无论是自私还是利他）都是相应行为的内在推动力量。然而，人类的动机、动机与行为的关系极其复杂，利他动机并非仅仅成为推动和支持利他行为的力量，也可能推动人的利己行为；同理，利己动机既可推动利己行为，也可推动利他行为。

（二）行为主体的理性化

人类自利行为是理性的，人的利他行为同样可以用理性来衡量和做出解释，也是行为主体对自己、亲族、社会的生存和发展权衡后做出的理性反应。如在群体中，选择救助行为可能意味着经济成本很小，但放弃救助的道德成本却很大。

（三）行为主体追求群体利益的最大化

所谓群体（group）或团体（organization）是指那些"有共同利益的个人组

成的集团"，成员间直接接触、相互依赖、彼此互动。个体追求的群体利益是他在其中赖以生存和发展的群体的最大收益。集体主义文化背景下的人，更是将群体利益放在首位。

"道德人"的行为目标是为了群体利益的最大化。群体收益不仅仅是群体中每人收益之和，还包括"合作剩余收益"。群体中的个体行为有三种情况：第一，成员都按"道德人"假设行事，相互辅助谦让。其结果可能是两个极端：或人人都是"理性利他"——群体利益达到最大化；或非理性的"过度利他"——群体收益和效益降低。比如大家都你推我让，坚持别人先走，结果谁也没走成。第二，有的人道德高尚、毫不利己专门利人，有的人自私自利，索取无度。其结果也是两个极端：一是利己者受到感动后也采取道德行为；二是利他者放弃追求，与利己者同道。当然，也可能有的利他者无论他人如何，始终坚持自己的信仰，无怨无悔地为他人、为社会奉献自己。第三，某些成员是"道德人"行为，另一部分人为"中性人"。这中性人，既可能是被救助者，也可能是对他人救助行为的赞赏者。他们可能没有能力或时机助人，也可能还有各种顾忌，只做旁观者。

从经济效率的角度来考虑，"道德人"行为并不总是高效率的：从道德的角度来考虑，利他主义还不是一种道德信条，人们不能强制地在各个领域实施"道德人"行为。

二、道德人与经济人的整合统一

"道德人"和"经济人"之间是有差异的，某些方面甚至有根本区别。如二者的价值观和利益追求不同，表现为个人利益与社会利益、他人利益的不同。经济人表现为利己，或主观上动机上短期的利己，客观上结果上终极目标的利他；道德人表现为动机性利他，满足他人的正当需要。二者对权利、义务的追求也不同。表现为经济人讲个人利益，索取攀比计较——需他律；道德人重社会义务，讲奉献和社会平等——能自律。然而"道德人"和"经济人"在更多的方面越来越趋于一致。

（一）人的社会属性与自然属性的统一

社会性与自然性既是经济人假设的基础，也是道德人假设的基础。

人的自然属性包括与生俱来的生理的解剖的特性，如身体的内外部特征，生命有机体的各种功能（外显的、潜在的）。人首先是一个自然的存在，有与动物相似的自然属性，如衣食住行、防御、性行为等满足个体生存和种族繁衍的需要。人的社会属性是人在社会实践活动中形成的人与人之间的各种关系，以及在社会化过程中习得的各种社会技能。"人的本质在其现实性上是一切社会关系的总和。"

人的社会属性和自然属性是辩证统一的，自然属性是人存在的基础，离开自然属性，人的社会属性不可能存在；而社会属性使人区别于动物，并制约和束缚着人的自然性。例如人的吃、喝、性等生物性机能，不再仅仅为了生存和繁衍，而是赋予社会的文化的意义，讲究色香味和营养价值；看重爱人间、友人间的情与爱。而社会属性中的语言、劳动、伦理观念、信仰与追求等，更形成了人的个性差异。

（二）人本身就是经济人与道德人的统一

人首先是经济人，要生存；其次也是道德人，求发展。经济是道德的基础，经济人是道德人的基础。经济人必然成为承载社会道德关系的道德人的基础；道德人为经济人提供了利益最大化的可能与伦理保障。

利己行为与利他行为具有逻辑统一性。人与人之间的社会关系，不论是经济关系、政治关系，还是文化关系，根本上都是一种价值关系。不存在脱离利益联系的社会关系，也没有离开社会关系的利益联系。社会关系的存在使人与人之间建立起一定的利益相关，可用"利益相关系数"来描述。0~1之间表明人们之间的利益相关是正向的。利益相关系数越接近1，正相关越高，利己和利他的价值对等性越强，个体的利他行为表现越多。亲子之间、家人、朋友之间的利益相关性高，彼此间更可能"舍己为人"。从这个意义上看，利他与利己不存在本质上的矛盾与冲突，利他的客观价值目的仍然是利己，是间接的利己。

经济利益与非经济利益具有逻辑统一性。人本主义心理学家马斯洛（Abraham H. Maslow，1908—1970）[①] 在《人类激励理论》（1943）一文中提出需要层次理论（hierarchy of needs）。他把人的需要由低向高分为生理需要（physiological needs）、安全需要（safety needs）、归属与爱的需要（love and belonging needs）、自尊需要（respect needs）和自我实现需要（self-actualization needs）五个层次。马斯洛认为，低层次的需要是沿生物谱系方向逐渐变弱的本能或冲动。

---

① 亚伯拉罕·哈罗德·马斯洛是美国著名社会心理学家、比较心理学家。他开创的人本主义心理学（humanistic psychology）与行为主义心理学（behavioristic psychology）、精神分析心理学（psychoanalytic psychology）并称心理学的三大势力。马斯洛的代表作有《动机和人格》《存在心理学探索》《人性能到的境界》等。人本主义心理学强调人的价值和尊严，发展的可能性；也强调环境和个人自我概念对行为的作用。

越是低层次的需要出现得越早，力量越强，它们能否满足直接关系到个体的生存，所以也称缺失性需要。高层次的需要是随着生物进化逐渐显现的潜能。层次越高的需要出现得越晚，高层次需要的满足有益于健康、长寿和精力旺盛，又叫生长需要。1954 年，马斯洛在《动机与人格》中，把需要层次中的第四层和第五层之间（即缺失性需要与生长性需要之间）增加了两种需要——认知的需要（包括求知、理解、探索）；审美的需要（追求对称、秩序与和谐）。

从社会层面上看，人类社会发展既有经济利益，也有非经济利益。经济利益往往与低层次的、缺失性需要的满足联系密切，非经济利益则包括审美、认知、自我实现等高层次的、生长性价值需要。无论哪种形式、哪个层次的价值需求，都与维持和促进人的生存与发展休戚相关。发展社会经济、提高经济活动的效率，体现了社会的政治价值；而社会政治价值即各种非经济价值的实现离不开经济的发展。经济利益与非经济利益之间具有天然的目的相关与统一。

道德经济人：奉行"互惠互利"（be mutually beneficial）。完全的经济人假设、纯粹的道德人假设分别主张人的行为准则或利己或利他，显然都有失偏颇，有学者提出二者的结合——道德经济人（the moral and economic man），他们奉行互惠互利准则。"道德经济人"假设提出的理论和现实根据是：根据境界不同，经济人可分为（A）利己损他型，（B）利己不损他型，（C）利己利他型；同理，道德人可分为（a）利他损己型，（b）利他不损己型，（c）利他利己型。分析发现，B 和 C 两种类型的"经济人"有"道德人"的特质；b 和 c 两种类型的"道德人"也有一定意义上的"经济人"特质。看来，A 是纯粹的经济人，a 是抽象的道德人；B、C、b、c 均含有"利己利他"因子属于道德经济人。说明，经济人与道德人有共性，二者相通相容；"道德经济人"实质上是"经济人"与"道德人"的统一和融合，具备利己利他双重人性；其核心因素是利己利他即互惠互利。互惠互利使利益流动具有双向性，利益获取具有合法性。在他律和自律的共同作用下，在实现个人利益最大化的同时，也实现了社会利益的最大化（韩昌跃，2008）。

第三节　犯罪行为决策中的道德冲突

犯罪行为决策中的道德冲突表现为道德的冲突和道德与法律的冲突。道德的冲突可发生在不同阶级、阶层、集团之间，也可以发生在同一群体中的个体之间、个体与群体之间，还可以发生在主体内部。道德与法律的冲突表现为

"理"与"法"的冲突，表现为源于法律与道德的形成、内容、实现方式等方面的不同产生的矛盾与冲突。

一、道德的冲突

不同阶级阶层集团间的道德冲突　每个阶级阶层集团都有与自己所属的亚文化一致的道德规范，不同阶级阶层集团的道德规范在内容、影响方式等方面均有一定的差别。而且有时道德标尺较模糊，不同人对同一个道德规则的认知和运用也不同。比如，公交车上给老幼孕残让座，需要让座一方认为这是必须坚持的道德，每天辛苦工作的年轻人却觉得这是社会提倡的道德，所谓"让座是情分，不让是本分"。这个层面的冲突还可能表现出同一社会不同道德价值体系之间善与恶、正与邪的冲突。

个体间或个体与群体间的道德冲突　因道德认识、道德情感或道德行为的不一致而产生的矛盾，可发生在同一群体的个体之间、个体与群体之间、大群体中的小群体与其他小群体之间。如当彼此有利益冲突时，各自依据自己的道德标准，为了自己的或小团体的私利而伤害到其他人。如同一单位不同岗位、不同年龄的个体之间，有的主张"严"，没有规矩不成方圆；有的信奉"慈"，以良好的人际关系使人心悦诚服地为群体服务。这个层面的冲突属于同一道德价值体系内部不同价值量之间的冲突，表现为大善与小善、高层次的义务与低层次的义务之间的冲突。

主体道德意识的矛盾与冲突　主体在决策时可能出现道德方面的矛盾和冲突。如两个选项，选择其中任何一项都可能符合某一道德准则，但同时又与另一准则相悖（李小兵，2002）。这种道德冲突不是道德要求本身的冲突，而是决策者在具体情境下难以同时践履多种道德要求时出现的困境。有的是几种道德价值不可兼得而又必须做出选择，即"几所爱中仅则其一"。如希望奉公守法、靠自己的能力得到想得到的名誉地位；同时也想走捷径，少奋斗10年、20年。有的是几种行为都违背这样或那样的道德准则却必须选择其中的一个才能避开其他，即"几所恶中必择其一"。如既不想付出辛劳，也不愿因懒散受到指责。有的是几种行为善恶兼有之，选择任何一个都意味着在符合某种道德规范的同时又违背了另一种道德规范。无论何种情况，决策者可以自主选择，但必须为自己的选择负责。这时，主体不得不承受内心的痛苦、纠结。如果放弃自主选择，听任他人、权威对冲突的决裁，意味着不能确立自己存在的道德价值。一个独立的主体必然不想放弃自主解决冲突的机会，同样经受痛苦的折磨。

几种道德观、价值观冲突中的犯罪便是犯罪道德风险。其强度取决于犯罪行为决策者的人生观和价值观与社会所倡导的人生观和价值观的关系。当两种人生观和价值观相悖时，良心感受强度最大，反之，良心感受强度最小。

二、道德与法律的冲突

法律和道德是人类历史上长期相伴的两种社会规范，二者关系非常密切。在社会生活领域中，法律按照法的原理进行调整，即讲的是"法"与"规"；道德按照德的原理进行调整，更多的是讲"理"与"情"。二者共同构成社会的统一秩序。现代社会二者既有冲突，也有一致之处。协调这两种关系对于社会稳定、犯罪防控意义重大。

（一）"理"与"法"的冲突

一是"合理"但"不合法"，即某种行为与道德规范相适应，却与法律规范相冲突。比如以私设"公堂"甚至私自处决某有过错之人的所谓不徇私情、大义灭亲，在一部分人眼里符合道德原则和规范，但在法治社会，这种做法有悖于法的精神和法律的规定。再如"安乐死"，在没有这项立法的国家，这样做就是违法，就是犯罪，但病患本人或亲人为了"尊严"、为了减少无谓的痛苦做出的选择是情理之中的。生活中，有的人误将"路见不平，拔刀相助"当作"见义勇为"，即便失手致使他人伤亡也能理解，但此行为却触犯了法律。

二是"合法"但"不合理"，即某行为符合法律的规定，却与一定的道德规范不相符。例如，劝阻违法犯罪的亲友自首，并不为其提供藏匿之处，这是每个公民的义务，但在有些人看来是对友情的背叛。早年丧妻的公公娶新寡的儿媳，在众人眼里是"大逆不道"甚至是"乱伦"，但法律上却没有这种关系不能结婚的规定。法律是维护社会有序的保障，即使可能不为一些人理解，在一定时期不符合"情"与"理"，甚至可能在具体问题上损害了少数人的利益，但每个法条都是经过严格的程序后才制定出来的，维护的是绝大多数人的根本利益。

（二）法律与道德冲突的具体表现

法律和道德的出现和发展方式不同。道德从有人类社会开始就存在了，在社会生活中自发产生，由舆论确立和发展，相对较笼统，一般约定俗成，无须正式成文；法律则是阶级、国家之后才出现，由国家机关制定或认可颁布，每个社会都有一套自己的法律体系。总体上，道德先于法律，但某些具体行为规范的形成上，也可以先有法律，再有社会道德。这种时间先后上的差异引起法律与道德的冲突。

法律和道德的实现方式不同引起的冲突。道德主要依靠人内心的道德信念，约束的是人的精神，仰仗的是人内在的良知，以善恶评价的方式进行社会调节；法律约束的是人的行为，除了依靠公民自觉遵守外，主要依靠国家强制力保证其实施。主体的不道德行为受社会舆论压力和人的自律约束；而法律对违法犯罪行为的制裁则是硬性的，对社会成员具有普遍约束力。道德约束人们最基本的行为，促使人们对自己和他人的言行，在是与非、善与恶、公正与偏私、荣誉与耻辱等方面做出判断和选择；法律不仅是国家的统治工具，更是全体公民意志的体现。

法律和道德内容不同的冲突。在道德层面上，"杀人偿命"是常识也是古老而传统的观念。但从法律上讲，是否判刑、是否判死刑，要考虑其他要件。比如，刑法规定 14 岁以下的未成年人故意杀人，不追究刑事责任。曾经轰动全国的"小悦悦"事件①，18 位过路人的行为受到公众的谴责，他们的行为违背了社会道德规范，但有人提出他们应负一定的法律责任却没有法律依据。同样，邻里和睦是社会提倡的公德，却不是法律规定的行为准则。在某些负有特定义务情况下不作为（包括见死不救）也能构成犯罪行为。如某人带邻居小孩出去游泳，他在会游泳的情况下，放任小孩溺水死亡，构成过失杀人罪；但若某人为路人的话，见死不救便不用承担法律上的责任。

法律和道德的调整对象范围、调整方法和内容不同导致二者在一定场合下的冲突。对于人们社会活动和社会关系的调节，法律的尺度是"必须怎样"；道德的尺度则是"应当怎样"。法律重在禁止，是对那些无益性做法的制止；道德重在提倡，是对有益性做法的肯定。道德的调整范围很广，几乎囊括所有的社会关系，从底线道德到道德理想之间分许多递进性的不同层次、不同水平，呈现多层次性、导向性、灵活性。道德不仅调整和约束人们的外部行为，还调整和约束人们的动机和内心活动，它要求人们根据高尚的意图而行为，要求人们为了善而去追求善。法律的调整范围要小于道德，法律调节唯一的要求是"合法"，其权利义务的规定明确而具体。而且法律只惩罚违法犯罪行为，虽然在判罪量刑时也考虑人们的主观过错。道德对社会成员的权利义务相对来说不甚明确，特别是道德权利方面的规定相对笼统。法律在这方面的规定则明确而具体。

---

① 事情发生在 2011 年 10 月 13 日广东省佛山市，2 岁的小悦悦在巷子里行走，被一辆面包车两次碾压后又被一小货柜车碾过。事情发生时，18 人从此路过，却都没有施以援手。有人上前救助送去医院，小悦悦却因抢救无效失去生命。这件事引起轩然大波，媒体和公众在谴责肇事者的同时，更多的是追问路人为何如此冷漠。还引起一场"谴责见死不救行为，倡导见义勇为精神"大讨论。

法律和道德规范性特点和程度不同引起的冲突。一定时期的法律是一元的、统一的，但不同阶级阶层集团群体的道德观念则有共性，也有差异性；还有公德与私德之分，必须坚持的道德和仅具有提倡意义的道德，等等。严格统一的法律规范与多元并存的道德观念之间可能产生矛盾和冲突。

由此可见，道德之间的冲突、法律与道德存在冲突在所难免。重要和关键问题在于协调道德之间、道德与法律之间的关系。

三、冲突的解决

（一）道德冲突的解决

无论哪个层面的道德冲突，都有不同表现、不同水平、不同程度之分。如潜伏的冲突、觉察到的冲突、感觉到的冲突、明显的冲突、严重的冲突，等等。从行为方式的角度看，道德准则冲突分为两种情形：目的正当，手段不正当；目的不正当，手段正当。对于以正当的手段达到不正当目的这种道德现象，人们一般较易做出道德判断，因为能使不正当目的得以实现的所谓正当手段，实际上是靠钻社会规则的空子，不正当目的的实现必定包含着对他人或社会利益的侵占，是我们反对的。人们备感困惑的是：可否用不正当的手段达到正当的目的？或者说，一个正当的目的是否可以为其不正当的手段辩护？

道德冲突的真正解决，取决于道德主体如何确定自身的道德价值。有时道德价值的取舍十分困难，这就需要"道德妥协"，即为了维护更高的道德价值，为了最大的"善"，主体在选择时有意识地放弃某些道德规范和准则，在较低程度上对"恶"做出让步。但这种选择必须是"迫不得已"情况下的选择，而且其结果只是"最小的恶"，否则，任何取"恶"舍"善"都是不被允许的、不道德的。

（二）道德与法律冲突的解决

法律与道德之间的这种冲突在社会生活中非常普遍，不要试图消除二者的冲突，但可以在一定范围或程度上调和道德和法律，缓和二者的冲突。因为从本质上看，二者之间更多的是协调一致。

法律和道德相辅相成，没有根本的利害冲突。道德和法律是一对具有辩证关系的概念，有许多共同点，如同属于上层建筑，为一定的经济基础服务；目的都是为了维护统治阶级的利益以及调整社会关系；都是规范约束人们的行为；在内容上也具有一定的趋同性。现实中，许多情况下道德与法律是一致的。如"红灯停、绿灯行"，既是交通法规的要求，也是人们的自觉行为。又如"尊老爱幼"是传统美德，也是法律的规定①。对未尽到父母（监护人）、子女（赡养人）义务的，要接受道德、法律双重处罚。给孩子"创造良好、和睦的家庭环境"，让孩子健康成长，关心、照顾、赡养老人，保障老年人的权益，道德和法律缺一不可。对虐待子女、老人的做法，首先受到的是道德舆论的批评，良知良心人性的回归。如果道德力量不足以感化这些人时，法律会强制其履行义务。再如，许霆利用 ATM 故障"疯狂取钱"事件，是否构成犯罪有很大争议。虽说许霆没有纠正他人过错的法律义务，但其行为完全符合"不当得利"的构成要件，有主观上"恶意受益"的故意，至少是一种不道德行为，毫无疑问地受社会舆论谴责。

法律源于道德，通过对道德的维护解决二者的冲突。当需要所有社会成员必须遵守一定社会的某些道德规范时，这些道德层面的规范便成为法律层面的规定。如不得坑蒙拐骗、不得暴力伤人、不得危害公共安全，等等。这些道德规范与法律规定是一致的，共同从不同层面、不同方式规范社会成员的行为。实践证明，法律与道德中一致的部分一定是长久以来被人们认可和信奉的存在于人们中间的道德观念，法律所包含的评价标准与大多数公民最基本的道德信念是一致或接近的，这样的法律与道德才会并存和相互补充。例如，针对 2020 年引发社会关注的山东"冒名顶替上学"问题，全国人大常委会委员普遍建议在《刑法修正案（十一）草案》中增加"顶替罪"，以立法保障公民的"前途安全"。如综合设立"妨碍高等教育考试录取公正罪"或者单项设立"冒名顶替入学罪"或"盗用、冒用他人身份罪"。依据是：构成犯罪的一个最基本的特征是它的社会危害性。窃取、诈骗别人的钱财构成犯罪；窃取别人的入学资格和发展前程，比诈骗窃取别人钱财行为的犯罪危害性大得多。这种情况下法律的制定既有助于人们法律意识的形成，也有助于人们道德的培养；法律制度相对完善的社会，其道德秩序更容易被保护。所以，社会应当而且有权力运用法律维护社会道德。

道德和法律可以相互转化，二者的冲突并非不可协调。通过普法教育和人们的法律实践，产生对法律的认同，法律的规定成为社会成员自觉遵循的行为规范。违背者在受到法律制裁的同时，还受到公众舆论和自己良心的谴责，这时的法律便同时具有道德的功能。某些情况下，道德和法律可以相互转化。随

---

① 我国的《未成年人保护法》《老年人权益保障法》分别规定，父母或者其他监护人有"依法履行对未成年人的监护职责和抚养义务"（第十条）；子女（赡养人）"不得以放弃继承权或者其他理由，拒绝履行赡养义务"（第十五条）。

着社会的发展，一些道德规范对社会发展日益重要，却呈现出被经常违反的趋势，于是，立法者将其纳入法律范畴；而某些过去需要用法律强制禁止规定的，则可能不再必要而由法律调整改为道德调整。

综上所述，法律源于道德，没有道德基础道德支持的法律是没有人心的法律，是无法获得人们的尊重和自觉遵守的。即没有道德的约束，法律形同虚设。没有法律的保障，道德不可能有效地调节社会生活和社会关系，道德也就失去了存在价值和作用。法律与道德没有根本的利害冲突，由调整对象的范围、调整方法和调整内容等方面的差异产生的冲突，因二者间的密切联系、相辅相成、适当调适迎刃而解。

唐辉（2012）提出基于"值"选择（worth-based choice）决策模型。"基于'值'选择"决策策略包含"惠"（眼前吃亏换将来更大收益）、"善"（良心安宁）、"义"（人际间情义）、"法"（集体环境和社会秩序）。研究发现，法维度对合作有促进作用（马楠，2016）。说明人的道德行为同时受社会道德和法律的制约。

第四节　社会道德与个人品德

道德（morals）是社会上层建筑的意识形态，是一定社会人们共同遵守的行为准则。具有历史性、民族性、阶级性。道德的本质是社会存在，尤其是社会经济关系的反映。一定的道德还要由一定的社会经济基础决定并为一定的经济基础服务。品德（moral trait）也称道德品质、德性、品性、操行等，是指个人依据一定的道德行为准则行动时所形成和表现出来的稳定的心理特征和倾向。是个性中具有道德评价意义的核心部分，表现在一系列道德情境之中。

一、品德与道德是两个不同的概念

道德与品德的主要区别：

二者属于不同学科和研究领域。道德是一种社会现象，是社会学、伦理学等学科的研究对象；品德是个体心理现象，是心理学、教育学的研究内容。

其产生基础和形成发展规律不同。道德产生于社会生活，其产生和发展变化服从于社会发展的规律。不同社会的道德有其各自形成和发展的规律。随着人类社会的演变，人们为了维护共同利益，需要有社会成员共同遵守的行为准则，通过这些共同的规则，协调人们之间的相互关系。个人品德依赖于个体的生存和发展，受个体存亡、个体心理活动规律的影响和制约。

道德是一定社会调整人与人之间关系行为规范的总和，反映了社会生活的要求，其内容全面而完整且不以个人意志为转移。品德是个体在社会化的过程中通过模仿、练习，逐渐理解人与人之间复杂的道德关系；通过"理性化"的过程，对道德的认识不断地由低级向高级发展，由"他律"到"自律"，由获得道德知识到形成道德信念。

二、品德与道德的联系

品德与道德之间具有内在联系，主要表现在：

个体品德有赖于社会道德。品德必须以一定的社会道德为基础，遵循社会道德准则行事。当个体行为符合社会道德准则时，就会受到社会公众舆论的夸赞，个体内心也会感到怡然自得、心安理得。相反，当个体行为违背了社会道德准则时，受到的将是社会公众舆论的谴责，个体内心也会感到羞愧、内疚，无地自容。如果不存在或者离开了社会的道德准则，个体品德就无从形成。

个体品德影响社会道德。道德需要社会舆论和人的内心信念的维持；社会成员的个人品德保证了社会道德。假如社会成员缺乏道德或不讲道德，那么这个社会的道德行为准则就将不复存在。

三、品德的心理过程结构与形成机制

品德心理结构由道德认知、道德情感、道德意志和道德行为构成。个人品德的心理过程则是由内隐的和外显的，既相对独立又相互联系、相互制约的多种因素组合而成的动态系统。包括道德需要、道德动机、道德行为方式、道德行为反馈机制四个基本心理过程。

道德需要　人类为什么在友谊、亲情和爱情之外，还需要以感恩、诚信等道德来维系？在资源匮乏或相对匮乏的社会中，人类个体间存在着利益冲突，获利的趋向使人们表现出竞争、敌意、争斗、破坏等行为。然而，人们之间如果只存在竞争行为，人类必将走向毁灭。所以个体又必然进行合作，共享资源，达致"双赢""多赢"。现代社会人类谋求发展，更离不开世界各国的合作。例如，"人类基因组计划"的实施，"宇宙探索"，等等。2008年北京奥运会、北京残奥会的成功举办，同样是世界各国，特别是各国运动员共同努力的结果。

道德动机　道德主体由于道德心理需求而引起紧张，当出现一定的目标时，

便引发道德动机。道德动机是推动人的道德行为得以实现的内部驱动力量。如果说道德需要是指我们"离不开的道德"的话，道德动机就是人遵循社会道德的原因，即主体"为什么要讲道德"。其中离不开道德情感的作用。研究发现，同情、内疚、羞愧、怜悯等情绪情感可阻止人的背叛行为（Frank，1988），而且更倾向于合作。

一个不道德的人，得到的回报必然是不道德。"种瓜得瓜，种豆得豆"，付出什么就收获什么，付出多少就收回多少。要取信于人，自己就要讲诚信，这就叫"以诚换诚"。有的人讲道德，为的是使自己有修养、受人尊敬；有的人讲道德是认为"理所当然"；有的人为了避免损失；而有的人讲道德已经成为一种行为习惯。

道德行为方式 道德行为方式是个体在道德认识指引下和诚信情感的激励下表现出来的对他人、对社会具有道德意义的行为，是个体对道德的践行。如公民基本道德规范中的爱国守法，明礼诚信，团结友善，勤俭自强，敬业奉献；社会主义核心价值观中个人层面的爱国、敬业、诚信、友善。

道德行为反馈机制 道德行为反馈机制是指主体道德实践中获得的有关道德全过程的各种信息。例如，一个有道德的人得到的是社会、他人的赞誉和鼓励，不讲道德带来的是众人的唾弃和个人的损失。这种反馈有助于主体形成道德信念。

道德心理过程的各因素道德心理需要、道德动机、道德行为（方式）的道德反馈机制之间相互联系，相互作用。四因素之间的关系见图10-2。

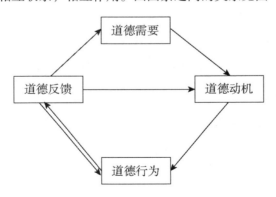

图10-2 道德心理过程的结构

根据皮亚杰的理论，人的品德从发展到成熟经历了三个阶段。（1）前道德判断阶段（0~6岁）：主要特征是，尚不能进行道德判断；（2）他律道德阶段

（6～10岁）：受道德主体自身以外价值标准支配。特点：道德判断受自身以外的价值标准支配，认为规则由权威人物制定，必须严格遵守；判断行为好坏时只看结果不看动机。（3）自律道德阶段（10～15岁）：外在的道德标准已内化为道德主体的道德标准。特点：认识到规则具有相对性可以改变；对行为好坏的判断不再仅依据行为的结果，而是更看重行为的动机或意图。

第十一章

犯罪效益与遏制犯罪：基于人性假设的思考

人性假设理论认为人具有多重属性，是政治人①、经济人、社会人、生态人、道德人的综合体。既有理性（rationality）和正直（righteous）的一面，也有情感（emotion）和欲望（desire）的一面。不同的人性假设理论对犯罪行为决策和犯罪行为给出不同的解释。理性经济人假设认为，潜在犯罪行为人是在对犯罪收益（经济的、心理的）和犯罪成本（物质、心理、机会、惩罚）权衡后做出最有利的选择；满意人假设和前景理论提出，人的理性是有限的或非理性的，犯罪行为决策不可能实现利益最大化，只能达到"满意"；生态人假设则强调犯罪行为人决策的生态理性；道德人或道德经济人假设提出人既看重利益，更追求道德，以人自身"善"的本性抵御各种诱惑，最大限度地在实现社会利益的同时满足个人物质的和精神的需要。因此根据"人性假设"对人的本质的揭示，采取积极措施，可有效减少"非理性"犯罪行为决策，做好犯罪的预测、预防。

人为什么要犯罪？人类对于这个问题的思考从来就没有停止过。波斯纳（Richard Allen Posner，1939—）法官②讲述了一个故事：一个猎人在森林中迷

---

① "政治人"（political man）是人类对于自身本质的第一个认识。公元前 4—3 世纪，古希腊思想家以对古希腊城邦时代人们生存状态的分析提出该人性假设。认为城邦出于自然的演化，人类自然是趋向于城邦生活（今天欧洲语言中的"政治"［polifies］是古希腊"城邦"［pohs］的衍化）的动物，即"人是政治的动物"。此后的 2000 多年，"政治人"成为人性假设中最重要的内容，在日常生活交往中政治活动成了最重要的活动之一。

② 波斯纳是法律经济学运动的重要人物，美国 20 世纪 70 年代以来最为杰出的和高产的法律经济学家之一。曾任美国联邦上诉法院法官、芝加哥大学法学院教授、斯坦福大学法学院法律经济学高级讲座主持人。波斯纳从一种理性选择理论的意义上将经济理论运用于对法律制度的理解和改善，提出法律与效率问题。被《美国法律人》杂志评为 1999 年 100 位 20 世纪最有影响的美国法律人。

了路，他饥渴难忍之时，发现一间带锁的小木屋。向里面看去，只见有食物，还有一部电话。于是他破门而入，先大吃一顿，然后再打电话求救和报警。这个人的"犯罪"被认为是有"效率"的。"效率犯罪就是罪犯的收益大于被害人的成本的犯罪"，这是经济学家弗里德曼（Milton Friedman，1912—2006）①对效率犯罪的解释。犯罪效益（crime benefit）同犯罪收益成正比，同犯罪成本成反比，即犯罪效益（Q）＝犯罪收益（I）/犯罪成本（C）。然而现实中的犯罪绝非这般简单。就职务犯罪而言，没有谁"走马上任"的目的就是为了"被撤职"。国家公职人员是一个稳定而体面的工作，他们不是只看一次性收益，而是所有未来收益的贴现值之和。认真履行职责带来的长期利益越大、未来收益的贴现率越高，他们履行职责的动力就越大。如果实施不道德行为或违法犯罪行为的预期收益大于预期成本，则理性的公务人员就可能违背公共利益，实施不道德或犯罪行为；反之，如果这样做的预期成本大于预期收益，得不偿失，他们的道德风险动机、犯罪动机就会得到遏制。

第一节　增加成本，降低收益：遏制和减少
"理性经济人"犯罪

犯罪行为决策者需要考虑四个维度：获益的必然性、获益的数量、惩罚的必然性、惩罚的严厉性。只有当获益的可能性和效益大于惩罚时，才会做出犯罪行为决策。提高犯罪效益有以下途径：（1）提高犯罪收益，降低犯罪成本；（2）犯罪收益不变，降低犯罪成本；（3）犯罪成本不变，增加犯罪收益；（4）犯罪收益和犯罪成本同时增加或降低的情况下，犯罪收益增加的幅度大于犯罪成本增加的幅度，或犯罪收益下降的幅度小于犯罪成本下降的幅度。遏制犯罪，就是反其道而行之——增加犯罪成本，降低犯罪效益。

一、增加犯罪的物质成本，降低犯罪的经济收益

犯罪物质成本的大小取决于三个因素：第一，犯罪行为人的自身条件。他们的心智和行为能力（如认识水平、判断分析能力、与此犯罪行为相关的其他

---

① 芝加哥大学教授、美国当代著名经济学家、芝加哥经济学派代表人物之一。因在消费分析、货币供应理论及历史、稳定政策复杂性等范畴的突出贡献，获得1976年诺贝尔经济学奖。

能力）越强，其犯罪成本越低。第二，被害人的认知和行为能力。如各种诈骗犯罪，被害人越是缺乏防范意识，抗诱惑能力越差、自我保护和反抗能力越弱，犯罪行为人的犯罪成本越低。第三，专责机关的打防能力。专责机关对某类犯罪的打击、防范能力越强，犯罪的成本越高。

杜绝或减少官员腐败，有人主张"高薪养廉"①，适当提高待遇，使公职人员的心理得到一定平衡。与此同时，高薪之下犯罪成本必然提高。但是，高薪的作用很有限。一是高薪不能超出国家和纳税人的承受力；二是面对动辄六位数以上的高额利益的诱惑，还是有人甘冒风险。

控制雇凶杀人犯罪，需要增加其直接成本。如严厉打击雇佣双方的特殊地下市场，消灭市场中买卖双方、中介等各要素的存在和活动空间，降低雇佣双方接触和达成协议的概率；加强枪支、刀具、危险化学品等高效作案工具的管理；加强对一些特殊被害人、举报人的保护等。

二、增加犯罪的精神成本，降低犯罪心理收益

犯罪的精神成本取决于法律的确定性、行为人的心理特质（心理稳定性、承受力、乔装掩饰技巧等）、参与犯罪的人数等因素。加大各种违法犯罪的查获和惩罚力度，从心理上震慑和遏制犯罪行为人的犯罪动机，阻止他们做出犯罪行为决策。部分腐败行为犯罪、金融犯罪的犯罪行为人是国家机关或金融机构的工作人员，直接或间接地掌握一定的权力，其犯罪的直接物质投入相对较低，精神成本则相对较高，尤其是道德成本。

道德成本的高低，取决于社会的总体道德水平。假如社会的价值取向紊乱，道德规范失控，人们的守法、自律行为得不到应有的尊重和弘扬，甚至可能被当作异类遭受排挤、奚落、孤立，必然导致部分人对犯罪现象司空见惯、麻木不仁，表现出莫大的宽容、默许。各种犯罪现象不但得不到控制，反而愈演愈烈。因此，一个公正、和谐，扬善惩恶、倡廉敬贤的社会氛围，在道德规范的约束力、社会舆论的监督、正义力量的感召和良心的谴责下，犯罪的道德成本大大提高，犯罪行为人可能因为无法背负沉重的道德负累而弃恶从善、弃暗投明。

三、增加犯罪的机会成本，降低犯罪的经济和心理收益

具体计算每个犯罪行为人的机会成本很困难。通常情况下，研究者把人均国

---

① 肖湘. 国外反腐败经验借鉴［J］. 湖南行政学院学报，2007（5）：69-71.

民收入作为社会平均机会成本。潜在犯罪行为人面临两种选择：一是从事合法劳动，其收益为人均国民收入；二是从事犯罪活动，其收益为犯罪收入。理性犯罪行为决策者之所以选择犯罪，其中一个重要原因是犯罪收益高于合法获得的人均国民收入。社会成员收入差异越大，处于社会下层的人员的机会成本越低，犯罪行为结果的暴利性越大，诱发和促使犯罪的可能性越大。而犯罪形式的组织化、犯罪方式的智能化，大大降低了犯罪行为的预期成本和机会成本，这也是犯罪率持续上升的重要原因之一。而今犯罪越来越多地趋向于金融、房地产、毒品走私、军火交易等领域，与这些领域犯罪的"暴利"诱惑有直接关系。

或许加重刑罚是提高犯罪的机会成本的有效措施。因为受到刑罚，犯罪行为人的财产、自由、资格甚至生命被剥夺，使犯罪行为人不能像正常守法公民那样从事各种社会交往、经济交往，获取各种正当收益的机会丧失。但更重要的是依靠良好的社会环境，为人们提供一个在正常社会生活环境中依靠合法方式、凭借个人才能获得的发展机会，从而取得较高的收益。如果国家公职人员做出突出成绩能及时得到肯定、奖励，其腐败行为的机会成本便相应提高；社会通过扩大对特殊人群的就业和帮教工作，使解除劳教人员、刑满释放人员等有一技之长，有正式工作和正当收入，可提高其机会成本；招聘有特殊技能人员（如特警、武警退役人员、武术高超者）到保安公司，使其有正当的用武之地、有与自己的技能相适应的工作待遇和生活保障也可提高犯罪的机会成本。

有一种反常现象，当自己单位或部门的人的犯罪行为被查获之后，不但不为挖出"蛀虫""硕鼠"感到庆幸，反而出面力保，甚至不惜动用各种关系、打通关节，使大事化小、小事化了。等"风头"一过，犯罪嫌疑人不但没有得到任何惩罚，反而可能得到升迁和重用。如此非正常现象，其中的玄机和猫腻不言自明。因此，必要时追究本部门领导和其他负责人的连带责任，避免集体腐败或官官相护，也是增加犯罪行为的政治成本、社会成本的重要措施。

对于家庭联系紧密、社会关系良好的潜在犯罪行为人来说，更看重因自己犯罪给家庭、亲朋好友带来的负面影响——经济受损、情感和名誉受损等。因犯罪的社会成本太高，他们不会轻易做出犯罪行为决策。

四、增加犯罪的惩罚成本，降低犯罪的实际收益

法律代表的是国家和人民的利益，对犯罪有威慑作用，但无法从根本上消除犯罪。所以，法律的威慑在多数情况下，是通过惩治已经实施了的犯罪来发挥作用。也就是说，惩罚是犯罪行为人为自己的犯罪行为及其对他人、社会造

成的损失埋单，使其犯罪行为的剩余收益为零或者负值。那么，在确信自己犯罪后的收益大于被发现后受到的惩罚的损失时，犯罪行为决策才是理性的。

实施犯罪之后可能面临以下几种结果：（1）犯罪活动未被查获。（2）犯罪活动被查获，但因情节轻微危害不大，未构成犯罪，由有关单位酌情予以处理或处罚。（3）犯罪活动被查获且行为已构成犯罪，但因行为主体的特殊性（未到法定年龄、有精神障碍，其他可能使其逃避法律制裁的原因）而被刑法规定不予以刑罚，交由有关机关处置，如刑事损害赔偿、责令具结悔过、赔礼道歉、赔偿损失、行政处罚，没收犯罪工具及犯罪所获得的收益，等等。（4）犯罪活动被查获，并对犯罪行为人予以刑事处罚。除没收犯罪工具及犯罪所获得的收益外，还将被判处管制、拘役、有期徒刑、无期徒刑或死刑，丧失人身自由甚至是生命，同时有可能被附加剥夺政治权利、罚金、没收财产、刑事损害赔偿。刑罚后重返社会也会遭受各种歧视，即便能够从事经济性活动，其收益也可能低于正常情况。这部分损失也是一种惩罚成本。

如果犯罪行为人自己曾经受到法律处罚，那么，他的预期犯罪成本就变成了现实的犯罪成本。惩罚使其认识到犯罪所付出的沉重而不可挽回的代价，体验到惩罚造成的痛苦。即使惩罚被解除，犯罪行为人对这种惩罚仍记忆犹新、心有余悸，从而强化了他再次犯罪时的犯罪成本心理。看到周边有人犯罪，除了本人受到惩罚外，还使亲朋好友名誉受损、遭受社会谴责、他人的白眼唾骂，继而影响到家庭生活、人际交往、晋级升职等各个方面，使潜在的犯罪行为人对自己即将实施的犯罪成本的间接认识和体验，同样可以强化其犯罪成本心理。

刑罚对犯罪行为人的心理效应主要体现在使他们产生痛苦、悔改、对抗等心理。任何刑罚都是以剥夺、限制犯罪人的权益为内容，通过对自由、物品、异性关系、个人自主权、情感安全，以及部分政治权利的限制和剥夺，使犯罪行为人感受"剥夺性"痛苦。与此同时，刑罚适用给他们带来社会道德谴责和自我谴责的痛苦体验。剥夺性痛苦有一定的时限性（拘禁、服刑期间），谴责性痛苦却是长期的。刑罚的教育功能，可使一些犯罪行为人产生一定的悔改心理。他们认识到自己的犯罪行为给被害人带来的伤害和痛苦，给国家、社会造成的损失，对自己的犯罪行为忏悔、自责，愿接受惩罚，弥补过失，痛改前非、悔过自新。对抗心理是指刑法在适用执行过程中，一些犯罪行为人及其亲属产生的心理上的不满，抵触情绪以及攻击的行为意向，是刑罚适用中产生的负面心理效应。刑罚的痛苦心理效应是刑罚的一项基本心理效应。没有痛苦心理效应，刑罚就不成为刑罚了。然而，并非刑罚越重、痛苦越大、越有效。悔改心理的产生需要犯罪行为人对刑罚的"心悦诚服"，而对抗心理的产生则可能源于对刑罚的不服。因此，增加犯罪的惩罚成本，法律制定——科学；法律执行——严格；法律适用——公正。

第一，把握刑罚的严厉性，不可过之，也不可不及，否则可能产生刑罚资源的浪费或投入不足。严厉性不足，使犯罪行为人轻蔑法律，不但不悔罪思过，反而更加肆无忌惮，以身试法。而那些潜在的犯罪行为人，也会步其后尘，甚至有过之而无不及。过于严厉的刑罚，犯罪行为人受到不应有的严惩，激起他们的不满、仇视和报复，起不到从思想上消除其犯罪心理的作用，同时也会引起公众的抵制。出于人道的考虑，已有几十个国家和地区完全或部分废除死刑，或实际上不再执行死刑。即便那些保留死刑的国家，也对适用死刑的条件和程序有极其严格的规定，并在执行死刑的方式上不断人道化。

第二，增加刑罚的确定性。（1）立法周密，避免法律规范存在相互冲突矛盾或者漏洞，在法律上不给犯罪行为人留下逃避惩罚的空隙。（2）增加破案率。破案率是体现犯罪行为风险程度的一个变量，它的变化直接关系惩罚成本对犯罪的威慑作用。破案率越高、犯罪风险程度越大，惩罚成本也就越能威慑犯罪，消除逃脱惩罚的侥幸心理，使犯罪行为人形成伸手必捉、有罪必罚的印象，达到抑制犯罪的目的。为什么明知腐败犯罪有受"刑罚"的风险，还会"前腐后继"？查获的概率是重要因素之一。贪污、挪用、贿赂类犯罪，因被害人是国家、单位，侵害的对象是公物，没有被害人直接提起诉讼，被查处的可能性较低，再严厉的惩罚也产生不了任何的威慑力量。据有关数据表明，罪案的总数被揭露到50%时，犯罪行为人就会住手观望，不敢轻易作案；犯罪被揭露到50%以上时，部分犯罪行为人会改邪归正，谋求正当收益；如果破案率达到80%以上，犯罪行为人或投案自首或畏罪潜逃。（3）提高定罪率。定罪率是惩罚确定性的数量表现。由于存在着隐案、犯罪黑数[①]和破案概率的统计误差，定罪不是很容易。犯罪行为人为了逃避惩罚，采取种种手段（其中不乏高科技手段），使犯罪行为具有匿名性、隐秘性，隐案越来越多。据西方犯罪学的统计，隐案总数至少占违法犯罪案件的50%。在美国，财产犯罪的隐案达到84%（徐向群，2001）。"犯罪黑数"的不断攀升，相当于向犯罪行为人暗示犯罪行为不会或者没有受到惩罚，从而助长了犯罪行为人的侥幸心理、冒险心理。之所

---

① 隐案指犯罪行为已经发生但未被查获的案件；犯罪黑数是指因种种原因未记载在刑事案件统计中的具体犯罪数据，即刑事统计中犯罪个数与实际发生的犯罪个数之差，或者说犯了罪而没有受到惩罚的数字。由未被察觉的犯罪数、未报案的犯罪数、未被记录的犯罪数三部分构成。

以腐败现象屡禁不止，甚至"群体腐败""带病提拔"，原因在于有些地方反腐败工作的力度不够，即便被查获，也得不到应有的惩处，或者刑罚时避重就轻、从宽不从严。另外，现实中的人情、面子、关系，对腐败行为的态度较"宽容"，就算查清了问题，也不一定依法判刑，这就助长了一部分人的腐败行为。

第三，保证刑罚的及时性。刑罚的适用追求对犯罪行为人产生最大的悔改心理，最小的对抗心理和适度的痛苦心理。为了防止和减少"追求犯罪过程带来的快乐"的犯罪，就要使他们认识到犯罪后所受刑罚带来的痛苦大于犯罪所带来的愉快，以此抑制潜在犯罪人心理上萌生犯罪的意念。刑罚的痛苦距离犯罪行为以及犯罪行为带来的快乐越近，犯罪行为人把这两者等同起来的可能性就越大，刑罚的心理效应就越能得到发挥。及时刑罚有助于预防潜在犯罪行为人做出犯罪行为决策和实施犯罪；及时刑罚对一般公民强化守法意识也有良性强化影响。拖延刑罚还可能使犯罪行为人有充裕的时间来逃避、减轻罪责。

刑罚的严厉性、确定性和及时性相辅相成。严厉性是刑罚制裁的首要特征，但刑罚的确定性接近100%时，刑罚的严厉性才起决定作用。及时惩罚犯罪才能展现犯罪与刑罚之间因果联系的必然性。提高刑罚的及时性可以做到，但往往代价很大。过于严厉的刑罚会违反社会道德标准，而且会增加社会成本问题。

增加犯罪成本，降低犯罪收益，使潜在犯罪行为人明确犯罪的最终后果，为避免"后悔"和"失望"而谨慎行事，经过理性思考放弃犯罪。犯罪行为人与公众之间是一种长期的博弈过程，犯罪与打击犯罪也是一个长期的博弈过程，而且会持续地进行下去。犯罪的方式将更加多元化，犯罪的手段也会更加隐蔽和高明，打击犯罪难度会越来越大。在短时期内，大规模打击犯罪难以奏效，所以各种犯罪还将长期存在。

第二节　实现社会投入效益的最大化：理性和有限理性下的犯罪防控

犯罪行为决策者需要对投入与收益进行比较，国家法律在遏制、惩治犯罪方面也存在成本与收益的比较。为了最大限度地减少犯罪，各个国家和社会都投入了相应的人力、财力和物力，并希望用尽可能少的社会消耗取得尽可能大的效果。然而，法律无法从惩治罪犯本身得到直接收益，只能通过追回犯罪所得，减少因犯罪带来的各种损失，实现法律的期望剩余收益。如何使社会投入发挥最大的作用，是一直困扰各国政府的难题。一般从两个方面着手：查处和惩罚已有的犯罪，预防潜在的犯罪。

一、加大对犯罪的查处、追逃和惩罚的投入效益

犯罪的惩罚成本对于犯罪行为人来说是外生变量，其成本的大小取决于刑罚的严厉性、确定性和及时性；对国家来说是内生变量，这个成本的大小与国家用于刑事司法系统的财政支出、刑事司法系统的效率为正相关。

犯罪现象较为严重时的"严打"，就是为了更有效地利用社会资源，达到最佳的遏制、惩罚效用。虽然投入成本较大，但收益也大。我国现阶段对党员、高级领导干部贪腐的查处、追逃和惩罚，前期首先是中央纪委、国家监委介入，纪律审查和监察调查后再由最高人民检察院依法做出逮捕决定；最后由地方人民检察院向地方中级人民法院提起公诉进行判决。党的十八大以来，一大批贪官纷纷落马，其中查明受贿亿元以上的数十人。除赵正永、邢云外①，还有安徽省委原常委、原副省长陈树隆（受贿超 2.7 亿）；云南省委原书记白恩培（超 2.46 亿）；重庆市委原书记孙政才（超 1.7 亿）；河北省委原常委、政法委原书记张越（超 1.56 亿）；国家统计局原党组书记、局长王保安（超 1.53 亿）；浙江宁波原市长卢子跃（超 1.47 亿）；辽宁省委原书记王珉（超 1.46 亿）；广东省政协原主席朱明国（超 1.4 亿）；中央政法委原书记周永康（超 1.29 亿）；河南省委原常委、洛阳市委原书记陈雪枫（1.25 亿）；山西省人大常委会原副主任金道铭（超 1.23 亿）；江西省委原书记苏荣（超 1.16 亿）；最高法院原副院长奚晓明（超 1.14 亿）；广东省委原常委、广州市委原书记万庆良（超 1.11 亿）；青海省委原常委、西宁市委原书记毛小兵（超 1.04 亿）。足见党和国家反腐的决心和力度。

国家在加大揭露、惩治犯罪投入的同时，适当加大对犯罪行为人经济制裁的力度，补充投入的不足。某些职务犯罪行为人长期出逃在外，久久未能到案，对其他贪官、潜在的腐败者有极大的"鼓舞"效应，对他们的追逃需付出很大的"成本代价"。专家和司法人员建议增设对腐败犯罪的"罚金刑"，并适当扩大没收财产刑的适用范围，由外逃贪官自己承担"追逃成本"，使犯罪行为"风险极大""收益甚微"。

中国官员腐败典型案例表明，经济收益较高的一方是行贿者，"以少取多"，送去十万、百万，换回数百上千万，甚至更多。他们知道贿赂国家机关工作人员，使其放弃原则给予方便，来满足小集体和个人的非分所求本身就是犯罪

---

① 见第三章第三节，一、犯罪的经济收益。

（行贿罪）。但更知道无论是自己（行贿者）还是对方（受贿者），都会严守"秘密"，否则对双方都不利。所以行贿者无所顾忌。不严惩行贿者，收受贿赂的市场就会长期存在。

加大对各种经济犯罪行为的查处力度和经济惩罚力度，绝不仅仅是追回非法所得，还要"贪（偷、骗、送）一罚十""贪（偷、骗、送）一罚百"，让犯罪行为人付出"倾家荡产、背负重债"的成本。既然腐败者家庭从其腐败行为中受益，就必须与其一同承担腐败行为的经济责任和经济处罚。经济上的高成本会消除腐败者贪利、敛财的动机。

二、创设良好社会环境："社会人"视角下的犯罪防控

"社会人"（social man）假设认为，良好的人际关系对于调动人的工作积极性起决定作用。该假设的主要观点：人是社会的人，人的行为受社会、心理因素的影响；非正式群体、社会小环境有自定的规范，并以其良好的人际关系影响成员的行为；工作效率主要取决于士气，而士气又与工作态度、内部人际关系直接相关。社会人视角下的犯罪防控，是有一个良好的社会环境，为人的发展提供生活的、社会的、心理的支持。

（一）提高全民文化水平，增强民众守法意识和防范意识

文化水平反映一个国家、一个民族的人口素质，国家通过普及义务教育、提高高等教育入学率，在一定程度上提升了公民受教育的程度，即文化程度，继而提升了人口文化、文明素养和一个国家的文化水平。但有文凭不等于有文化。如果大学本科生、硕士生、博士生缺乏基本的社会公德、社交礼仪和法律常识，黑白不分、是非不辨，甚至危害他人或社会，就是教育的失误。

家庭、学校、社会教育的首要任务是教会年轻一代如何做人，其次才是如何做事。通过教育引导，培养公民基本素养。如主体意识、国家意识、公德意识、环境意识，等等。其中，主体意识最为关键。包括国家主人和社会主体意识（觉知自身地位、能力、存在价值；自觉行使公民的权利和承担公民义务；按照法律和道德要求规范自己的行为，并对自己负责、对公众负责、对社会负责，即"自律"）、法律意识（知法、懂法、守法、用法的意识和行为，维护法律的尊严，以保障社会的正常秩序和公民的合法权益）、参与意识与监督意识（作为政治共同体的成员积极参与公权力运行；对国家公权力行为的监督和约束）、规则意识等。个人对自己负责观念的建立需要整个社会尊重个人的权利和自由。只有给予民众参与公共事务的便利条件，他们才会关注公共事务，并意

识到自己负有的公共责任。

通过普法教育，形成全民的守法意识和防范意识；鼓励民众在受到侵害时积极主动向司法机关报案（这也是每一个公民的责任和义务），尽量降低未报案的犯罪数。形成一种社会氛围，对包括贪腐行为在内的一切违法犯罪行为"零容忍"。实践证明，公民行使对立法机关、行政机关、司法机关工作的监督，揭发和举报其不法行为，可有效消除特权和社会不公正现象。

增强公民"被害"预防的意识和措施。首先，克服"贪念"。许多诈骗犯罪行为得逞，就是抓住被害人不劳而获、一夜暴富、以小博大心理。尽管有的诈骗手法很拙劣，还是有人上当受骗。其次，掌握基本的防诈骗方法，提高辨别力，如"猜猜我是谁"一类。涉及钱财一定核实清楚，不轻易给任何人转账。女性、孩子、老人、体弱者尽量不去偏僻之处；独自一人时"不要和陌生人说话"。第三，避免自身"被害人过错"，如"赌近盗，奸近杀"；衣着暴露、露财炫富"引诱"对方犯罪；主动挑衅、恶意中伤，攻击激怒对方等①。

被害预防教育、公共场所管理、住宅安全防范措施，发案后的报案、侦查手段的运用、人质家属的心理调整、谈判节奏、人质的解救等是预防、侦破和打击各类犯罪（尤其是恶性犯罪）的可控性因素，是政府和社会的应负责任。

（二）完善社会保障体系，建立健全社会制度和相关规定

积极心理学推崇积极的社会组织系统，包括宏观层面的社会大系统（积极的国家制度、健全的法律、法规和政策等），以及中观、微观层面的小系统（有效能的学校或工作单位、积极健康的社区、有社会责任感的媒体、良好的家庭气氛等）。党和国家同样关注这些问题。十九届四中全会对国家制度和国家治理问题进行专门研究，对坚持和完善某些方面的制度体系进行部署。当前的制度系统性建构是适应社会主要矛盾变化和发展方式变化的主动选择（黄凯南，2020），是促进社会政治、经济、文化、生态高质量发展的必然选择。

在国家、社会层面上，要明确政府的职责。政府是"人"的政府，不是"物"的政府，应考虑到人——使民众过上高质量的幸福生活。必须向整个社会提供能满足民众需要的、足够多的公共物品；优先增加低收入者或贫穷者的财

---

① 在故意伤害犯罪中，被害人过错占了一定比例。如以侮辱性言辞挑衅、首先发起攻击等。一般情况下，因琐事争执不休、债务纠纷、利益纷争、挑衅性的对视和动作等都可能激怒对方引起犯罪。但这些行为和表现不一定构成司法意义上的过错，只有在特定环境下，对于一个理性的自然人而言，威胁、侮辱、攻击等挑衅行为不可容忍时，这种挑衅行为才构成司法意义上的过错（袁建刚，2014）。

富；弱化民众在金钱和物质方面的竞争。情绪型犯罪大多是外界不良因素诱发和自我抑制失控的相互作用的结果。还孩子一片学习、生活、成长的蓝天净土是政府、社会义不容辞的责任。

1. 社会保障体系进一步完善，分配制度更合理

社会保障体系是国家通过立法制定和形成的社会保险、救助、补贴等一系列制度的总称，用来保障全社会成员基本生存与生活需要，尤其是保障年老体衰、伤残疾病、遭遇灾害、无业失业、生育、死亡、面临生活困难人群的特殊需要。

十九大报告指出，新时代的主要矛盾是"人民日益增长的美好生活需要和不平衡不充分的发展之间的矛盾"。随着我国社会生产力水平显著提高，人民的需要不再局限于物质，而是体现在方方面面。重点体现为对良好教育、就业、医疗、社会保障、居住条件等的迫切需要。发展的"不平衡"主要指经济社会发展水平、人的收入、生活水平差距加大。表现为地区间的差距，如东部与西部、城市与农村；不同职业群体间差距；不同岗位间的差距，等等。所谓"不充分"一是经济发展模式亟待转型（旧的增长模式透支了环境和资源，也透支了人力资本和权益资本），二是有繁重的脱贫任务需要完成，三是国民享有的基本公共服务和公共产品很落后，养老、医疗、教育、就业、城市化等各方面的水平都很低，四是还没有在全世界叫得响的知名品牌。从经济大国走向经济强国，还有不短的距离。这种现状使得短期内难以达到"平衡"，亦不能满足人们日益增长的美好生活需要。现实中，相当数量的违法犯罪正是源于贫富悬殊造成的社会"不平等"，源于因所处社会地位不同、占有的社会资源的差异而产生的"相对剥夺感"，源于心理不平衡的加剧和缺乏"安全感"。

"相对剥夺"（relative deprivation）概念由美国社会学家斯托弗（S. A. Stouffer, 1949）在《美国士兵》一书首次提出，经社会学家默顿（R. K. Merton）等人进一步诠释和完善形成"群体行为"理论。相对剥夺是一种主观心理感受，是个体或群体对于自身相对状况所持的态度。当人们把自己的处境与某些标准或参照群体中的人进行比较发现自己处于劣势时，便产生相对剥夺感。即便自己的处境得到改善，但仍不及参照群体时，相对剥夺感依然存在。比如企业退休人员的退休金年年增加，但增加幅度、增加后的实际收入仍低于同样工作年限已退休的公职人员、事业单位人员时人们的心理感受。相对剥夺感可能导致多种不良后果，如愤怒、怨恨、不满等消极情绪，一旦认为用合法手段不能克服自己的困境，就希望用包括犯罪在内的其他手段来达到目的。

"民不患寡而患不公"，相对剥夺感无关主体的经济社会地位，而是与社会的收入差距大小、分配是否合理有关。因此，完善社会制度十分必要。

有研究指出，社会制度的完善程度、社会防控密度与犯罪成本成正比关系，与犯罪收益则是反比关系。即社会制度越完善，体制性的漏洞越少，社会防控越严密，犯罪行为人的可乘之机就越少，所需要的犯罪直接成本、机会成本越大，犯罪的利润空间就越小，可能获得的犯罪收益也就越小。例如防止自行车偷盗犯罪，仅增加刑罚的力度不能从根本上解决问题。因为偷窃自行车犯罪还和就业机会、收入保障、二手自行车市场的存在等一系列复杂的社会问题有关。"防盗"需要付出社会成本，拘捕、指控和关押小偷的成本也不低。"有购买就有失盗"，可能是自行车偷窃的重要原因之一。随着这个市场的衰败，自行车偷窃数量，此类案件数就会大大降低；而政府用于制止和打击此类犯罪成本也随之降低，这些资源可以用在教育、卫生、社会保障等其他有价值的公共目标。近年来"共享单车"进入市场，不仅方便公众出行，减少交通拥堵，而且对自行车二手市场有很大冲击，在一定程度上减少了偷窃自行车犯罪。再如，政府、社会可以通过公共安全政策的调控和采取有效的安全防范措施预防和减少绑架、偷窃、抢劫等犯罪。

仅仅建立"见义勇为"奖还不够，应根据实际情况，给见义勇为者更多的安全和经济保障，如聘请律师为其辩护，使其不会被人"讹"；有因救人而伤残的多项可选择的社会保障；加大对行凶者的查处力度，保证见义勇为者及其家人、亲友今后不会受到威胁和伤害。这样会使见义勇为者心安心暖，犹豫不定者出手救助，"碰瓷"者受到制裁，行凶者不敢"妄为"。

2. 建立积极的工作制度，使人体验工作满意和职业幸福

一个人成年后，除睡眠外，生命中1/4左右的时间是在工作中度过的。对工作的满意度直接关系到对生活的满意度。现代人的工作已经由"满意行为"取代了"经济行为"。"骨感"的现实是：半数左右的人对工作单位的管理制度、流程不满意，对直接上级、薪水、工作环境、工作关系不满意。

如何使员工在工作中保持愉快心情？"胡萝卜加大棒"的做法已经不适应多数工作环境中的多数人。根据"自我实现人"（self-actualizing man）假设，人生来勤奋，喜欢工作，寻求发挥才能的机会，渴望做出成就；多数人愿对工作负责，主动将个人目标与组织目标达成一致。管理者应加大内在奖励，即给员工发挥潜能和实现自我的空间，工作更具挑战性，增加员工的自豪感；下放权限，鼓励员工参与管理的全过程。根据"复杂人"（complex man）假设，人的不同层次、不同水平、多样化的需求相互联系、复杂多变，其中最主要的需求是实现"胜任感"。管理上因人、因时、因地制宜才能使员工有工作满意度和职业幸福感。其中首要的是创造积极的工作制度（包括管理、分配、提拔、休假等多方面的综

合制度而不是指某一单项制度），增强员工的工作满意度。具体有以下模式。

工作特性模型（job characteristics model） 针对最具代表性的五大特征（技能多样性，工作更具挑战性；任务同一性利于个体成长；任务重要性使工作更有价值；任务自主性增加个体工作控制感；任务反馈性增强工作兴趣和动机）制定相应的工作制度，使员工理解工作的意义、了解工作结果的起因，对工作尽职尽责。看到自己的进步和成就，找到归属并从中体现自己的价值。最关键的是自己工作自由度和增加工作反馈的次数。根据前景理论，同样的薪酬分批发放，改月薪制为周薪制；把工资和福利、奖金分开发。

要求与控制模式（demand/control model） 由员工自己提出工作任务要求，制定工作目标，决定实现任务完成的工作步骤和方法等。这个模式下工作环境有4种情况。①主动型：工作任务要求高，员工对工作的控制性高，员工有更多的机会选择挑战性任务，从中增强自信获得发展。②轻松型：工作任务要求低，员工对工作的控制性高，难以激励员工积极性。③紧张型：工作任务要求高，员工对工作的控制性低，员工能力的发挥受限，甚至产生无助感。④被动型：工作任务要求低，员工对工作的控制性低，同样无助于员工的成长和发展。

角色模型（role model） 主要是规定不同岗位的工作任务要求，使员工清晰准确地了解自己的角色规范和相关信息；这些要求和期待与各个角色相一致，既能被员工所控制，又具有挑战性；员工之间团结协作，共同体验工作的快乐和幸福。

其次是要了解现代社会条件下员工的新特点、新需求，满足他们的正当需求，特别是高层次的需要。整个社会在经济大发展、物质水平大提高的基础上，弱化和消除不同职业不同岗位间的"不平等"或歧视，使员工不因自己的工作而自卑。人尽其才，才尽其用，使员工有职业自豪感、群体归属感；通过工作获得生命的意义和人生的价值；将枯燥的工作变成享受和美好的体验。这样一来，人们安居乐业，用自己的聪明才智为社会贡献的同时提升个人价值。消除了可能因对工作不满意、对人不满意，试图以"非常方式"实现自我的隐患。

研究发现，人们在做选择时常常是非理性的。如卡尼曼的一项调查，在商品和服务价格相同的情况下，你会选择：（A）其他同事年收入6万美元，你的年收入7万美元。（B）其他同事年收入9万美元，你的年收入8万美元。结果：大部分人选择了前者。一方面说明人们的判断以"锚"为依据，另一方面也揭示了人们追求工作表现更突出、成就超过他人的心理。一些人的犯罪主要源于社会地位的不平等。相当一些犯罪行为人处于社会底层，经济困难、文化缺失、理想无法实现，继而产生仇视、怨恨、偏执等消极心理。

3. 积极教育和积极的家庭系统

司法实践和大量研究证实，暴力型犯罪主体以年轻者为主，这与他们的年龄段特征有关，如青春期身心发展不平衡、成人感和半成熟现状之间的错综矛盾及其带来的心理和行为的特殊变化，心理躁动、自我中心，可能出现的角色混乱或不同一（理想中的我与现实中的我、社会的我与个体的我、自我评价与他人对自己的评价），在争取行动和人格的独立的过程中，出现的与社会、成人间的矛盾与冲突等。社会应当为他们提供一个安全、积极的环境，学校、家庭都应该成为他们获得积极体验，抵御诱惑的保障。因此，提倡积极教育。即以学生的积极品质（外显的内隐的）为出发点和归宿，通过增加学生的积极体验，以培养学生个体层面和集体层面的积极人格为最终目标的教育。积极教育不是"纠错"和惩罚，而是"防患于未然"，是寻找并研究学生的各种积极品质，并在实践中对这些积极品质进行扩大和培育。是为了人的教育、"真实的人的教育"（李晖，2014）。

积极的家庭系统中最重要的是给孩子提供健康、快乐、幸福的家庭心理氛围：温馨和谐，被接纳被尊重。家长应给孩子必要的和必需的理解、尊重、信任。家庭亲密关系的建立经历4个阶段：（1）亲近感阶段，有相互接近的意向，两看两相悦。（2）理解感阶段，在知识的结构、范围等的趋同前提下认知相同或相似，能从对方角度看问题。但没有情感的投入和行为上的趋同。（3）尊重感阶段，相互移情和在情感上共鸣、行为上相近或一致。（4）期待感阶段，知情意行高度一致，彼此越来越融洽，达到"你中有我，我中有你"状态。这是亲密关系的最高阶段，真正达到这个阶段的家庭少之又少。但应该是追求的目标。

国家、社会有责任提供好的教育资源，安全的校园环境、充足的设备，特别是合格的教师。同样也有责任培育合格的家长，给孩子一个强大的、利于健康成长的社会支持系统。

4. 加大监督、约束机制和执行力度

薛耀文、刘利利（2013）建议加大公职人员的"进入"成本。一个普通人进入到公职人员队伍并获得目前的经济收入和社会地位应付出相对高昂的成本。包括教育成本（入职的基本学历、专业知识、文化素养要求）、成长成本（由普通的公务员到拥有一定决策权的官员，需要支付素质提高的训练成本和时间成本）、公共关系成本（入职的关系成本、维护各种关系的成本、为晋升建立新关系的成本等）。"进入"成本高，可能使一些公职人员出于弥补损失或补偿心理失衡而选择犯罪；也会使更多的公职人员，尤其是高级别公职人员在面临犯罪决策或是选择何种犯罪方式时慎之又慎。

但仅仅如此远远不够。权力既会给社会带来利益，也可能对社会造成危害；既可能维护和保障人民的权利和自由，也可能侵犯人民的权利和自由以至于制造奴役和恐怖。遏制腐败最有效的方式是依靠具有相对稳定性和普遍约束性的制度，完善预防制度体系，推行透明政府建设，对权力进行全方位的制约和监督。权力的固有属性一是表现为掌权者对受权者的强行支配和控制，造成掌权者和受权者地位不平等；二是权力具有可交换的特性。如果把权力这个特殊资源沦为谋取私利的工具，"权钱交易"腐败行为的产生便成为不可避免地要面对的权力负面效应。加强道德建设，以正确的权力观遏制腐败动机；完善预防制度体系，明确规定权力的界限和范围，调整权力主体之间的相互关系，保证权力的自我约束机制；投入足够的活动资金，将所有的监督资源，都纳入监督范围内，通过唤醒公民的权利意识，拓宽公民的监督渠道和监督范围，使腐败没有藏身之处、现身之机。

（三）维护社会支持系统，恢复社会环境的"青山绿水"

社会支持也称社会关系网络，是人与人之间的亲密联系。在这个关系网络中，个人能获得的来自他人的物质的、精神的、客观存在的帮助和支援，或主观的、体验到的情感上的支持，如被尊重、被关心、被接纳，有价值感、安全感等。由血缘、地缘、业缘关系等建立起来的社会支持系统，如家庭、亲友、同乡、同窗、同事等，属于非正式社会支持；由国家的政府机关、用人单位、群众组织、地域性组织及其他性质的专业组织等建构的社会支持系统为正式性社会支持。

临床观察和检测发现，改善人际关系，增加社会交往，有助于降低抑郁症病程的慢性化率。来自家人、亲朋好友的支持，大家的关心、尊重、相助，可改变不良认知、提高适应能力，促进抑郁症病程康复。精神上的支持常常比物质上帮助更有效。

现实中，大家更多地感受到的支持来自非正式社会支持系统。正式社会支持系统的作用似乎没有很好地发挥。或许因为这方面的研究不多，或许人们对此不甚了解。某些违法犯罪行为的发生恰恰缺失或未能利用这两种社会支持，特别是弱势群体。其中农民工这个特定时期的特定身份的群体，随着城镇化进程的加速、国家户籍制度的松动，农村剩余劳动力（其中部分实为主要劳动力）来到城市。他们是城市建设和发展的生力军，更是实现"中国梦"的重要力量。然而他们的身份很尴尬，他们大多住在非城非乡的"城中村"，不是城里人，因为没有城镇户口；也不再是农村人，因为新生代农民工大部分已打消了"回家乡"的念头，常年在外，也没有了"务农"的技能和条件。他们最重要的愿望就是融入城市，但困难重重，其中一个重要因素就是社会支持不足。非正式社会支持系统方面，因背井离乡，与家人亲友之间很少见面，获得的情感支持越来越少。在陌生的城市，更多的是同乡、同业、同龄人间的交往；缺少融入城市、像城里人那样生活的机会。没有建立与城镇居民正常的社会交往关系；与城镇居民没有彼此相互接纳和认同。

最主要的还是缺乏正式社会支持。例如，制度上没有完全被接纳。他们只完成了职业、地域上的变迁，身份认同、社会认同、文化适应远远不够，充其量只算是城市边缘人。他们急切地希望早日成为真正的市民，但城里人对他们的作用、贡献视而不见，对他们的歧视还未改变。他们中的一些人因工资被拖欠、人格受到侮辱、感到不公平或安全受到威胁等原因选择了犯罪。预防和减少这类犯罪的关键是健全正式社会支持系统，在就业、户籍管理等方面给予支持。如杜绝就业歧视，消除地位和权利方面的种种不平等现象，与城里人同等对待、同工同酬；依法用工，保障他们的合法权益；加强对他们的培训，提升他们的职业技能，增加就业机会，逐步提高他们的工资待遇和经济、政治地位；有与城里人同样的就业机制和失业保障机制；妥善安排农民工子女上学、升学问题。逐步建立和完善住房制度、教育制度、医疗制度、社会保障制度等，缩小城乡差别、地区差别。

完善社会组织，加强对农民工的情感支持。引导他们积极参与所在社区的活动，与城市居民打成一片，认同所在城市的文化习俗，改变对城市的陌生感、缩小距离感，产生安全感。恢复或重新建构一个"青山绿水"、生态化的社会环境。

此外，国家、政府在防控犯罪的政策和投入方面不可避免地受"易得性效应"的影响。各种投入可能难以发挥应有的效益。例如，从统计数据看，交通事故的发生率和死亡率大大高于恐怖袭击。政府的理性决策应加大交通事故预防、查处的力度和资金、人手的投入。现实却刚好相反，各国政府因人们对恐怖袭击的恐惧，在这方面的预算越来越高，甚至超过军费的开支。近年来，我国各地交通事故不断，发生在公交车上的抢劫事件、因公交车司机个人原因的车毁人亡事件发生频率增加，是时候引起国家、政府、社会和民众关注了。

第三节　社会道德与犯罪防控：源于"道德人"的思考

德治与法治是预防和阻止犯罪的两道心理屏障。法治以法律的权威性和强制性规范社会成员的行为；德治以道德的说服力、感召力和自觉性来规范社会成员的行为。要把法制建设与道德建设紧密结合，把依法治国与以德治国统一起来。

一、以积极良好的社会道德筑牢防控犯罪的"篱笆墙"

康德说："这个世界上唯有两样东西能让我们的心灵受到深深的震撼，一是我们头顶浩瀚灿烂的星空，一是我们内心崇高的道德法则。"灿烂的星空由法律和社会制度提供和予以保障；崇高的道德则是社会道德的担当。社会主义道德是以为人民服务为核心，以集体主义为原则，以社会公德、职业道德、家庭美德为着力点，提倡弘扬 20 字公民基本道德规范和 24 字社会主义核心价值观。社会道德机制的建立有助于犯罪防控和对犯罪行为人的矫治。

（一）道德是法律的有益补充

某些不宜由法律调整的，或本应由法律调整但因立法的滞后而尚"无法可依"的情况下，道德调节对法律调节的补充作用就显得格外重要了。如"安乐死"①，许多国家都没有明确立法，实行积极（主动）安乐死（active euthanasia）的行为便构成故意杀人罪。但现实中人们有此需求，在一定的条件下采取的消极（被动）安乐死（passive euthanasia）方式可以通过道德的手段解决，再如，"婚外情""包二奶"行为，法律无法判罪，但过不了"道德法庭"这一关，社会舆论的谴责、众人的唾弃使当事人背负骂名并付出更多的心理成本和机会成本。

法治国家的建立依赖于人民的法律信仰。在理想社会真正能阻止犯罪的是守法的传统——法律不只是世俗政策的工具，更多的是生活的终极目的或意义。确保并尊重法律的信任度、公正度、可靠度，远比其威慑力更重要。这就需要执法者公正对待公民的合法诉求，让更多公民在法律的框架内保障、维护、捍卫自身权利，才能真正发挥法律惩奸除恶、护佑正义的基本功能。

维护社会秩序，促进人的发展需要法律的强制、禁止、惩罚，更需要道德

---

① 安乐死（euthanasia）指对无法救治的病人停止治疗或使用药物，让病人无痛苦地离开这个世界。"安乐死"一词源于希腊文，意思是"幸福地死亡"。它包括两层含义，一是安乐的无痛苦死亡，二是促使其迅速无痛苦死亡的一种方式或技术。一般专指对身患绝症、临近死亡、处于极度痛苦之中的患者实施安乐死，促使其快速无痛苦死亡的一种方式。对安乐死是否合法一直存在争论（主要针对的是主动或积极安乐死）。持肯定态度的学者认为安乐死（包括被动安乐死，即终止维持病人生命的一切治疗措施，任其自然死亡）必须符合下列条件：①从现代医学知识和技术上看，病人患不治之症并已临近死期；②病人极端痛苦，不堪忍受；③必须是为解除病人死前痛苦，而不是为亲属、国家、社会利益而实施；④必须有病人神志清醒时的真诚嘱托或同意；⑤原则上必须由医师执行；⑥必须采用社会伦理规范所承认的妥当方法。

上的提倡、理想和追求。一般而言，由法律调整的，也由道德调整①。法律所描述的是人的道德底线，即最低限度的道德。也就是说，不道德就可能违法或容易违法。换个角度看，没有道德基础的法律，是一种"恶法"，是无法获得人们的尊重和自觉遵守的。从这个意义上看，道德是法律的评价标准和推动力量。

（二）道德是法律的提升

"一切法律之中最重要的法律，既不是刻在大理石上，也不是刻在铜表上，而是刻在公民的内心里。"（卢梭）法律的生命在于实施，法治社会的建立依赖于法律本身的强制性，更离不开人们对法律所承载的价值理念的认可和向往。伯尔曼（Harold J. Berman，1918—2007）② 有一句名言："法律必须被信仰，否则它将形同虚设。"因为法律不仅仅是一种工具，具备一套法律规范体系，更是一种价值、制度和行为的共识。只有内心对法律的信仰、对法律的心悦诚服，才能真正敬畏法律、尊重法律，遵循法律行事。而实现法律价值离不开社会道德。道德反映了人性对价值合理性的追求，并渗透到政治、文化、经济社会生活的方方面面。道德对人的目的意义，不仅仅是行为规范和协调，更在于对人性的提升。只有将纸上的法律变成人们心中的道德规范，外在的法律规范才能变成内在的行为准则。

实践证明，积极、良好的社会道德机制对违法犯罪的预防和控制的作用，有时比法律更有效。

（三）道德是法律实施的保障

法律在犯罪防控中主要起威慑和惩罚作用。道德使人追求真善美；教导人们认识自己，有正确的角色认知和角色行为；培养人们良好的道德意识、道德品质和道德行为，树立正确的义务、荣誉、正义和幸福等观念，承担起义不容辞的责任，正确地选择自己的生活道路和规范自己的行为。道德教化，对悔过自新的犯罪人重新社会化尤为重要。

不仅如此，道德对法的实施还有重要的保障作用。"徒善不足以为政，徒法不足以自行。"执法者职业道德的提高，守法者法律意识、道德观念的加强，都

---

① 有些由法律调整的领域几乎不包括任何道德判断，如专门的程序规则、票据的流通规则、政府的组织规则等。在这些领域，法律的指导观念不是道德，而是便利和效率。

② 美国学者哈罗德·J. 伯尔曼，因其在法律与宗教跨学科研究的突出贡献，被誉为"现代法律和宗教研究之父"。先后在哈佛大学法学院和埃默里大学法学院任教，研究领域涉及国际贸易法、比较法律史、法哲学，以及法律和宗教。曾两次访华，深受中国法学界欢迎。

对法的实施起着积极的作用。

二、社会道德及其内涵

新时代良好社会道德体现在公民道德规范和社会主义核心价值观中。个体层面的价值观是个体的态度、观念的深层结构，也是个体的选择倾向，在一定程度上决定了个体对外在世界的认知和反应倾向。群体和社会层面的价值观则是群体共享的符号系统，是个体对群体、对社会认同的重要依据。人类的价值观有一个形成和发展、演变过程。

（一）高于道德：社会价值观

人的价值问题的本质是个人与社会（包括他人、群体）的关系，包括两个方面：社会对个人的尊重和满足，个人对社会的责任和贡献。人以其自己的能力及其活动满足自我的需要，构成人的"自我价值"；个人的能力及其活动满足他人、群体和社会的需要，就构成人的"社会价值"。人的价值一般强调"社会对人怎样"，要求社会关注人，关注人的发展。实现人生的价值，则是回答"个人应当对社会怎样"。可见，价值观比道德的层次更高，更能体现社会、群体、个人的行为准则和风范。20 世纪 90 年代以来，在国际教育界兴起的价值观教育是应对现代性价值危机的一种国际性教育思潮。价值观教育包括基本价值观、传统价值观和社会主义核心价值观。人类的基本价值（basic values）和基本价值观是为人处世所应该具备的基本价值品质，是不同文化传统中共同珍视和提倡的。如平等、诚信、宽容、尊重、勤奋等。中华民族有自己的优秀文化传统和传统价值（traditional values），如爱国、诚信、勤奋、节俭、仁义、孝道等。任何社会的任何一个历史发展阶段都有特定的核心价值（core values）和核心价值观。十八大提出的"三个倡导"，即社会主义核心价值观既是中国几千年文明的写照，又具有时代特征。国家层面的富强、民主、文明、和谐，社会层面的自由、平等、公正、法治，通过国家制度等得以实现。而个人层面的爱国、敬业、诚信、友善，则需要个人的认同和践行。

（二）国家层面：富强 民主 文明 和谐

富强　即国富民强，是社会主义现代化国家经济建设的应然状态，是中华民族梦寐以求的美好夙愿，也是国家繁荣昌盛、人民幸福安康的物质基础。

民主　民主是人类社会的美好诉求，是社会主义政治的核心价值，也是创造人民美好幸福生活的政治保障。人民民主的实质和核心是人民当家作主，实行选举、决策、管理和监督民主。

　　文明　文明是社会主义核心价值观的文化目标。文明是社会进步、人类文化发展的积极成果和重要标志，是人类改造世界的物质成果和精神成果的总和。

　　和谐　和谐是价值观的社会目标，也是中国特色社会主义的本质属性，体现了社会心理发展的要求。包括人与人的和谐、人与自然的和谐、人与社会的和谐，人自身的和谐、人的心理和谐。

　　（三）社会层面：自由 平等 公正 法治

　　自由　自由是人类社会的美好向往，也是马克思主义追求的社会价值目标。自由就是保证人民依法享有广泛权利和自由，保障人身权，享有基本政治权利、财产权利。

　　平等　平等是人的最基本权利，是人类社会的追求。在法律面前、机会面前、结果面前人人平等。在社会中每个公民都能平等参与、平等发展、平等享有。

　　公正　即社会公平和正义，以人的解放、人的自由平等权利的获得为前提，是国家、社会应然的首要价值和根本价值理念。包括分配公平、竞争公平、机会公平，最重要的是教育公平。

　　法治　法治是治国理政的基本方式，是实现自由平等、公平正义的制度保证。法治需要有法治精神——科学立法、严格执法、公正司法、全民守法。其核心是：任何组织或个人都不得有超越宪法和法律的特权，绝不允许以言代法，以权压法，徇私枉法。

　　（四）个人层面：爱国 敬业 诚信 友善

　　爱国　爱国就是对祖国母亲的热爱、忠诚和依恋；就是弘扬"以爱国主义为核心，团结统一、爱好和平、勤劳勇敢、自强不息"的民族精神；就是珍惜自然资源，维护自然生态；就是热爱生我养我的祖国、家乡、父母，爱戴师长、亲友，以及所有关心帮助我们的人；就是维护国家统一，忠实于民族整体利益，投身于中国特色社会主义伟大事业之中。

　　敬业　敬业是职业道德的要求。每个职业人都应了解自己的职业性质、作用和对从业者的要求；都应具备职业需要的知识、技能和态度。人的工作态度由低到高分为三种境界：谋生、事业、使命。只作为谋生手段的人是典型的经济人——为了收入而工作。当工作不能满足自己追逐名利的需要时，便消极怠工或辞职另谋高就。把工作当作事业，工作热情高，社会责任感强，会尽心尽力，他们更看重工作环境中的人与人的关系，有团队合作精神。把职业、工作作为使命、作为人生的价值追求，用生命去追求，全身心地投入，会在工作中寻求乐趣，提升个人的幸福感，达到敬业的最高境界。

诚信　诚信是做人、做事的基础和原则，是立人之本，齐家之道，交友之基，经商之魂，为政之要。诚信就要"内诚于心"——真实、诚恳、坦坦荡荡；"外信于人"——信用、坦诚、实实在在。

友善　友善是对人、对社会、对自然的友爱和善；重友谊求和谐，存真善讲爱心有善举；谦敬礼让、帮扶互助；宽容大度，"容天下难容之事"。

"爱国、敬业、诚信、友善"是对个人层面的社会主义核心价值观的提炼，也是《公民道德建设实施纲要》（2001）中强调的公民基本道德规范。

三、个人积极品格及其养成

绝大多数犯罪行为决策是在非理性情况做出的。情绪型、变态型犯罪最突出。避免和减少这类犯罪，需要激发和培养人良好的品格、积极的情绪情感。既然人的理性有限，生态理性难免出现偏差，那么，通过人自身素养、素质的提升和完善，也可以让人的决策更科学、合理，防止因小失大而做出令自己悔不当初的错误决策。

（一）积极的社会心态

心态是由当前事物和过去经验引起个体心理活动在一段时间里出现的相对稳定的持续状态，是个体的心理过程和个性心理在特定时间内的综合表现。积极心态（positive mental attitude）如乐观幸福、平和安静、诚实守信、积极进取，可激发人的正能量；消极心态（negative mental attitude）则是负能量。乐观者善于发现积极创造积极，在积极和创造中感受幸福和快乐。

积极心态是一种自信、坦诚、建设性的思想状态；积极社会心态是透视和观察社会状况的"晴雨表"和"风向标"。党的十八大报告明确提出培育"自尊自信、理性平和、积极向上的社会心态"，十九大报告再次强调，足见其重要性以及国家、社会的重视。

1. 自尊自信

"自尊自信"是新时代良好社会心态的基本表现和国民素质的基本要求，也对个体认知、决策和行为有重要影响。自尊是对自己的生存价值和价值感的体会；自信是发自内心的自我肯定与相信。自尊自信表现为既不妄自菲薄，也不妄自尊大；自尊尊人、自信信人。表现为一种自我认同、民族认同、国家认同；核心就是要坚定对党的领导、对马克思主义和对中国特色社会主义的信心。

自尊与尊人二者并存。一个人如果得不到他人的尊重，就不可能对与己无关的生命产生热情，更不会有良知去救人。不尊重他人的人，也得不到他人的尊重。同理，自信与信人并存。缺乏自信的人一定也不会相信他人，而且不认为他人会相信自己。因为他缺乏使人相信的自信！这样的人没有朋友，没有对美好生活的追求。自信不可或缺的前提一是"知己知彼"、心中有数，二是有安身立命的知识和能力。

2. 理性平和

理性指基于现有理论，通过合理逻辑推导确定的结果。与理性对应的是不理性和非理性。"不理性"指人们在正常思维状态下根据某一感性认知做出片面判断和决策。"非理性"则指正常状态下的非正常反应。如思维正常，但不以正常思维结果行事，即任性；思维不正常导致结果的不正常，即"失神经"；大脑机能正常但反应迟钝造成瞬间空白，导致行为快于大脑，即无意识。理性的人，感悟"道"与"理"，讲逻辑、守规则；有强烈的主体意识和独立的判断能力；冷静、严谨的态度面对自我和外部世界，处理人与人、人与社会以及国与国之间的关系。平和是一种沉着淡定、不骄不躁的心理品质。理性平和表现为正确认识社会和自我，正确处理个人与社会的关系；正确认识发展的不充分、不平衡；接纳自己和他人的不完美，不求全责备；辩证思维，全面发展联系地看问题；加强修养，树立正确的世界观、人生观、价值观，不断丰富自己的精神世界。

3. 积极向上

积极有"实际而具有建设性的"或"潜在"的意思。快乐、健康、幸福、美满，都被人们视为积极，也称积极心理。积极向上是一个汉语词汇，是指正面的、促进发展的。有肯定的、正面的、进取的、热心的，鼓励、增加动力等意。积极向上就是在人生追求上，无论顺逆、高下、起落、远近，任何时候、任何情况下，都始终坚守初衷、恒守志向，永远保持人生追求的崇高、远大、美好、恒久，永远保持一颗不倦的追求真理的火热的心。就是有一种乐观豁达的"阳光态度"，一份踏实肯干、拼搏进取、执着追求的"恒毅力量"。

（二）积极的心理品质——美德

道德包括底线道德和美德道德两种形态。前者是大家共同须遵守的、最基本的社会规范伦理；后者指向更高精神境界、更高价值追求，造就高尚品德和自我完善的人的社会道德，是对人群中的优秀人才、先进分子的要求。如中共党员、领导干部，没有特殊权利，却有高于一般公民的义务，做不到则不合格。普通公民做到了，就会得到社会赞许和晋升机会。

美德（virtue）是积极心理学倡导的积极心理品质，主要有：智慧、仁爱、宽容、感恩、友谊、尚礼、诚信、责任、正义、尊严、合作，等等。

1. 智慧与创造

做大事不犯错，可谓"智"；做基本的事不犯错，可谓"慧"。智慧（wisdom）是指做人做事掌握基本原则，有基本的坚持。这样的人有良好的智力和创造力，表现为科学探索的精神和勇气；有强烈的好奇心、求知欲。创造（creation）是人们应用已知信息，产生某种独特新颖的、具有社会意义的成果的活动。有智慧和创造力（creativity）的人，其思维过程表现为：流畅（短时间内表达较多的概念、探索较多的可能、列举较多的解决问题方案，如一题多解、一事多写，举一反三、触类旁通）；变通（灵活多样、随机应变，多角度考虑，善于从多种可能的方案中选择最佳方案）；独特（大胆突破、标新立异，超乎寻常的构思，提出不同凡响的新思想、新模式）。他们的个性特点：独立性强，不落俗套，不墨守成规；自信、热情、勤奋、坚韧、顽强，不怕困难，有魄力，有抱负，有献身精神；持之以恒，锲而不舍，一丝不苟；兴趣广泛而专一；有强烈的好奇心和探索心理；风趣、幽默，心理健康。

学校教育对人的智慧和创造力的影响极其明显。爱因斯坦认为，瑞士的阿劳中学是他的狭义相对论思想孕育的土壤。短短一年的时间，受"自我负责教育"潜移默化的影响，他的独创精神和创造力得以发展。社会环境也与智慧和创造力密切相关。鼓励独立创造，主张民主平等的社会，人们有强烈的探索"异常解决方法"的浓厚兴趣，有利于开拓新思路，提升人们的智慧和创造力水平。

2. 仁慈与感恩

仁慈（kindness）之人慷慨良善，有良知和良心。良知是知道善恶对错，懂得什么当做什么不当做。良心（conscience）是道德规范内化而成的人的信仰，对主体的道德行为起调节作用。自己的行为是正当的，有益于他人、社会时的心安理得、平静安宁；意识到做了错事时的自责、羞愧。仁慈还表现为有仁爱之心、恻隐之心、同理之心（又译移情、共情）。心理学家把同理心（empathy）界定为站在对方的立场上，感同身受的能力，是一种高级的认知能力。同理心以一定的生活经验和人认知能力的发展为基础，能"感人之所感""知人之所感"。这种感同身受是积极心理学中一种重要的能力，即社会智力（social intelligence）。同理心可能萌芽于婴儿期，他们更偏爱那些为他人提供帮助的成年人和哥哥姐姐，长大后也会有关爱他人行为和亲社会行为。相反，早期缺少"被关注"、缺乏关爱和依恋的儿童，不安全感更强烈；被忽视、被虐待的儿童有更多更明显的攻击性。无论同理心是人的本能还是习得行为，开展多种社会活动、积累丰富的生活经验，是激发和提升同理心的必要条件。

感恩（gratitude）不仅是一种情感，更是一种人生境界。"滴水之恩，当以涌泉相报"是中华民族的传统美德，也是现代人基本的道德品质。大量的实证研究显示，感恩促进个体幸福感。心怀感恩的人有更多的积极情绪、更少的消极情绪；更乐观、对生活充满希望；更乐于助人，更容易融入社会，有更多的朋友、更良好的人际关系。他们更愿意向需要帮助的人伸出援手，而且不图回报；当他们处于困境时，别人也更愿意提供帮助，而他们也会给这些人以积极的反馈。因此，感恩的人会以更积极的情感和心态面对生活，他们的主观幸福感（subjective well-being，SWB）和心理幸福感（psychological well-being，PWB）均达到较高水平。以生动形象的事例引导启发儿童识恩、知恩、感恩、施恩，感恩给自己生命和养育自己成长的父母；感恩支持陪伴帮助自己的师长、友伴；感恩实现自己理想的群体、社会。

仁慈与感恩还表现为宽恕。心理学认为，宽恕（forgiveness）是受到侵害后受害者的反应由消极转向积极的心理活动过程，是一种亲社会动机的转化过程，即受害者报复（revenge）和逃避（avoidance）动机逐渐降低、仁慈动机逐渐提高。大量研究发现，宽恕给受害者、施害者均带来积极的力量，宽恕可降低愤怒等消极情绪，提高双方的幸福感和心理健康水平。

当受到他人侵害时，通常受害者会对施害者怨恨、仇视、惧怕，因而产生报复或逃避①。然而，现实中的某些受害者却采取了宽容、大度，不计前嫌的态度和行为。为什么会这样？于是，宽恕、特别是人际宽恕（interpersonal forgiveness）进入心理学的研究领域，并成为积极心理学的关注重点。研究发现，侵害事件中伤害的严重程度、受害者的道歉行为、双方的亲密关系等因素与宽恕高度相关。伤害的严重程度与宽恕是负相关，即受到的伤害越严重越不容易得到宽恕。道歉、双方亲密关系与宽恕为正相关。道歉表达了施害者的内疚、自责及对受害者的关心，一定程度上弥补了过失，受害者内心得到安慰，愿与之"一笑泯恩仇"；亲密关系的双方更容易产生移情，而移情与宽恕呈正相关。

然而，良好的关系基础和事后补救并不一定引起宽恕。受害者对侵害及其后果的认知、认知抑制和自控力水平，人格特质等都可能影响宽恕行为。认知抑制（cognitive inhibition）是个体对相关信息的集中和对冲动反应的抑制能力，

---

① 现实和司法实践中，相当多的犯罪动机与"报复"有关。如马加爵对讲自己"坏话"同学的报复，导致4人身亡；还有大量为报复社会纵火、爆炸等案件。1997年刑法修订时增设"打击报复证人罪"，足见报复性犯罪的严重性。因而，心理学对宽恕的研究有助于对这类案件犯罪行为人的研究及犯罪的防控。

可通过目标导向的方式调整人的行为，使被激活的负性情绪、动机等向正性情绪、动机转变。与带有明显情境化色彩的人际宽恕不同，特质宽恕（trait forgiveness）是一种积极的人格特质，是个体一贯化的存在状态，即个体在人际冒犯情境中表现出的一致性的宽恕倾向性。具体来讲，与具有低特质宽恕的个体相比，高特质宽恕的个体在面对人际冒犯时，更容易做出宽恕行为。赵彦凯、李晖等（2016）以大学生（102 名）为被试，通过问卷、实验的方法探讨特质宽恕、认知抑制与人际宽恕三者之间的关系①。结果揭示：（1）认知抑制与特质宽恕之间具有显著正相关，具有高认知抑制能力的个体在面对人际冒犯时表现出较高的特质宽恕能力。（2）认知抑制与回避动机、报复动机之间具有显著负相关；认知抑制对报复动机有负向预测作用；对仁慈动机有正向调节作用，对回避动机有负向调节作用。（3）特质宽恕与仁慈动机之间显著正相关，与回避动机和报复动机之间显著负相关；特质宽恕对仁慈动机有正向预测和调节作用，对回避动机和报复动机有负向预测作用，对回避动机有负向调节作用。众多研究结果显示，尽管不同文化背景下人们对宽恕的理解和表现形成不同，但在认知抑制、特质宽恕与人际宽恕之间的关系方面具有较高的跨文化一致性（谷传华等，2003）。

从对服刑人员的调查结果发现，许多犯罪行为人没有同理心，不会设身处地、无法感同身受；不会识恩、不懂感恩，更不去知恩图报。往往认为他人（父母、家人、亲友、师长、同伴、同窗）对自己的付出是理所应当，甚至远远不够。总是千方百计为自己开脱，却抓住他人的过错不放。对社会、对他人心怀仇视怨恨。

3. 快乐与希望

乐观与快乐都是个体面向未来的积极体验。"乐观"指人的精神愉快，对事物发展充满信心；"快乐"是一种主观上安乐的状态——平衡而满足的内在感受，即感到幸福或满意。乐观快乐有先天的神经生理成分，如前额皮质的脑电波活动越强的人可能越快乐，也是后天习得的积极心理品质。

希望（hope）反映个体对自身实现目标能力的认识和感知。人类天生拥有希望，但希望的水平因人而异。具有高希望水平的人在学习和工作中有较好的表现，能正确顺利地解决问题和进行心理调节。希望在给人以前进的支持的同时，也可能带来消极的感受，如希望越大，失望越大。

---

① "人际宽恕"采用 McCullough 等人编制的人际侵犯动机量表（Transgression-Related Interpersonal Motivations Inventory，TRIM）中文版。该量表分报复、回避和仁慈三个维度，共 18 个题目，采用 Likert 7 点计分方式。

4. 责任与责任心

责任（responsibility）包括"尽责"和"问责"两部分。前者是对社会或他人承担义务，明确哪些事是分内事"应该做"；后者指接受社会检查，哪些责任"必须承担"。责任心（conscientiousness）是个体对其所属群体的共同活动、行为规范以及他所承担的任务的自觉态度。表现为对自己及他人的关心，对公共事务的关心，对国家、对人类的发展与进步的关心。

心理学认为，责任心的心理构成包括责任认知、责任情感、责任行为。责任认知是责任心的基础，是对自己所承担的责任的认识，以一定的认识能力为基础，也与责任知识的掌握密切相关。责任情感即责任感是指人在社会生活中对自己完成任务、履行责任的情况持积极主动的态度而产生的情绪体验，起动机作用，其构成较复杂，既包括正性的同情心、义务感、良心、爱心、奉献精神等，也包括负性的羞耻感。羞耻感是对自己的丑恶思想、错误行为的体验。人在遭受攻击、侮辱时也会感到羞耻。羞耻感可使人中止不正当的行为，也可使人悔过自新，放下屠刀立地成佛。责任行为是履行责任的反应动作和活动，表现为个体遵守社会和群体行为的规范，促使群体共同活动的顺利进行，是责任心的外化，也是人的责任得以实现的关键。

自尊自信、责任与责任感可引申为"自助助人"和"助人自助"。"自助助人"指有信心有能力靠自己的能力实现自己的价值和人生目标，愿伸出援手，帮助需要帮助的人。自助助人绝非心理咨询行业从业人员专属，而是每个公民共同的行为准则。在突发事件、危机事件面前更是如此。当自己不幸成为受害者时，不要埋怨，他们不是不想救助，而是"旁观者效应""多元无知"等诸多因素的影响，不知道是否需要救助和怎样救助。使自己平静下来开始自救，如大声呼救引起注意，最好指定人群中的某一个特定的人，向他求助。并说明情况，受伤还是旧疾复发？怎么做可以救你？拨打"110"或"120"？这个特定的人便成为责无旁贷的施救者，其他人也知道了事情的严重性并协助施救。心理学家罗伯特（Robert Cialdini，1984）在其《影响力》一书中提出"多元无知"概念后不久，自己遭遇车祸，他便运用其研究成果，大声呼救，让其他司机报警、请后面车的司机将车开过来。于是，人们立刻行动，打电话报警和叫救护车，还有人上前为他擦去脸上的血迹，查看伤情。一起守护他，等待专业救助。所以说，如果你是事件的旁观者，不要消极等待他人的反应，应冷静思考，对现场情况做出判断，并对需要救助者马上施救；如果你需要专业人士，可向其他旁观者说明情况。即便自己什么都做不了，打电话总是可以的吧？怕歹徒盯上自己成为下一个受害者而"不作为"，可能真的就成为受害者之一。如面对车厢内有人被威胁被迫害而"噤声"和躲避，最终大家都成为砧板上的肉，任人宰割。所以，救人就是救自己。因你的大义凛然、挺身而出会挽救他人的生命，挽救自己的生命。

后者主要指帮助他人有"自助"的意识和能力，即"授人以渔"。罗伯特的现场"教学"就有这样的作用。此类的助人和自助可能更有助于整个社会形成自尊自信的积极心态。

第四节 提升自我：基于"生态人"的犯罪防控

全面深刻地了解自我、客观准确地评价自我、积极勇敢地悦纳自我、主动有效地控制自我，方可有效走出"认知适应"偏差的各种陷阱，冷静思考，谨慎决策。

一、敬重生命，追求人生价值

人是什么？生从何来？死向何去？这是一直困扰人类的千古之谜。人与动物最大区别在于对生命意义的追寻，人类的生命更智慧。人生的三大问题——从哪里来？到哪里去？应做何事？对这些问题的回答反映了不同的人生观。

理解生命价值，领悟生命意义　对生命的理解有生物学的、社会学的、心理学的、哲学的。每个生命有机体都是平等的、值得尊重的。因为生命不可逆转、不可再生、不能交换和替代，所以更应珍爱、善待一切生命。① 每个人的生命都是相似的，都要从儿童（婴幼儿、童年、青少年）走向成人（青年、中年、老年）；但每个人的生命又是独特的，任何生命的诞生都是一个奇迹，都是一种偶然中的必然，都有不同于他人的生活经历和生命体验。应肯定他人价值，尊重他人生命。要有生命意义感，即觉知生命的目的意义，感受和领悟生命存在的价值。任何人没有任何理由以任何方式夺取任何人的生命！同样，任何人的生命都不仅属于自己，而且属于他人、属于社会，人对生命负有责任，不可轻易放弃！否则就是践踏生命、丧失人性，就是犯罪。尊重生命，就要理解、感受、关爱生命，活出生命的精彩，追求人生终极目标——价值和幸福。

---

① 中国科学院上海少年科学研究院实验动物中心，建有一座实验动物纪念碑，书写着"谨以纪念为生命科学研究而献身的实验动物"，真正体现对生命的尊重，对那些为人类研究献身的动物生命的尊重。

了解自我，规划人生　"人，认识你自己"——这句苏格拉底名言，是对人类自我意识的最精准诠释。自我意识是个体对自己及其与周围关系的认识和体验。内容上包括生理自我、心理自我、社会自我；心理构成和表现形式上包括自我认知、自我体验、自我控制；从自我观念上可分为现实自我、投射自我、理想自我。人应对自己有科学合理的定位："我是谁？""我想做什么？""我能做什么？""我适合做什么？""需要我做什么？"对自己的规划，是让人生有目标、有追求。积极面对人生，无论顺境还是逆境；谨慎对待生命、欣赏生命，坦然接受"死亡"，做到"向死而生"。提升生命和人生的意义与质量，无论生命是长还是短。

二、自控、自律，避免和减少不理性决策

良好的社会道德、优良的个人品德有助于犯罪的防控——公民自觉做"应当做的事"。通过宣传、普法教育，知道哪些是绝对不能"碰"的底线。但有时知道不一定做到。面对诸多诱惑，还有人内在的"利己"之心，有意无意地产生某种不道德的动机和违法犯罪行为都难以避免。自控能力的加强和提高，延迟犯罪行为决策在一定意义上可能更有效。

（一）"迟延满足"实验

面临几个备选方案，如果选项只在一个维度上变化，对选择的结果预测相对容易，如奖励数量维度的变化，个体一定首选奖励额度高的而不是低的；奖励时间维度上的变化，大多选择即时奖励而不选择延迟奖励。如果行为选择的选项在奖励额度和奖励时间两个维度上同时变化，例如在高额的延迟奖励与低额即时的奖励之间，个人会做出怎样的选择？结果难以预料。人们会根据自身的特点和需求权衡各个维度的变化，做出不同的选择。

20世纪60年代，美国斯坦福大学心理学教授米歇尔（Walter Mischel，1930—2018）① 设计了一个著名的发展心理学实验——"延迟满足"（delayed gratification）实验。被试来自斯坦福大学的一所幼儿园600多名4~6岁的儿童。研究者分别把每个孩子带到一个房间，发给他们一颗当时孩子们很喜欢的棉花

---

① 沃尔特·米歇尔是美国著名人格心理学家，在人格的结构、过程和发展以及自我控制等领域的研究成就突出。也因对自控力、延迟满足、意志力的研究两度获得美国心理协会临床心理学组"杰出科学贡献奖"（1978；1982）。"棉花糖实验"是预测出参与实验的儿童日后生活幸福与成功的相关性，使得米歇尔成为延迟满足和自我控制研究的开创者。米歇尔50年来在延迟满足、自控力方面的研究成果，集中在其著作《棉花糖实验》（*Stanford Marshmallow Experiment*）中。

糖（所以该实验也称棉花糖实验）。告诉他们，如果马上吃，只能吃一颗；如果坚持到研究者回来再吃，就能再得到一颗。通过观察设备看到他们一个个艰难地抵抗诱惑。有的孩子坚持了一会儿就放弃了；有的孩子用手捂住眼睛，有的背过身不去看糖果，有的用唱歌、自言自语等方式转移注意。最终，大约 1/3 的孩子成功延迟了自己对棉花糖的欲望，得到了应得的奖励。根据后续几十年的跟踪观察，得到奖励的孩子，大多社会适应良好、自信、独立，事业有成；而那些经不起诱惑的孩子的发展却表现为软弱、逃避。

（二）"迟延满足"与"延迟折扣"

延迟满足是心理成熟的一种表现形式，是克服当前的困难情境而力求获得长远利益的能力；是一种愿为更有价值的长远结果放弃即时满足的抉择倾向。一个与延迟满足相关的概念——延迟折扣（delay-discounting）是指由于发生时间上的延迟，未来结果的当前价值低于其实际价值或控制当前行为效力下降的心理现象。二者的区别在于关注的侧重点不同：延迟满足注重过程，如果个体选择了延迟的高额报酬，在延迟满足任务的等待过程中，还可以随时改变主意，重新选择即时的较少报酬的选项。延迟折扣关注的是个体的选择，一旦做出选择，无论是延迟的高额报酬还是即时的低额报酬都无法改变。但它们都反映出个体的自我控制能力。

自我控制（Self-control）能力是个体在没有外界监督的情况下，适当地控制、调节自己的行为，抑制冲动，抵制诱惑，延迟满足，坚持不懈地保证目标实现的一种综合能力。它是自我意识的重要成分，是一个人走向成功的重要心理素质。在延迟满足实验中不同表现的儿童在以后的人生中有如此大的差别，在很大程度上与他们的自制力有关。情绪型犯罪行为人大多是在外界刺激激发的消极激情状态下，自控力弱，理智丧失，做出对他人或事物的侵害。实验发现，具有某些成瘾行为（酗酒、网瘾）的青少年，其延迟折扣率高于非成瘾者（刘萌萌等，2013）。需要说明的是，延迟满足绝不是"拖延"，拖延（procrastination）① 是指尽管预见到该行为会带来不利后果，人们仍自愿推迟开始或完成某一计划的行为。意味着个体未履行应尽的义务，是不负责任，缺乏自制、自控的表现。由此证明：自控力可能比智商更重要！

---

① 拖延源于拉丁文，本义是"推至明天"（putting forward until tomorrow）。在由希腊文向英文的译制过程中，被译成"罪过"。现在的含义是"以推迟的方式逃避执行任务或做决定的一种特质或行为倾向，是一种自我阻碍和功能紊乱行为"。虽然人们对拖延的认知不尽相同，但大多认为拖延是一种非必要的、后果有害的推迟行为。

(三) 自控力训练

提高自控力，从培养良好的意志品质入手：自觉（有明确的目的；与之相反的是易受暗示或武断行事）、果断（迅速而不失时机采取决定，与之相反的是优柔寡断、鲁莽草率）、坚韧（坚持不懈地克服困难，与之相反的是动摇、执拗）、自制（善于管理和控制自己情绪和行动的能力，相反的是任性、怯懦）。

训练意志力的方法很多①。如借助冥想练习等方式训练大脑，可提升意志力。研究发现，仅 3 小时的冥想，被试的注意力、自制力大幅提高，11 小时后，学会冥想的被试，其负责控制冲动的脑区的神经元的数量增加；8 周后，持续的冥想训练，相应脑区的灰质（神经元聚集的地方）增多。身心锻炼可有效缓解压力，增强自控力。什么样的锻炼更适合？学者给出的建议是：只要你想做、可以做的都可以。散步、做瑜伽、打太极、踢足球、跳舞、蹦极……甚至精神饱满地打扫房间、整理内务、逛商场、压马路。哪怕不做，想想都有效果。研究发现，情绪低落时人的抗诱惑力下降，那就让自己振作起来。乐观给人能量、少许的悲观令人冷静，也有助于人的成功。研究发现，乐观的悲观主义者成功的可能性更大！失败时不妨对自己"宽容"一些，以免罪恶感使人放弃抗争。有时可以给自己树立一个自控力强的榜样，让自己成为这样的人。

如何做到延迟满足，减少延迟折扣？简单的做法是：做某事时，给自己几分钟时间，这期间多想长远的更大的奖励，防止即时利益的陷阱。

影响儿童延迟满足和自控力形成的因素很多。生活在稳定、有安全感家庭的孩子更容易有自控力；经常被欺骗、需求常常得不到满足的孩子则难以控制自己的本能、欲望和冲动。棉花糖实验中，平时越是没糖吃的孩子越难抵制糖的诱惑。而且，延迟的时间、奖励的呈现方式等对不同的孩子有不同影响。如果让孩子看到奖励（糖果），相信得到奖励的孩子一定更多。近年来，越来越多的学者认为，延迟满足能力是一种认知技能和智慧性思维方式和更高层次习惯。延迟满足能力、自控力可能关系到未来的成就，但它们与成功不是因果关系。

三、走出"认知适应性"误区，防止各种偏差造成错误决策

决策过程中的非理性和生态理性均可能导致判断决策偏差，为避免这类偏差带来的决策失误甚至犯罪行为，包括潜在犯罪行为人在内的决策者，应走出

---

① 凯利·麦格尼格尔. 自控力 [M]. 北京：印刷工业出版社，2012.

误区，防止认知、情绪偏差的消极影响。

三思而行，再思可矣　一是突发意外事件发生时，人脑出现短暂空白，此时会情不自禁地出现某些行为。为避免今后后悔，请不要在头脑不清醒时草率做决定。先冷静下，找个安静、安全、清净、不被打搅的环境，反复思考后再抉择。时过境迁，顺其自然。二是通常情况下，不受当前掌握信息的影响，不受再认启发式、相似性、代表性等"易得性"偏差，以及首因效应、近因效应、锚定效应的影响，思前想后，分析各种备选方案的利弊得失，再根据利益最大化或损失最小化原则，或最满意原则进行选择。无论什么情况下的犯罪行为决策一定是最差的决策。

角色置换，换位思考　做好决策而不是坏决策，需要决策者给自己的角色定位，逐渐形成自己的思维定式，以便紧急情况下的快速反应。但知识经验不是做好决策的必要和充分条件，甚至有时会产生晕轮效应、刻板印象等干扰。给自己换个角色，多一个视角看问题，可能会更全面客观公正。正所谓"横看成岭侧成峰，远近高低各不同"。可先"定位"，在特定时间、特定场合固化自己的角色，做符合身份的事情。凭经验对问题有个基本认识。再"换位"，尝试用新的思维方式思考问题，避免视角狭窄、思维僵化。有时，只要改变一下比较对象，"不公平"感就会减少一些，为获得平衡而不计后果的冲动也会减少一些。

明辨是非，理性判断　避免归因偏差，可将自己作为"旁观者"，观察其他当事人的表现，获得更客观公正的信息，对这些信息再进行甄别、筛选。防止禀赋效应、沉没成本的影响，不应将无法挽回的沉没成本计入成本收益，决策时只须考虑现有的成本和收益之间的关系，该收手、放手时，当机立断，及时止损。如果该决策涉及违法犯罪，就应立刻终止，悬崖勒马，无论此决策的初衷是否有违法犯罪的意图和动机。并主动投案自首，戴罪立功，弥补给他人、集体、社会带来的损失。对决策全程进行跟踪和理性分析，客观而准确地做出判断，决策前深思熟虑，决策执行过程中不断根据情况变化修改、完善方案，避免因疏忽大意或过度自信而过失犯罪，以及"一念之差"的犯罪。

犯罪的预测、预防是一项系统工程，也是整个社会及每个人的责任。

参考文献

一、外文部分

ALLAIS M. The Behavior of Rational Man in Risk Situations: A Critique of the Axioms and Postulates of the American School [J]. Econometric, 1953, 21: 503 – 546.

ATJUBSIB J W. Motivational Determinants of Risktaking Behavior [J]. Psychological Review, 1957, 64 (6): 359 – 371.

BARRATT E S, STANFORD M S, KENT T A, et al. Neuro psychological and cognitive psycho physiological substrates of impulsive aggression [J]. Biol Psychiatry, 1997, 41 (10): 1045 – 1061.

BAUMANN D J, et al. Altruism as Hedonism: Helping and Self-gratification as Equivalent Responses [J]. Journal of Personality and Social Psychology, 1981, 40 (6): 1039 – 1046.

BAUMEISTER R F, SMART L, BODEN J M. Relation of threatened egotism to violence and aggression: The dark side of high self-esteem [J]. Psychological Review, 1996, 103: 5 – 33.

BECHARA A, TRANEL D, etc. Failure to respond astronomically to anticipated future outcomes following damage to prefrontal cortex [J]. Cereb Cortex, 1996, 6: 215 – 225.

BELL D E. Regret in decision making under uncertainty [J]. Operations Research, 1982, 30: 961 – 981.

BELL D E. Disappointment in decision making under uncertainty [J]. Operations Research, 1982, 33: 1 – 27.

BOND A J, SURGUY S M. Relationship between attitudinal hostility and latency

[J]. Pro Neuro psycho pharmacology Biol Psychiatry, 2000, 24 (8): 1277 – 1288.

BREITER H C, AHARON I, KAHNEMAN D, et al. Functional imaging of neural responses to expectancy and experience of monetary gains and losses [J]. Neuron, 2001, 30: 619 – 639.

CARLSON M, et al. Positive Mood and Helping Behavior: A Test of Six Hypotheses [J]. Journal of Personality and Social Psychology, 1988, 55 (2): 211 – 229.

CAMPBELL J D, TESSER A. Motivational interpretations of hindsight bias: An individual difference analysis [J]. Journal of Personality, 1983, 52 (4): 605 – 620.

CLIFFORD M M. Risk taking: Theoretical, empirical and educational considerations [J]. Educational Psychologist Law, 1991, 26 (3/4): 263 – 297.

CRICK N R, DODGE K A. A review and reformulation of social information-processing mechanisms in children's social adjustment [J]. Psychological Bulletin, 1994, 115 (1): 74 – 101.

DANIEL G, et al. Models of Ecological Rationality: The Recognition Heuristic [J]. Psychological Review, 2002, 109 (1): 75 – 90.

DELGADO M R, LOCKE H M, STENGER V A, et al. Dorsal striatum responses to reward and punishment: effects of valence and magnitude manipulations, Cognitive [J]. affective behavioral neuroscience, 2003, 3: 27 – 38.

DICKMAN S J. Functional and dysfunctional impulsivity: personality and cognitive correlates [J]. Journal of personality and social psychology, 1990, 58 (1): 95.

DUVAL S, et al. A Theory of Objective Self-awareness [M]. New York: Academic Press, 1979.

DUVAL S, DUVAL V, et al. Self Focus, Felt Responsibility, and Helping Behavior' [J]. Journal of Personality and Social Psychology, 1979, 37 (10): 1769 – 1778.

DUVAL T S, SILVIA P J. Self-awareness, probability of improvement, and the self-serving bias [J]. Journal of Personality and Social Psychology, 2002, 82 (1): 49 – 61.

ERNST M, NELSON E E, MCCLURE E B, et al. Choice selection and reward anticipation: an MRI study [J]. Neuro-psychology, 2004, 42: 1585 – 1597.

FUKUI H, MURAI T, FUKUYAMA H, et al. Functional activity related to risk anticipation during performance of the Iowa gambling task [J]. Neuroimage, 2005,

24: 253 – 259.

FORGAM J P. Sad and guilty? Affective influences on the explanation of conflict in close relationships [J]. Journal of Personality and Social Psychology, 1994, 66: 321 –31.

FRANK R H. Passions within reason: The strategic role of the emotions [M]. New York: Norton, 1988.

GIGERENZER G, TODD P M. Simple heuristics that make us smart [M]. Oxford: Oxford University Press, 1999.

GILOVICH T, MEDVEC V H. The temporal pattern to the experience of regret [J]. Journal of Personality and Social Psychology, 1994, 67: 357 – 365.

GONZALEZ C, DANA J, KOSHINO H, et al. The framing effect and risky decisions: Examining cognitive functions with MRI [J]. Journal of Economic Psychology, 2005, 26: 1 – 20.

HARE R D. Psychopathy, fear arousal and anticipated pain [J]. Psychological Reports, 1965, 16: 499 – 502.

HASTORF A H, CANTRIL, H. They Saw a Game: A Case Study [J]. Journal of Abnormal and Social Psychology, 1954, 49: 129 – 134.

HASTIE R. Problems for Judgment and Decision Making [J]. Annual Review of Psychology, 2001, 52: 653 – 683.

HEATH C. Escalation and de-escalation of commitment in response to sunk costs: The role of budgeting in mental accounting [J]. Organizational Behavior and Human Decision Processes, 1995, 62 (1): 38 – 54.

HEINO A, VAN DERr MOLEN H H, Wilde G J S. Differences in risk experience between sensation avoiders and sensation seekers [J]. Personality and Individual Differences, 1996, 20 (1) : 71 – 79.

HERTEL G, NEUHOF J, THEUER T, et al. Mood effects on cooperation in small groups: Does positive mood simply lead to more cooperation? [J]. Cognition and Emotion, 2000, 14: 441 – 472.

HSEE C K, WEBER E U. Cross-national differences in risk preference and lay predictions [J]. Journal of Behavioral Decision Making, 1999, 12 (2): 165 – 179.

ISEN A M, PATRICK R. The effects of positive affect risk-taking: when the chips are down [J]. Organizational Behavior and Human Decision Processes, 1983, 31: 194 – 202.

JENNIFER A, et al. On the Categorization of Admired and Disliked Exemplars of Admired and Disliked Racial Groups [J]. Journal of Personality and Social Psychology, 2005, 89 (4), 517 – 530.

JOHNSON E J, TVERSKY A. Affect generalization. and the perception of risk [J]. Journal of Personality and Social Psychology, 1983, 45: 20 – 31.

KAHNEMAN D, SLOVICK P, TVERSKY A. Judgement Under Uncertainty: Heuristics and biases [M]. New York: Cambridge University Press, 1982.

KAHNEMAN D, FVERSKY A. The psychology of preferences [J]. Scientific American, 1982, 246: 136 – 142.

KASSINOVE H, ROTH D, OWENS S G, et al. Effects of Trait Anger and Anger Expression Style on Competitive Attack Responses in Wartime Prisoner's Dilemma Game [J]. Aggressive Behavior, 2002, 28: 17 – 125.

KERMER D A, DRIVER-LINN E, WILOSN T D, et al. Loss aversion is an affective forecasting error [J]. Psychological Science, 2006, 17 (8): 649 – 653.

KINNIER R T, METHA A T. Regret and priorities at three stages of life [J]. Counseling and Values, 1989, 33: 182 – 193.

KRUGER J. Take Woebegone be gone! The "below-average effect" and the egocentric nature of comparative ability judgments [J]. Journal of Personality and Social Psychology, 1999, 77: 221 – 232.

LARRICK R P. Motivational factors in decision theories: The role of self-protection [J]. Psychological Bulletin, 1993, 113: 440 – 450.

LAURIOLA M, RUSSOH P M, LUCIDIB F, et al. The role of personality in positively and negatively framed risky health decisions [J]. Personality and Individual Differences, 2005, 38: 45 – 59.

LOOMES G, SUGDEN R. Regret theory: An alternative of rational choice under uncertainty [J]. Economic Journal, 1982, 92: 805 – 824.

LOOMES G, SUGDEN R. Disappointment and dynamic consistency in choice under uncertainty [J]. Review of Economic Studies, 1986, 53: 271 – 282.

RAGHUNATHAN R, PHAM M T. All negative moods are not equal: motivational influences of anxiety and sadness on decision making [J]. Organizational Behavior and Human Decision Processes, 1999, 79 (1): 56 – 77.

PATRICK C J. Emotion and psychopathy: Startling new insights [J]. Psychophysiology, 1994, 31: 415 – 428.

ROGERS R D, RAMNANI N, MACKAY C, et al. Distinct portions of anterior cingulate cortex and medial prefrontal cortex are activated by reward processing in separable phases of decision-making cognition [J]. Biology Psychiatry, 2004, 55: 594 – 602.

RUNDMO T. Perceived Risk. Health and Consumer Behavior [J]. Journal of Risk Research, 1999, 2 (5): 187 – 200.

SAVAGE L J. The Foundations of Statistics [M]. New York: Wiley, 1954.

SHAFIR E, SIMONSON L, TVERSKY A. Reason-based choice [J] Cognition, 1993, 49: 11 – 36.

SLOVIC P, FISEHHOFF B, LICHTENSTEIN S. Facts an d Fears: Understanding Perceived Risk. Societal Risk Assessment [M]. New York: Plenum Press, 1980.

SITKIN S, PABLO, A. Reconceptualizing the determinants of risk behavior [J]. Academy of Management Review, 1992, 17: 9 – 38.

SITKIN S B, WEINGART L R. Determinants of risky decision-making behavior: A test of the mediating role of perceptions and propensity [J]. Academy of Management Journal, 1995, 38: 1573 – 592.

SUANTAK L, BOLGER F, FERRELL W R. The hard-easy effect in subjective probability calibration [J]. Organizational Behavior and Human Decision Processes, 1996, 67: 201 – 221.

SVENSON O. Are we less risky and more skillful than our fellow drivers? [J]. Act Psychological, 1981, 47: 143 – 151.

THALER R. Mental Accounting and Consumer Choice [J]. Marketing Science, 1985, 3: 199 – 214.

TREPEL C, FOX C, POLDRACK R A. Prospect theory on the brain? Toward a cognitive neuroscience of decision under risk [J]. Cognitive Brain Research, 2005, 23: 34 – 50.

VARTANIAN L R. Revisiting the Imaginary Audience and Personal Fable Constructs of Adolescent Ego-centrism: a Conceptual Review [J]. Adolescence, 2000, 2: 58.

WALLACH M A, WING C W. Is risk a value? [J]. Journal of Personalty and Social Psychology, 1968, 9 (11): 101 – 106.

WEBER E U, HSEE C K. What folklore tells us about risk and risk taking:

Cross-cultural comparisons of American, German, and Chinese Proverbs [J]. Organizational Behavior and Human Decision Processes, 1998, 75: 170 – 186.

WEINSTEIN N D. Unrealistic optimism about future life events [J]. Journal of Personality and Social Psychology, 1980, 39: 806 – 820.

YATES J F, STONE E R. Risk-taking Behavior [M]. Chichester: John Wiley & Sons Ltd, 1992.

YEUNG N, SANFEY A G. Independent coding of reward magnitude and valence in the human brain [J]. Journal of Neuroscience, 2004, 24: 6258 – 6264.

LEVIN IP, GAETH G J, et al. A new look at framing effects: distribution of effects sizes, individual differences, and independence of types of effects [J]. Organizational Behavior and Human decision processes, 2002, 88: 411 – 429.

ZUCKERMAN M. Behavioral expressions and bios-social bases of sensation seeking [M]. Cambridge University: Cambridge University Press, 1994.

二、中文部分

阿比盖尔·马什. 人性中的善与恶——恐惧如何影响我们的思想和行为 [M]. 张岩, 译. 北京: 中信出版社, 2019.

安东尼·吉登斯. 现代性的后果 [M]. 田禾, 译. 南京: 译林出版社, 2000.

安晶卉, 张建新. 人格心理学研究中的新索——从模拟情境中寻找个体行为无序背后的有序 [J]. 心理科学进展, 2004, 12 (3): 402 – 408.

卞茜, 薛伟, 郑瞻培. 暴力攻击行为的神经生物学基础 [J]. 上海精神医学, 2005, 17 (3): 175 – 177.

蔡娟. 韦伯社会分层理论对中国当代社会分层的启示 [J]. 淮阴工学院学报, 2012, 21 (4): 42 – 45.

陈世平, 崔鑫. 从社会认同理论视角看内外群体偏爱的发展 [J]. 心理与行为研究, 2015, 13 (3): 422 – 427.

陈仁芳. 后悔情绪认知心理特点及神经机制的研究 [J]. 中南林业科技大学学报 (社会科学版), 2013, 7 (5): 96 – 99.

陈伟刚. 期望值与风险决策 [J]. 中国统计, 2002, 8: 54.

储槐植, 冯卫国. 略论职务犯罪及其控制方略 [J]. 山东公安专科学校学报, 2000, 3: 13 – 18.

崔丽莹, 钱依文. 正负情绪对社会两难困境中合作决策的影响 [J]. 社会心理科学, 2016, 31 (4/5): 14 – 21.

樊晓红, 周爱保. 内隐社会认知: 社会性决策的个人背景效应 [J]. 心理科学, 2002, 25 (6): 694 – 696.

方霏. 不确定情境下的理性决策 [J]. 山东经济, 2005, 2 (2): 9 – 15.

方学梅, 陈松. 不确定性、情绪对公正判断的影响 [J]. 心理科学, 2012, 35 (3): 711 – 717.

冯继康, 赵昆. 经济人与道德人: 分裂统一与逻辑启示 [J]. 齐鲁学刊, 2002, 2: 15 – 18.

付蓉. 影响旅游者主观风险认知的因素及对旅游危机管理的启示 [J]. 浙江学刊, 2005, 1: 196 – 200.

谷传华, 张文新. 小学儿童欺负与人格倾向的关系 [J]. 心理学报, 2003, 35 (1): 101 – 105.

郭树合. 让腐败行为具有 "高风险" [N]. 中国教育报, 2003 – 01 – 17 (06).

韩昌跃. 互利主义: 道德经济人的基本行为准则 [J]. 广东工业大学学报 (社会科学版), 2008, 8 (2): 37 – 38, 35.

赫伯特·西蒙. 管理决策的新科学 [M]. 李柱流, 汤俊澄, 等译. 北京: 中国社会科学出版社, 1982.

侯珂, 邹泓, 张秋凌. 内隐联想测验: 信度、效度及原理 [J]. 心理科学进展, 2004, 12 (2): 223 – 230.

胡海滨. 对风险管理中人因的理论探讨 [J]. 保险研究, 2007, 6: 61 – 63.

黄维民, 李明立. 基于行为经济学的犯罪决策分析 [J]. 求索, 2006, 1: 107 – 109.

黄凯南. 制度系统性建构的演化逻辑与动力机制 [N]. 光明日报, 2020 – 01 – 21 (06).

黄涛, 刘耀中. 风险决策影响因素研究述评 [J]. 商业时代·学术论坛, 2006, 4: 30.

纪林芹, 张文新, JONES K, 等. 中国与英国儿童对待欺负问题态度的比较研究 [J]. 心理与行为研究, 2003, 1 (2): 122 – 127.

纪林芹, 张文新. 攻击性儿童的 P300 事件相关电位研究 [J]. 心理科学, 2008, 31 (2): 299 – 303, 299.

金盛华. 社会心理学 [M]. 北京: 高等教育出版社, 1995.

金盛华, 孙娜, 史清敏, 等. 当代中学生价值取向现状的调查研究 [J].

心理学探新, 2003, 23 (2): 30 – 34.

凯利·麦格尼格尔. 自控力 [M]. 王岑卉译. 北京: 印刷工业出版社, 2012.

寇彧, 唐玲玲. 心境对亲社会行为的影响 [J]. 北京师范大学学报 (社科版), 2004, 5: 44 – 49.

拉索, 安宝生, 徐联仓. 决策行为分析 [M]. 北京: 北京师范大学出版社, 1998.

李艾丽莎, 张庆林. 风险决策中的情感因素 [J]. 中国临床康复, 2006, 10 (42): 149 – 152.

李伯聪. 风险三议 [J]. 自然辩证法通讯, 2000, 5: 48 – 55.

李晖. 大学生公民教育研究 [M]. 北京: 光明日报出版社, 2014.

李洁, 谢晓非. 风险倾向的跨文化差异研究综述 [J]. 社会心理科学, 2007, 22 (3/4): 28 – 32.

李凯林. 反腐败教育应关注"前腐败心理" [J]. 新视野, 2005, 5: 48 – 50.

李梅. 利他行为的社会认知分析 [J]. 冀东学刊, 1996, 4: 67 – 70.

李明明, 陈争. 流动人口犯现状分析 [J]. 甘肃警察职业学院学报, 2014, 12 (2): 54 – 57.

李纾, 房永青, 张迅捷. 再探框架对风险决策行为的影响 [J]. 心理学报, 2000, 32 (2): 229 – 234.

李纾, 谢晓非. 行为决策理论之父: 纪念 Edwards 教授 2 周年忌辰 [J]. 应用心理学, 2007, 13 (2): 99 – 107.

李抒望. 腐败文化是和谐社会的大敌 [J]. 政工学刊, 2007, 6: 14 – 15.

李小兵. 试论犯罪心理的道德冲突 [J]. 郴州师范高等专科学校学报, 2002, 23 (4): 11 – 13.

李杨. 最后通牒博弈任务中情绪对社会决策的影响 [D]. 苏州: 苏州大学, 2012.

李志爱, 彭程, CING C, 等. 暴力犯罪者对负性情绪信息注意偏向的 ERP 研究 [J]. 心理科学, 2014, 37 (4): 936 – 943.

凌文轻, 方俐洛. 中、日、美三国科技风险认知的调查研究 [J]. 科技进步与对策, 2002, 7: 147 – 149.

刘金平, 周广亚, 黄宏强. 风险认知的结构, 因素及其研究方法 [J]. 心理科学, 2006, 29 (2): 370 – 372.

刘萌萌, 张良, 纪林芹, 等. 延迟折扣及其与青少年物质滥用与成瘾、外

化问题的关系 [J]. 心理科学, 2013, 36 (4): 884-891.

刘轩, 顾晓江, 包海兰. 服刑人员与普通民众价值取向的比较研究 [J]. 社会心理科学, 2005, 20 (5/6): 691-695.

刘燕. 多元视角下的青少年风险行为研究 [J]. 成都大学学报 (教科版), 2007, 12: 40-42.

刘永芳, 毕玉芳, 王怀勇. 情绪和任务框架对自我和预期他人决策时风险偏好的影响 [J]. 心理学报, 2010, 42 (3): 317-324.

刘宇. 论有效率犯罪——预防犯罪的经济学视角 [J]. 长春理工大学学报 (社会科学版), 2004, 17 (2): 64-65.

刘喆. 男性劳教人员心理危机与攻击性、冲动性人格的探索性研究 [D]. 重庆: 西南大学, 2012.

洛雷塔·玛兰多. 权力的负面效应 [J]. 现代领导, 2006, 9: 24.

罗大华. 中国法制心理科学研究十年 [M]. 北京: 中国政法大学出版社, 1994.

罗大华, 何为民. 犯罪心理学 [M]. 杭州: 浙江教育出版社, 2002.

马皑. 再论犯罪选择 [J]. 中国监狱学刊, 2006, 4: 64-71.

马皑. 源于不平等的冲突——当代中国弱势群体犯罪问题实证研究 [M]. 海口: 海南出版社, 2010.

马剑虹, 王重鸣. 组织决策的影响力分布特征及中英比较 [J]. 应用心理学, 1996, 2 (1): 23-29.

马楠. "基于'值'选择"倾向对社会困境中合作行为的促进 [J]. 社会心理科学, 2016, 31 (1): 6-9.

毛华配, 廖传景, 黄成毅, 等. 动态决策模型下情绪对风险决策的影响 [J]. 心理与行为研究, 2014, 12 (2): 344-348.

彭聃龄. 普通心理学 [M]. 北京: 北京师范大学出版社, 2001.

钱立英. 愤怒情绪对风险决策影响的研究 [D]. 重庆: 西南大学, 2012.

卿志凉. 认知偏差与理性选择——基于"最后通牒博弈"实验的认知博弈 [J]. 南开经济研究, 2005, 1: 15-22.

施俊琦, 王垒, 彭凯平. 作为效应的象征性与利益性影响因素: 后悔理论的经济心理学分析 [J]. 心理科学, 2004, 27 (4): 1016-1018.

时勘, 范红霞, 贾建民, 等. 我国民众对 SARS 信息的风险认知及心理行为 [J]. 心理学报, 2003, 35 (4): 546-554.

时振刚, 张作义, 薛澜. 核能风险接受性研究 [J]. 核科学与工程, 2002,

22（3）：193－198.

斯科特·普劳斯. 决策与判断 ［M］. 施俊琦，王星，译. 北京：人民邮电出版社，2004.

宋官东，杨志天，崔淼. 服从行为的心理学研究 ［J］. 心理科学，2008，31（1）：249－252.

宋浩波. 论犯罪的起源 ［J］. 中国人民公安大学学报（社会科学版），2006，5：60－65.

宋胜尊，傅小兰. 犯罪行为决策的理论与研究方法 ［J］. 心理科学进展，2005，1：107－118.

宋晓明. 论理性犯罪的犯罪收益与犯罪成本 ［J］. 公安研究，2005，7：45－46，54.

唐辉. 吃亏是福：一种基于值的选择模型 ［D］. 北京：中国科学院研究生院，2012.

唐卫海，徐晓慧，王敏，等. 锚定效应的产生前提及作用机制 ［J］. 心理科学，2014，37（5）：1060－1063.

万奇峰，侯丽杰，王群，等. 冒险行为的概念及影响因素分析 ［J］. 科技创新导报，2008，5：225.

王重鸣，陈学军. 投资决策的周边组织因素和多阶段评估 ［J］. 心理科学，2002，25（1）：7－9.

王健，彭晓娟. 有限理性与利他行为的动态模型——兼论对经济人假设的反思 ［J］. 北方论丛，2008，5：148－152.

王金凤. 影响决策的情感因素——后悔理论的研究述评 ［J］. 社会心理科学，2009，24（1）：17－23.

王沛，康琳. 任务无关积极情绪与时间限制对大学生风险决策的影响 ［J］. 心理学探新，2008，28（1）：55－58.

王焱. 难度、替代性与风险：对犯罪成本的一种结构性分析 ［J］. 河南公安高等专科学校学报，2002，4：20－28.

王益宝，王重鸣. 人事决策信息利用和效能预测模型 ［J］. 应用心理学，1995，1（1）：42－48.

汪明亮，顾婷. 犯罪决策的经济分析 ［J］. 铁道警官高等专科学校学报，2005，15（2）：71－75.

吴闻. 浅析犯罪成本心理 ［J］. 广西社会科学，2002，5：136－239.

夏敏轶，张焱. 贝叶斯公式在风险决策中的应用 ［J］. 甘肃省经济管理干部学院学报，2006，19（4）：21 – 23.

肖遥. 和谐伦理角度下"经济人"与"道德人"的统一 [J]. 工会论坛，2006，12（4）：115 – 116.

谢晓非，徐联仓. 一般社会情境中风险认知的实验研究 [J]. 心理科学，1998，4：315 – 318.

谢晓非，徐联仓. 公众风险认知调查 [J]. 心理科学，2002，25（6）：723 – 724.

谢晓非，李育辉. 风险情景中的机会和威胁认知 [J]. 心理学报，2002，34（3）：319 – 326.

谢晓非. 乐观与冒险中的性别差异分析 [J]. 北京大学学报（自然科学版），2003，39（2）：270 – 276.

谢晓非，郑蕊. 认知与决策领域的中国研究现况分析 [J]. 心理科学进展，2003，11（3）：281 – 288.

谢晓非，王晓田. 风险情景中参照点与管理者认知特征 [J]. 心理学报，2004，36（5）：575 – 585.

徐坤英. 攻击行为的心理学解释及影响因素分析 [J]. 保健医学研究与实践，2007，4（4）：84 – 87.

徐向群. 犯罪微观成本初探 [J]. 浙江公安高等专科学校学报，2001，3：27 – 29.

薛耀文，刘利利. 高低级别公职人员经济犯罪行为决策差异分析 [J]. 经济与管理，2013，27（8）：27 – 31.

严霞，兰雅文. 愤怒和恐惧情绪对青少年风险行为决策影响研究 [J]. 保健医学研究与实践，2009，4：26 – 27，44.

杨春瑰. "交换悖论"的效用理论消解方法 [J]. 安徽大学学报（哲学社会科学版），2007，31（5）：47 – 49

杨昭宁，禹钰，谭旭运. 情绪对成就动机与风险决策关系的调节效应 [J]. 应用心理学，2011，17（2）：116 – 122.

尹贻林，陈伟珂，陈小川. 风险决策的效应—行为决策模型 [J]. 天津理工学院学报，1999，15（2）：88 – 93.

乐国安，李安. 刺激呈现时间对责任推论影响的实验研究 [J]. 心理科学，2007，30（5）：1026 – 1028.

于窈，李纾. "过分自信"的研究及其跨文化差异 [J]. 心理科学进展，2006，14（3）：468 – 474.

郁振华. 波兰尼的默会认识论 [J]. 自然辩证法研究, 2001, 8: 5 - 10.

袁建刚. 故意伤害犯罪原因论 [J]. 国家检察官学院学报, 2014, 22 (6): 102 - 109.

张风华, 邱江, 邱桂凤, 等. 决策中的框架效应再探 [J]. 心理科学, 2007, 30 (4): 886 - 890.

张洪良. 问题危机报道对犯罪的影响及对策 [J]. 江西公安专科学校学报, 2007 (3): 42 - 45.

张结海. 后悔的一致性模型: 理论和证据 [J]. 心理学报, 1999, 31 (4): 451 - 459.

张玲. 风险任务特征与偏好反转的实验研究 [J]. 人类工效学, 1999, 5 (2): 9 - 12.

张双双. 具体情绪和情绪强度对风险决策的影响研究 [D]. 天津: 天津大学, 2012.

张硕阳, 陈毅文, 王二平. 消费心理学中的风险认知 [J]. 心理科学进展, 2004, 12 (2): 256 - 263.

张晓欣. 情绪与框架效应对研究生风险决策的影响 [D]. 南京: 南京师范大学, 2014.

张延燕, 许百华. 影响消费者决策的亚文化因素研究概述 [J]. 人类工效学, 2004, 10 (1): 23 - 25.

张银玲, 苗丹民, 孙云峰. 框架效应大于军校大学生决策判断的影响 [J]. 中国行为医学科学, 2006, 15 (2): 155 - 156.

翟恩波, 廖风林, 白晓峰. 案犯作案失败的归因研究 [J]. 吉林公安高等专科学校学报, 2004, 5: 34 - 38.

赵彦凯, 李晖, 张珊珊, 等. 认知抑制与人际宽恕: 特质宽恕的调节作用 [J]. 心理与行为研究, 2016, 14 (4): 531 - 536.

赵彦凯. 服刑人员冲动性人格、情绪对风险决策影响的实验研究 [D]. 天津: 天津职业技术师范大学, 2017.

赵永军. 犯罪决策的心理学研究 [D]. 郑州: 河南大学, 2003.

赵正宣, 饶培伦, 刘成益. 产品的危险感知中性别差异的研究 [J]. 人类工效学, 2006, 12 (1): 4 - 6.

郑全全. 企业新产品开发决策的不确定性和决策策略模拟实验研究 [J]. 心理科学, 1994, 17 (4): 205 - 211.

郑全全, 朱华燕, 胡凌雁, 等. 群体决策过程中的信息取样偏差 [J]. 心理学报, 2001, 33 (1): 68 - 74.

　　郑也夫. 人的本性: 生物学的启示 [J]. 社会学研究, 1999, 5: 75 - 82.

　　周爱保, 赵鑫. 社会比较中的认知偏差探析: "优于常人" 效应和 "差于常人" 效应 [J]. 心理学探新, 2008, 28 (1): 72 - 76.

　　周菲. 风险决策中的认知心理学问题 [J]. 辽宁大学学报 (哲学社会科学版), 1999, 4: 24 - 28.

　　周琴. 情绪和框架对风险决策的影响 [D]. 苏州: 苏州大学, 2009.

　　钟毅平, 杨治良. 内隐社会认知: 印象形成的启动效应研究 [J]. 心理学报, 1998, 30 (1): 21 - 26.

　　庄锦英. 情绪与决策的关系 [J]. 心理科学进展, 2003, 11 (4): 42 - 431.

　　庄锦英, 陈明燕. 论消极情绪对决策的影响 [J]. 沈阳师范大学学报 (哲学社会科学版), 2005, 29 (5): 7 - 10.

　　庄锦英. 关于成本沉没效应的实验研究 [J]. 应用心理学, 2005, 11 (1): 41 - 44.

后　记

　　宋胜尊、傅小兰的论文《犯罪行为决策的理论与研究方法》（心理科学进展，2005，1：107－118）引起我对"犯罪行为决策中的心理问题"的兴趣，开始尝试以多学科的视角，在理论和操作层面上分析各类犯罪行为人的犯罪行为决策中的心理活动及其影响因素，提出犯罪的预测、预防和犯罪行为矫正的有价值的、可操作的措施和建议。2015 年，经过 10 年的思考和积淀，成功申报天津市哲学社会科学规划资助项目——犯罪行为决策心理问题研究。其间，得到心理学界前辈罗大华教授、沈德立教授的鼓励和帮助，他们的英灵永在、精神不朽！

　　天津商业大学、天津职业技术师范大学、天津市监狱局、天津市司法行政中心、天津各监所（天津市监狱、河西监狱、梨园监狱、杨柳青监狱、西青监狱、李港监狱、滨海监狱、女子监狱、津西监狱、康宁监狱、长泰监狱、未管所）、中国心理学会法律心理学专业委员会、天津市法制心理学会等单位和学术团体对该研究给予大力支持。项目组成员张珊珊、刘援朝、何琪、李阳、吴真、赵彦凯、赵慧敏、侯波等（排名不分先后）分别承担课题论证、理论研究、研究设计、人员培训、调查问卷、实验研究、阶段成果等工作。还有我的研究生丁硕、弓丽闻、李建红、王韵迪、李银敏、张燕、李梁潇、袁芳、张琦等参与查阅文献、调研等部分工作。好友齐恩平、孙学亮、肖艳丽、唐辉、杨文等自始至终给予各种支持和帮助。

　　2018 年，该成果提交中国心理学会学术年会，在"法律心理学专业委员会"分会场所做的口头报告得到中国心理学会理事长傅小兰教授、中国心理学会法律心理学专业委员会主任委员马皑教授、副主任委员范刚教授等专家、同行的肯定和支持。

　　该研究得到天津市哲学社会科学规划项目《犯罪行为决策心理问题研究》（TJSK15 - 033，项目负责人：李晖）和天津市高校"学科领军人才"项目（RC180109，项目负责人：吴真；李晖为其中一个方向的负责人）的资助。在此，对以上提到的单位和个人以及为此研究提供参考的众多文献的作者一并致谢！

李晖
2020 年 9 月于天津